Obsequio para

_____

de

_____

con motivo de

_____

Fecha

_____

Heme aquí, Señor

ISBN 978-1-60260-680-7

Desarrollo editorial: *Semantics*

Publicado por Casa Promesa, Inc., P.O. Box 719, Uhrichsville, Ohio 44683, www.casapromesa.com

Nuestra misión es publicar y distribuir productos inspiradores que ofrezcan valor excepcional y motivación bíblica al público.

Member of the
Evangelical Christian
Publishers Association

Impreso en los Estados Unidos de América.

Heme aquí, Señor

Meditaciones diarias para profundizar su relación con el Padre Celestial

Anita C. Donihue

≋CASA PROMESA

Una división de Barbour Publishing, Inc.

Dedicación

A LAS LECTORAS:
¡Que Dios bendiga ricamente su vida de oración
por medio de estas plegarias!
¡Que usted pueda estar siempre dispuesta a responder
con un corazón sincero «Heme aquí, Señor»!

Introducción

*«Vengan, postrémonos reverentes, doblemos la rodilla
ante el Señor nuestro Hacedor. Porque él es nuestro Dios
y nosotros somos el pueblo de su prado;
¡somos un rebaño bajo su cuidado!»*
SALMO 95.6–7

¡Qué privilegio es poder entrar en la presencia de nuestro Señor! Las cosas simples de la vida, como una silla favorita, el lavaplatos de la cocina, una flor en el jardín y las verduras, nuestra almohada, o a veces la bañera, llegan a ser altares privados para la oración. Simples espacios como un patio posterior, una colina, un sitio con un arroyo silencioso o el interior de nuestro automóvil, se convierten en sagrados santuarios donde somos bendecidos por la maravillosa presencia de Dios.

En este mundo convulsionado, encontramos breves momentos de un tiempo valioso para disfrutar de la comunión con Dios, nuestro Padre y mejor Amigo.

Cada vez que venimos a Él para decirle «Heme aquí, Señor», Él oye nuestras alegrías y nuestras preocupaciones. Él conforta y alimenta nuestro espíritu sediento y hambriento por medio de las Escrituras. Sus palabras de aliento regaladas a nuestro corazón, nos dan la fuerza y la orientación que necesitamos cada día. Así descubrimos un mundo de aventuras a Su lado, más allá de nuestra imaginación.

Únase a mí para un viaje de un año de descubrimientos por medio de este devocionario. Todos los meses, nos concentraremos en un aspecto diferente de nuestra relación con el Padre Celestial:

Enero, Te Recibo
Febrero, Te Honro

Marzo, Te Conozco
Abril, Te Sirvo
Mayo, Te Disfruto
Junio, Te Escucho
Julio, Te Hablo
Agosto, Te Comparto
Septiembre, Te Pregunto
Octubre, Confío en Ti
Noviembre, Te Alabo
Diciembre, Te Adoro

Ruego para que usted sea desafiada y animada durante este tiempo juntas.

1 DE ENERO

En busca de Ti

Heme aquí, Señor. Cuando empiezo este nuevo año, recuerdo otro comienzo: cuando Te acepté como mi Salvador. Oh, ¡cómo amo estar contigo! Una vez, no estaba segura si me conocías. Rara vez hablaba contigo. Agradezco a ese amigo que me llevó hasta Ti para pedir que seas mi Salvador. Aunque no comprendí cómo esto era posible, sentí en mi corazón un enorme anhelo de recibirte.

Tenía miedo de una decisión tan grande. Yo quería controlar mi vida. Prefería tener todo trazado como un mapa seguro. Me preguntaba cómo podía confiar en que Tú me dirigieras si ni siquiera Te conocía. No estaba segura de cambiar toda mi existencia sobre la base de Alguien a quien no había visto nunca.

No había hecho bien las cosas antes de recibirte, Señor. Si me hubiera muerto entonces, me pregunto qué habría sido de mi eternidad. Me cuestioné por qué querrías ser mi Salvador, y si cuidarías de mí, en lo bueno y en lo malo. Temí que pudieras abandonarme, especialmente cuando cometía errores.

Gracias por guiarme a Tu encuentro, amado Señor. ¿O Tú me encontraste primero? Estoy tan feliz de que me revelaras lo que significa recibirte como Salvador. En el nombre de Jesús, amén.

«Yo soy el camino, la verdad y la vida,
le contestó Jesús. Nadie llega al Padre sino por mí».
JUAN 14.6

2 DE ENERO

Llegar a conocerte

Estoy agradecida por cómo te mantuviste instándome a que te conociera, Señor. Una vez, el remolino de mi vida me sacudió como a una muñeca de trapo. No importaba cuánto me esforzara, no podía resolver mis dilemas. Las cosas eran demasiado difíciles de desenredar. Anhelaba el placer y la paz, pero no podía encontrar a ninguno. Aun cuando no te había recibido como mi Salvador, Tú ya me mostrabas Tu amor constante y Tu misericordia. Ahí fue cuando quise saber más de Ti. Gracias por cuidar de mí y por oír realmente mis plegarias.

Sin embargo, me preguntaba si la oración era algo más que repetir las mismas palabras una y otra vez, además de pedir.

Tú viniste a sacarme de mis problemas.

Cuando te busqué, Señor, me guiaste a la Biblia y todavía estoy sobrecogida por la manera cómo el Santo Espíritu me susurró: «Ven a Mí. Recíbeme como tu Señor y Salvador».

Gracias por tocar mis fibras más sensibles; así supe que estabas cerca.

A través de Tu Hijo Jesús llegué a Ti en oración. Fue como el aire que respiraba. No podía verte, pero comencé a percibir que eras real.

Gracias porque nunca me dejaste, Señor. ¡Cuánta gratitud tengo por la forma en que me enseñaste a saber más de Ti!

«Por eso también puede salvar por completo*
a los que por medio de él se acercan a Dios,
ya que vive siempre para interceder por ellos».
Hebreos 7.25

¿Por qué demoré tanto?

Mientras tomaba una taza de té en un restaurante hoy, Señor, sucedió que observé a una pareja que almorzaba con su hijo e hija adolescentes. Desgraciadamente, los jóvenes mostraban una conducta irrespetuosa y desafiante para con sus padres y entre ellos mismos. Sin importar cuánto trataban los padres de relacionarse, y de hacer más agradable el almuerzo, los adolescentes respondieron groseramente.

Vi reflejado el comportamiento del sabelotodo del cual alguna vez hice gala con mis padres en los años de la adolescencia, y me autocensuré. ¡Qué pena me da haberles causado tanto pesar! ¿Por qué los herí tanto? Perdóname, Señor.

Recordé la actitud impertinente que también tuve alguna vez hacia Ti antes de llegar a ser cristiana. No importaba cuánto trataras de comunicarte y guiarme por la manera correcta, siempre me rebelé.

Cada vez que susurrabas en mi corazón, me negué a escuchar. Cuando derramaste Tu amor sobre mí, yo lo desprecié porque quería hacer todo a mi manera.

¿Por qué demoré tanto en rendirme? Te causé pesar a Ti, a mí misma y a los que me rodeaban. Lamento mi conducta impertinente y desconsiderada, Señor. Gracias por no abandonarme. Gracias por perdonarme y amarme.

«Antes eran ustedes como ovejas descarriadas, pero ahora han vuelto al Pastor que cuida de sus vidas».
1 PEDRO 2.25

4 DE ENERO

Rendida a Ti

Antes de rendirme a Ti era increíblemente terca, Señor. En la iglesia, el pastor explicaba cómo aceptarte como Salvador e invitaba a las personas a que oraran en el altar. Parecía que el pastor podía ver dentro de mi alma y me hablaba directamente. Demoré en venir a Ti por mucho tiempo. Cuando todos estuvimos de pie orando, mis manos se aferraron al banco de adelante hasta que mis nudillos se pusieron blancos. Sin embargo, me seguías llamando. Por todos lados, todo el tiempo, Te oía hablar a mi corazón. Pacientemente esperabas mientras que convertía mi vida en más confusión y desastre. Podía intuir Tu mano extendida. Finalmente, me rendí y me sostuve agarrada con fuerza.

Esa noche junto a mi cama donde me arrodillé y oré, Te di mi vida con todo mi corazón. Allí me llevaste a Tu trono de gracia. ¡Fue una experiencia nueva y asombrosa! Aunque había orado antes, fue allí donde me encontré contigo como mi Salvador. Tú, el dueño de todo, entraste en mi corazón.

Un peso inmenso se levantó de mis hombros cuando Te entregué mi desperdiciada y descontrolada vida. Me llenó una alegría indescriptible y apenas podía esperar para contarle a mis amigos y a mi familia lo que habías hecho por mí.

«Así que de ahora en adelante no consideramos
a nadie según criterios meramente humanos.*
Aunque antes conocimos a Cristo de esta manera,
ya no lo conocemos así».
2 Corintios 5.16

La sencillez de la rendición

Una vez que decidí pedirte que entraras a mi corazón, fue sencillo rendirme a Ti. De algún modo, Tú lograste deshacer mis voluntariosos caminos y ayudarme a abrir mis ojos a Tu inquebrantable amor. Cuando Te entregué mi voluntad, las cosas que antes me mantenían alejada de Ti perdieron total significado. Yo no sentí que perdiera algo. Por el contrario, estuve consciente de que ganaba todo. Por primera vez me di cuenta que verdaderamente Tú cuidabas de mí. Sabías cómo me sentía. Tenías en mente mis anhelos y sueños. Y más que todo, reconocías lo que era y lo que no era bueno para mi vida. ¡Cuán dulce fue Tu trato!

Todo en mi vida, lo bueno y lo malo, libremente Te lo entregué. Sentí pesar por darte el desecho que había hecho de mi vida antes de conocerte. Me asombró que recogieras sin vacilación mis fragmentados pedazos. Inmediatamente, me pusiste ante Tu amorosa presencia tal como yo era. Fuiste capaz de alcanzar mi alma y escribir Tu nombre sobre mí ¡por fin!, abierto y flexible corazón.

Gracias, Señor, para tirar suavemente de mis tercas fibras sensibles y ayudarme a experimentar la sencillez de rendirme a Ti, mi Señor, mi esperanza y mi todo.

> *«Porque el que quiera salvar su vida, la perderá;*
> *pero el que pierda su vida por mi causa, la encontrará.*
> *¿De qué sirve ganar el mundo entero si se pierde la vida?*
> *¿O qué se puede dar a cambio de la vida?»*
> MATEO 16.25–26

Oración de arrepentimiento

Padre, no tenía idea de cómo podía ser posible «nacer de nuevo».

A través de la lectura de la Biblia y escuchando a mis amigos cristianos explicar que yo había nacido físicamente como un bebé, aprendí que podía también nacer espiritualmente pero en la familia de Dios. Con mucha lentitud empecé a comprender y a abrir apenas un resquicio de las puertas de mi corazón.

Sabía que, como en la vida de todos los demás, en la mía existía el pecado. La única manera en que podía venir a Ti era por medio de Tu Hijo, Jesús. Me preguntaba qué necesitaba hacer para poder recibirlo como mi Salvador.

Gracias por la manera cómo mi amigo me enseñó a orar la plegaria de arrepentimiento. Estaba realmente abrumada por mis pecados. Todo lo que tenía que hacer era confesártelos y pedirte que me perdonaras. En un instante, me perdonaste. Entonces pedí a Jesús que llegara a ser mi Salvador y por medio de Tu Santo Espíritu entró en mi vida. Estoy sorprendida cómo me hiciste una criatura nacida de nuevo. Soy una flamante bebé cristiana. ¡Qué emocionante fue conocerte como mi Padre celestial, a Tu Hijo como mi Salvador y experimentar al Espíritu Santo en mi vida!

Gracias, Padre, por ayudarme a decir una oración de arrepentimiento y pedirte que entres en mi corazón.

Pedro dijo... «Arrepiéntanse y bautícese cada uno de ustedes en el nombre de Jesucristo para perdón de sus pecados, les contestó Pedro, y recibirán el don del Espíritu Santo».
HECHOS 2.38

Quisiera poder verte

Hubo una época, Señor, cuando pensaba que había que ver para creer. Aunque no podía verte, estoy contenta de haber dado ese paso tembloroso y aceptarte como mi Salvador. Una vez que lo hice, todo mi mundo comenzó a cambiar. Nunca más anduve desamparada por la vida. Me diste un propósito. Me diste amor. Recibí ese amor y Te lo devolví. Me diste un aliciente que compartir con cualquiera que quisiera escuchar acerca de lo que habías hecho y aún estás haciendo conmigo.

Cuando la noche cae, sé que Tu sol volverá a brillar al día siguiente. La luna también volverá a visitarnos en la tarde. Cuando las nubes se sostienen en el aire y el sol no puede ser visto, sé que estás ahí.

Aunque invisible, sé que estás aquí también.

Pero quisiera verte, Señor. Quisiera poder deslizar mis dedos por Tus manos marcadas por los clavos. Fijar mi mirada por largo rato en Tus amados ojos o tocar el dobladillo de Tu manto. Una vez sentí eso porque quería estar segura de que eras real. Ahora sé que Tu amante presencia vive dentro de mí. Pero aún quisiera tener siquiera tener una breve visión de Tu rostro.

Ahora, Señor, Te seguiré por fe, no por vista. Cuanto más camino y hablo con contigo, más Te conozco.

Aunque nunca Te he visto, Te agradezco por ser mi Salvador. Gracias por ayudarme a caminar por fe y no por vista.

«Al Padre nadie lo ha visto, excepto el que
viene de Dios; sólo él ha visto al Padre.
Ciertamente les aseguro que el que cree tiene vida eterna».
JUAN 6.46–47

8 DE ENERO

Otra oportunidad

¿Por qué tuviste la paciencia de seguir llamándome? Sin importar cuán lejos yo me iba, Tú me dabas otra oportunidad, y otra, para aceptarte. ¿Soy importante para Ti?

«Mi querida niña, te amo con un eterno amor. Tú eres para Mí lo más querido que puedas imaginar. Yo soy el Buen Pastor. Tú eres Mi oveja. Cuando estás perdida, te sigo como a una oveja que ha equivocado el rumbo. No te abandono sino hasta que estás a salvo en Mi rebaño».

¿Realmente me conoces?

«Te entiendo mejor que a nadie. Veo tu levantarte y acostarte. Percibo tus alegrías, tus preocupaciones y todo lo que piensas. Te conocí antes de que te formaras en el vientre de tu madre. Incluso estoy consciente de cuántos cabellos tienes en la cabeza».

¿Estarás siempre conmigo?

«No importa cuán alto asciendas en el cielo ni cuán bajo desciendas en el mar, Yo estoy aquí. Te guiaré».

¿Me amarás en durante los buenos y los malos tiempos?

«Nada podrá separarte de Mi amor. Ni tribulación, persecución o hambre, nada podrá apartarte de Mi amor. Ni la muerte ni la vida ni el mal. Los ángeles tampoco. Ten la seguridad de que tú eres Mi hija, a quien amo y adoro».

Gracias por darme otra oportunidad, Señor.

«Pero el amor del Señor es eterno
y siempre está con los que le temen;
su justicia está con los hijos de sus hijos,
con los que cumplen su pacto
y se acuerdan de sus preceptos
para ponerlos por obra».
SALMO 103.17–18

Todas las cosas se hicieron nuevas

Antes de que todo se hiciera nuevo a través de Ti, Señor, me sentía avergonzada de decirle a la gente que Te amaba. Les daba solo una respuesta trivial: «Sí, soy cristiana». Eso era porque yo no Te había entregado completamente todo mi corazón. Después de esa noche, las cosas viejas de mi vida se fueron. Todo llegó a ser nuevo. No más tiempo sola. Desde ese entonces, Tu presencia me llenó cada día. Fue una experiencia dramática. Solo sabía que estabas allí, amándome y ayudándome.

Porque Tu Espíritu Santo habita en mí, mis gustos y mis aversiones cambiaron. Mi vida llegó a ser Tu templo. Mi corazón, Tu morada. Perdí interés en lo que siempre hacía y que no Te agradaba. Todavía me preocupaba de mis viejos amigos, pero encontraba una satisfacción mayor en ser atraída por mis relaciones cristianas recientes. Siempre fueron buenos para animarme en mi camino contigo. Lo mejor de todo, es que Tú has llegado a ser mi Salvador, mi más amado Amigo.

Gracias porque nunca me abandonas. Gracias por amarme en los buenos y en los malos tiempos. Antes de darte mi vida, yo estaba perdida. Ahora Te alabo, amado Señor, porque fui encontrada. Antes estuve espiritualmente ciega, pero ahora veo. Quiero ser Tu hija por el resto de mi vida.

> *«Por lo tanto, si alguno está en Cristo,*
> *es una nueva creación. ¡Lo viejo ha*
> *pasado, ha llegado ya lo nuevo!»*
> 2 CORINTIOS 5.17

10 DE ENERO

Sin ninguna cuerda

Padre, hace algún tiempo recibí un hermoso dibujo pintado por mi nieta, Talia. Ella invirtió mucho tiempo haciéndolo hasta que estuvo listo y autografiado con un mensaje: «A Nana con amor, Talia». Hizo el dibujo para mí porque me ama. Sin otra razón. Sin esperar nada a cambio por mi amor. Atesoro ese dibujo que cuelga de mi refrigerador.

Así entiendo el regalo gratis que Tú me diste, el invaluable regalo de la salvación. Todo lo que necesité hacer fue pedirte que entraras en mi corazón. Y porque lo hice, Tú me has dado una vida llena de alegría. Una vida en la cual me proporcionas victoria sobre las circunstancias y derramas abundantemente sobre mí Tus amorosos cuidados.

¡Cuán grandemente bendecida soy por tenerte como mi Padre Celestial, cuyo Hijo es mi Salvador! No estás a kilómetros de distancia. Tu Espíritu Santo está conmigo. Gracias por adoptarme como Tu hija y permitirme recibirte sin que ninguna cuerda nos sujete.

Eres mi Luz y mi Salvación. Gracias a Ti, no temeré. Eres mi fuerza, mi vida. A Ti sea todo el poder. Quiero darte la gloria en todo cuanto diga y haga.

Quiero reflejarte, Padre, me hiciste a Tu semejanza.

«Porque la paga del pecado es muerte,
mientras que la dádiva de Dios es vida
eterna en Cristo Jesús, nuestro Señor».
ROMANOS 6.23

Libertad eternal

Dondequiera que me dé vuelta, Señor, escucho a las personas hablar sobre la importancia de la libertad. Gracias por permitirme vivir en un país donde podemos ir a la escuela, aprender y viajar de un lado a otro. Gracias por el privilegio de poder adorarte.

Sin embargo, veo una esclavitud diferente en nuestro mundo. Es la esclavitud del pecado, la tristeza y la autodestrucción. Una vez, yo fui esclava de todo esto. Era como si llevara una maleta inmensa conmigo por todas partes, llena de excusas, fracasos, amarguras y equivocaciones que no podía cambiar.

Entonces Te encontré, y Tú llegaste a ser mi Maestro y mi Señor. Todo lo que tuve que hacer fue entregar mi pesada carga a Ti. Antes de casi darme cuenta, Tú estabas poniendo orden y arrojando las cosas que no Te agradaban. Nunca tendré parte con ninguna de ellas otra vez.

No soy más una esclava del pecado. En vez de eso, Te tengo a Ti como mi mejor amigo. Tú, amado Señor, me has hecho libre, libre para amarte y servirte para siempre. Tú me ayudaste escapar de las horribles cosas que habían esclavizado. No estoy más sepultada bajo la culpa y la vergüenza. No me siento indigna porque Tú me dijiste que yo era preciosa para Ti.

Gracias, Señor, por darme una vida, eterna y libre.

«Ciertamente les aseguro que todo el que peca
es esclavo del pecado, respondió Jesús.
Ahora bien, el esclavo no se queda para siempre en la
familia; pero el hijo sí se queda en ella para siempre».
JUAN 8.34–35

12 DE ENERO

Tu Hijo tomó mi lugar

La noticia sobre un héroe joven hizo vibrar mis fibras sensibles.

Un niño de doce años, jugando en la orilla de un río, resbaló a las gélidas aguas invernales. ¿Fue Tu plan que ese joven estuviera caminando por el puente y viera todo lo sucedido? Gracias porque él corrió rápidamente y rescató al niño. Ese hombre arriesgó su propia vida para salvar al menor. Gracias, Padre, por ayudarlos a alcanzar la playa segura.

Si yo necesitara rescatar a alguien, concédeme rápidamente la decisión y la fuerza para hacerlo. Dame suficiente valor y amor para arriesgar mi vida por otro.

¿Estaría dispuesta a sacrificar a uno de los miembros de mi familia para salvar a otro, Padre? ¿Tendría suficiente amor para pagar por los pecados de alguien, cumplir una condena en prisión, o morir en su lugar? No lo sé.

No puedo darme cuenta del dolor que Tú experimentaste cuando sacrificaste a Tu Hijo para morir como un criminal. Jesús tomó nuestro lugar de manera que nosotros pudiéramos estar libres del pecado y tener vida eterna. Él murió por mí y por mis seres queridos. Te alabo por Tu amor misericordioso. Por Tu sacrificio, puedo llegar directamente a Ti en oración y gozar de Tu amistad. Primero, Tú me diste Tu amor. Ahora, te doy el mío a cambio.

«He sido crucificado con Cristo, y ya no vivo yo sino que Cristo vive en mí. Lo que ahora vivo en el cuerpo, lo vivo por la fe en el Hijo de Dios, quien me amó y dio su vida por mí».
GÁLATAS 2.20

¿Demasiado bueno para ser real?

Ha habido más desilusiones en mi vida que las que podría contar, Señor. Algunas circunstancias casi me destruyen. Cuando esto sucedió, yo tenía amigos para los buenos momentos, los que me volvieron la espalda cuando más los necesitaba. Pero otros que verdaderamente se preocuparon y se mantuvieron fieles en las buenas y en las malas.

Cuando Te oí llamándome, me preguntaba si eras tan bueno para ser real. ¿Por qué deberían ser diferentes Tus promesas de las de aquellos que me fallaron? ¿Valía la pena responder a Tu toque a la puerta de mi corazón?

Una vez que respondí, Tu amor y fidelidad fueron más allá de cualquier medida o comprensión. Todavía hay desilusiones y penas. Sin embargo, en medio de ellas, Tú permaneces conmigo, guardándome, guiándome y ayudándome en el camino.

Ahora Te traigo a esta otra persona, Señor. Mi vida nunca fue tan difícil como la suya. Por favor, ayúdala. No importa ni su pasado ni su presente; sé que eres su respuesta.

Oro para que ella Te reciba como Salvador y Amigo.

Ayúdale para que se entregue a Ti completamente y confíe que todo lo Tú haces es para bien.

Enséñale a que ella comparta sus preocupaciones más profundas y secretas contigo como me enseñaste a mí. Ayúdala a oír el amoroso susurro que Tú pones en su corazón y a experimentar Tu amistad infalible.

«Mira que estoy a la puerta y llamo.
Si alguno oye mi voz y abre la puerta,
entraré, y cenaré con él, y él conmigo».
APOCALIPSIS 3.20

14 DE ENERO

Tiene sentido

Señor, antes de conocerte personalmente, llegar a ser una cristiano no tenía sentido. ¿Cómo podía ser esta nueva vida tan fantástica?

¿Qué harías Tú tan diferente para mí? No estaba segura de querer ser una cristiana y cambiar. Antes de conocerte, había aprendido acerca del regalo de Tu salvación, pero no podía comprenderla.

Finalmente, respondí a Tu constante llamado a la puerta de mi corazón y Te pedí que entraras. Después de que llegaste a ser mi Salvador y fui llena del Espíritu Santo, Tú fuiste real en mi vida.

Ahora experimento y disfruto Tu presencia y Tu amor. Mi conocimiento intelectual sobre Ti ha sido transformado en un conocimiento del corazón.

Todo lo que he aprendido sobre Ti ha pasado a ser parte de mí. Tú comprendes cada uno de mis sentimientos. Conoces cada necesidad. Escuchas mis plegarias y hablas a mi corazón. Me ayudas a tomar decisiones cuando Te pido que me guíes. Tú, Señor, Te has transformado en el centro de mi ser. Eres mi vida, mi todo.

Gracias, Señor, por ayudarme a entender que Tú eres mi Salvador. Gracias por morar en mi corazón y acogerme como Tu apreciada criatura.

«Yo lo libraré, porque él se acoge a mí; lo protegeré, porque reconoce mi nombre. Él me invocará, y yo le responderé; estaré con él en momentos de angustia; lo libraré y lo llenaré de honores. Lo colmaré con muchos años de vida y le haré gozar de mi salvación».

SALMO 91.14–16

¿Cómo pudiste perdonarme?

Padre, quiero decirte cuán apenada estoy por todos los errores que cometí antes de empezar a seguirte. Malgasté tantos años. ¿Cómo pudiste perdonarme?

¿Hay algo que yo pueda hacer para repararlo? ¿Podrán años de buenas acciones pagar mi deuda? No importa cuánto trato de hacer lo correcto, nunca puedo recompensarlo.

«Ya te perdoné, mi amada. No necesitas hacer nada. Tus pecados se han ido para siempre. Todo lo que quiero es tu amor».

¿Eres feliz conmigo, Señor? De verdad, estoy tratando. Déjame sentir Tu presencia.

«Estoy aquí. Nunca te dejé. Tú eres la niña de mis ojos. Cuando Me amas y Me obedeces, alegras Mi corazón. Ven a Mí. Escúchame. Oye mis palabras para que puedas vivir una vida de gozo indescriptible. Eres mi niña y Yo soy tu Dios».

Gracias otra vez por perdonarme. Gracias por amarme, por ser mi Padre Celestial. Cuando me siento abrumada por los remordimientos, déjame recordar Tu perdón.

Yo he dicho:
«Señor, compadécete de mí;
sáname, pues contra ti he pecado».
SALMO 41.4

«Que abandone el malvado su camino,
y el perverso sus pensamientos.
Que se vuelva al Señor, a nuestro Dios,
que es generoso para perdonar,
y de él recibirá misericordia».
ISAÍAS 55.7

16 DE ENERO

¿Cómo puedo perdonarme a mí misma?

Aunque Tú me has perdonado, Señor, los remordimientos por mis años desperdiciados todavía me persiguen. Puedo perdonar a otros, pero tengo problemas para perdonarme a mí misma. Por favor, ayúdame. No hay ninguna manera que yo pueda cambiar mi pasado. He pedido a otros su misericordia. He estado tratando de hacer las cosas correctas. Enséñame ahora a dejar que las cosas marchen.

La Biblia dice que los dos principales mandamientos son amar al Señor con todo el corazón, tu alma y tu mente, y amar al prójimo como a uno mismo. ¿Significa eso que amarme a mí misma forma parte de los mandamientos? Pienso que así es.

Como me perdonaste, me esforzaré por perdonarme a mí misma.

Al hacer eso, abro mi vida a Tu sanidad emocional y espiritual. No permitiré que el pasado me agobie. En lugar de eso, confiaré que Tú haces mi vida nueva.

Cuando hago malas elecciones, estoy agradecida por la forma cómo me empujas al camino correcto. Gracias por Tu constante amor y guía durante este tiempo.

Gracias, Padre, por concederme la habilidad y compasión para perdonarme a mí misma. Si los remordimientos vuelven, sé que no vienen de Ti. En lugar de darles cabida en mi vida, me enfocaré en Tu amor y disfrutaré Tu gracia y misericordia.

Jesús le dijo: «Ama al Señor tu Dios con todo tu corazón, con toda tu alma y con toda tu mente, le respondió Jesús. Éste es el primero y el más importante de los mandamientos. El segundo se parece a éste: Ama a tu prójimo como a ti mismo».
MATEO 22.37, 39

Tú me diste la fe

Antes de recibirte como mi Salvador, no tenía fe de que pudieras salvarme y hacerme Tu hija. No sé porqué dudaba, Señor. Quizás simplemente no podía entender Tu amor. Cada vez que estaba lista para aceptarte, yo retrocedía, insegura de Tu deseo de venir a mi corazón.

Gracias por aquella amiga que me explicó acerca del camino de la salvación. Gracias porque ella me hizo saber que la fe no era algo que yo pudiera suscitar por mí misma. Solo podía venir de Ti. Me habló que la fe era como un grano de mostaza, tan diminuto, pero cuando crece se convierte en una planta de cuatro a seis pies de alto. Lo que necesitaba hacer era ejercitar mi fe para invitarte a mi vida. Ahora me doy cuenta que estabas esperando por mí todo este tiempo.

Cuando hice esto, las compuertas de Tus bendiciones se abrieron.

De inmediato, mis minúsculas semillas de mostaza, ¡la fe dimensionada floreció y creció sin medida! Gracias, Señor, para la manera en me enteré de Tu maravilloso amor por mí; por mostrarme en la Biblia cómo diste Tu vida por mis pecados para salvarme; y por hablar a mi corazón. Sin ninguna duda, soy salvada por Tu Gracia, por medio de Ti, Jesucristo, mi Señor. ¡Alabo Tu nombre! Ahora Te pertenezco.

«Así que la fe viene como resultado de oír el mensaje, y el mensaje que se oye es la palabra de Cristo».
ROMANOS 10.17

«Tu fe te ha salvado, le dijo Jesús a la mujer; vete en paz».
LUCAS 7.50

18 DE ENERO

Recibir y dar misericordia

Te bendigo, Señor, por Tu misericordia. Recordaré siempre todo lo que haces por mí. Te alabo por Tu perdón. Gracias por sanar mi cuerpo, mi mente y mi alma.

Te agradezco la forma cómo derramas sobre mí Tu bondad. Cuando estoy desalentada, me fortaleces. Cuando estoy angustiada, me consuelas.

Continuamente soy humillada al comprobar cuán misericordioso y gentil eres. Cuando me esfuerzo y trato de hacer bien las cosas, Tú eres paciente y comprensivo. ¡Cuán admirable es la manera como puedo venir a Ti y disfrutar de tu presencia! ¡Cuán maravillosa es Tu misericordia! Has removido y arrojado mis pecados tan lejos como está el este del oeste. Me amas como un padre justo quiere a su hijo pequeño.

Tu bondad es eterna. Tu verdad perdurará a través de todas mis futuras generaciones. Porque yo Te seguí, veré cómo se mantiene Tu mano de justicia sobre los hijos de mis hijos. Con gratitud por lo que has hecho en mi vida, los he dedicado a Ti. Del mismo modo en que yo recibí Tu misericordia, permíteme entregar compasión a otros. Enséñame a ser rápida para perdonar, a mirar más allá de las faltas y a ver cada necesidad.

Gracias por Tu misericordia y por enseñarme a ser misericordiosa.

«Pero el amor del Señor es eterno
y siempre está con los que le temen;
su justicia está con los hijos de sus hijos,
con los que cumplen su pacto
y se acuerdan de sus preceptos
para ponerlos por obra».
SALMO 103.17–18

Completamente consagrada a Ti

Recuerdo cuando insistentemente hablaste a mi corazón, Señor, pidiéndome ser el Señor de mi vida. Aunque yo Te había aceptado cuando era niña, sabía que no me había consagrado totalmente a Ti. A menudo trataba de estar en el límite entre lo correcto y lo incorrecto. Quería seguir las cosas de este mundo, y sin embargo clamaba por ser una cristiana.

Gracias por aquellos que me mostraron que ser una cristiana a medias era robarme a mí misma una victoriosa vida contigo. ¡Oh, cuánto yo me habría perdido por no darme entera a Ti!

Por fin, dejé ir a mi pasado, mis heridas, mis malos hábitos, mis penurias. Cuando lo hice, Tú me perdonaste y sanaste. Entonces Me ayudaste a crecer más cerca de Ti. Paso a paso, mis deseos, sueños y objetivos cambiaron. Empecé a ver la vida a través de Tus ojos.

Las cosas de este mundo se destiñeron ante Tu esplendor y santidad. Artificios y destellos de luces fueron reemplazadas por el brillo de Tu deslumbrante presencia. Todo fue nuevo, lleno de amor, de perdón, de rectitud, esperanza y propósito.

Sostiene mis fibras sensibles todos los días, Señor, para que yo nunca regrese a la existencia que tuve antes de que Tú me salvaras.

Lléneme hasta el borde con Tu sabiduría y determinación.

¡Haz que mi vida esté completamente consagrada a Ti!

«*Por tanto, imiten a Dios, como hijos muy amados, y lleven una vida de amor, así como Cristo nos amó y se entregó por nosotros como ofrenda y sacrificio fragante para Dios*».
EFESIOS 5.1–2

20 DE ENERO

Tú eres la fuerza de mi vida

Cuando mi amigo Te invitó a su corazón, pienso que Tus ángeles cantaron a coro. Gracias por darle un nuevo nacimiento, uno espiritual al aceptarte a Ti. Gracias por darme una nueva vida también. Haciendo lo bueno no gano Tu favor. Es simplemente Tu amor, porque perdonaste nuestros pecados y nos mostrarte un camino mejor.

Una vez mi vida estaba sucia y distorsionada. Ahora estoy limpia, sin una mancha o arruga. ¡Te amo tanto, Señor! ¿Cómo puede cualquiera de nosotros permanecer puro ante Tus ojos?

«Mi niña, recuerda que Yo soy el camino. Te daré la fuerza que necesitas cada día. Cuídate de leer Mi Palabra y de atender a sus lecciones. Ellas te guiarán por el camino correcto. Medita acerca de ellas. Consérvalas en tu mente y corazón para que no peques contra Mí. Cada vez que me busques, me encontrarás. Permanece en Mí, y Yo permaneceré en ti».

Porque me deleito en Ti, Oh Señor, seguiré Tus enseñanzas. Confiaré en Tus promesas día y noche. Ellas son más valiosas para mí que la plata y el oro. En todos mis caminos Te reconoceré. Gracias por ser mi Salvador, por renovar mi fe y fortaleza cada día. Gracias también por lo que has hecho con mi amigo.

«El Señor es mi luz y mi salvación;
¿A quién temeré?
El Señor es el baluarte de mi vida;
¿Quién podrá amedrentarme?»
Salmo 27.1

Gracias por mi bautismo

Padre, ¡qué experiencia tan impresionante debe haber sido para aquellos que presenciaron el bautizo de Tu Hijo, Jesús! Cuando por primera vez leí acerca de ese suceso, sentí como si hubiera estado ahí. Me pregunté por qué alguien tan santo necesitaba ser bautizado. Jesús nunca tuvo que arrepentirse de ningún pecado personal. Sin embargo, lo hizo como un ejemplo para mí.

Quisiera haber podido ver al Salvador levantándose del agua y haber presenciado al Espíritu Santo descender como una paloma y posarse sobre Él. Desearía haber escuchado el estruendo de Tus palabras: «Este es mi Hijo amado, en quien tengo contentamiento».

Después de aprender esto, me di cuenta de que debía bautizarme. Quería contarle a mis amigos y a mis seres queridos que mi vida de pecado estaba muerta, que Tú dejaste mi corazón limpio y que arrojaste mis iniquidades a lo más profundo del mar.

Nunca olvidaré cuando entré en el agua del baptisterio, Padre. Miré a la congregación y vi a quienes que con tanta fidelidad me enseñaron sobre Tu amor. Cuando me preguntaron si Te amaba, respondí con un ¡sí! entusiasta. Entonces me sumergí y me levanté del agua. Sentí Tu santa presencia como una paloma sobre mí. Desde ese momento, nunca he sido la misma.

Gracias por el ejemplo de Jesús y por el privilegio de seguirlo.

«Tan pronto como Jesús fue bautizado, subió del agua. En ese momento se abrió el cielo, y él vio al Espíritu de Dios bajar como una paloma y posarse sobre él. Y una voz del cielo decía: Éste es mi Hijo amado; estoy muy complacido con él».
MATEO 3.16—17

Te serviré

Señor Jesús, sé que sufrías cuando viste mi vida destruida por el pecado. ¡Cuán ajena estaba a Tu invitación de que fuera Tu hija! Entonces me empezaste a hablar una y otra vez de abandonar mi mal proceder y escoger la vida abundante y libre. Una vez que oí sobre el camino de la salvación, tuve que hacer una elección. ¿Te serviría y obedecería o sería esclava del pecado?

Miré alrededor mío Tu creación maravillosa, los cielos y la tierra, el sol y la luna, las montañas, los árboles y los valles. ¿Cómo podían tales cosas haber sido puestas por casualidad y sincronizar tan perfectamente?

¡Qué pesada carga experimentó mi corazón cuando me hiciste entender que la paga del pecado es la muerte! Pero Tu regalo es la vida eterna por medio de Jesucristo. Todo lo que necesité fue creer que Jesús, el Hijo de Dios, me salva y me hace una de los suyos.

Ahora me doy cuenta de que nadie puede servir a dos señores. Debo amarte u odiarte. O amar u odiar al mal. ¡Te escojo a Ti, mi Señor! Te seguiré y amaré todos los días de mi vida.

Dios el Padre dijo: «Hoy pongo al cielo y a la tierra por testigos contra ti, de que te he dado a elegir entre la vida y la muerte, entre la bendición y la maldición. Elige, pues, la vida, para que vivan tú y tus descendientes. Ama al Señor tu Dios, obedécelo y sé fiel a él, porque de él depende tu vida, y por él vivirás mucho tiempo en el territorio que juró dar a tus antepasados Abraham, Isaac y Jacob».
DEUTERONOMIO 30.19–20

Poder sin medida

No hace mucho tiempo, Señor, Bob y yo estuvimos parados en un parque del sureste de Washington, observando al volcán Santa Helena que se pierde en lo alto. Me sentía insignificante al ver cómo las columnas de ceniza ardían y estallaban en el cielo, cubriendo todo el panorama y como poderosas bolas de algodón, rodaban hasta el valle. La lava ardiente rugía hacia el río, arrancando todo a su paso. La mortal corriente aplastaba a los enormes árboles como a un dominó en miniatura.

La situación daba pavor. Gracias por la forma cómo Bob y yo con dificultad encontramos el puente y pudimos regresar a casa.

Después nos enteramos que la erupción había tenido más poder que una bomba atómica. La ceniza había sido arrojada con tanta fuerza como para salir de la atmósfera, dando la vuelta al mundo.

Cada vez que me asombro cuán grande es Tu poder para solucionar mis pequeños problemas, me doy cuenta de que Tus capacidades ilimitadas son mucho más grandes que cualquier fuerza terrenal. Tu poder me liberará de mis pecados. No importan las circunstancias, Señor, Tú eres mi refugio, mi fuerza. Tú estás siempre aquí para ayudarme en los buenos y en los malos tiempos. Por esta razón, no temeré.

Cuando la tierra tiembla y las montañas se hinchan y se deslizan en el mar; cuando rugen las aguas turbulentas destruyendo todo a su paso, Tú todavía estás en control. Tus poderosas manos crearon todo. Tú me creaste y me rescataste.

«El Señor *Todopoderoso está con nosotros;
nuestro refugio es el Dios de Jacob...
Quédense quietos, reconozcan que yo soy Dios».
SALMO 46.7, 10

24 DE ENERO

Mi amigo más apreciado

¡Qué juegos absurdos jugué, Señor, arrancando y tratando de ocultarme de Ti, Señor! Me hace recordar cuando mis hijos eran pequeños y estaban aprendiendo a jugar a las escondidas en nuestra sala de estar. Uno contaba mientras el otro se escondía. El más chiquito pensaba que si no le veían la cabeza, nadie podía descubrirlo.

«No me puedes encontrar», grito con su vocecilla.

Todo el rato podíamos ver su cuerpo pequeño sobresalir desde atrás del sofá o de la mesa de centro. Era tan divertido, Señor.

Del mismo modo, yo pensé alguna vez que podía ocultarme de Ti.

Como el hijo pródigo, estaba determinada a hacer las cosas a mi manera. No tenía idea de lo que significaba tenerte como mi amigo. Sin importa hasta donde me apartara o tratara de ocultarme, Tú me seguías, llamándome para que regresara.

Ahora he venido a Ti y estoy aparte. Tú, Señor, eres mi mejor amigo. ¡Cuán agradecida estoy que me ames y me aceptes!

Finalmente veo que es amor y amistad legítima; no ese amor del que el mundo habla, sino de un desinteresado e incondicional amor, un santo amor que viene de Ti.

Gracias por convertirte en mi amigo más apreciado. Ahora podemos caminar, conversar y escucharnos a lo largo de cada día.

Jesús dijo: «Ustedes son mis amigos
si hacen lo que yo les mando».
Juan 15.14

Amigo para todo el día

Gracias, querido Padre, por ser mi amigo cada hora de todos los días. Te alabo por Tu presencia constante, por el modo cómo caminas conmigo y hablas a mi corazón.

Cuando me siento abrumada y pierdo conciencia de Tu presencia, gracias porque estás cerca. Amándome. Ayudándome. Protegiéndome. Guiándome.

Te amo tanto, más de lo que siquiera puedo expresar.

¡Cuán agradecida estoy de que seas mi Padre Celestial, que estés conmigo constantemente, en cualquier circunstancia!

«Mi niña, Yo siempre estoy aquí contigo. Mi amor y mi amistad son incondicionales y nunca fallan. Te amo con un amor eterno. En los buenos tiempos, me regocijo contigo. En tus experiencias duras, sufro contigo y te consuelo como una pequeña es consolada por su madre. Cuando estás hambrienta, te alimento. Cuando tienes sed, te doy de beber de mi vasto pozo de agua de la vida. Cuando estás temerosa y confundida, estoy aquí para animarte y guiarte. Nunca te abandonaré ni te daré la espalda durante las tormentas de tu vida. Cada vez que me llames, estaré aquí, en tu corazón. Soy Tu amigo, ahora y siempre».

«Así que no temas, porque yo estoy contigo;
no te angusties, porque yo soy tu Dios.
Te fortaleceré y te ayudaré;
te sostendré con mi diestra victoriosa».
ISAÍAS 41.10

26 DE ENERO

Creo en Ti

Hoy oré con una persona y le mostré cómo recibirte. Fue emocionante. Sentí como si estuviera ayudando a traer una nueva vida al mundo. Casi podía oír a Tus ángeles cantar en celebración por una nueva alma que viene a Ti. Gracias, Señor Jesús, por permitirme ser parte de tan maravilloso suceso. ¡Cómo te alabo por hablar al corazón de mi amigo y gentilmente ayudarle a creer en Ti!

Estoy emocionado al ver la alegría y la paz en su rostro ahora que Te conoce como su Salvador.

Parece que no hiciera mucho tiempo desde que yo, también, diera mis primeros tímidos pasos de fe y Te aceptara como mi Salvador personal. ¡Cuánta diferencia hizo esto en mí! No puedo imaginarme ir por la vida sin Ti. Recibirte fue como tomar un soplo de aire fresco y purificador. Después que lo hice, me sentí notablemente más y más limpia. Porque di este paso de fe, Tú me diste una nueva vida, llena de alegría y armonía. Cada día estoy tratando de conocerte y confiar más en Ti. Ahora compartimos una dulce comunión. Tú eres mi Salvador, mi todo. Gracias, Señor, por ayudarme a creer en Ti.

«Cree en el Señor Jesús; así tú y tu familia serán salvos».
HECHOS 16.31

Tu familia

Gracias por adoptarme en Tu familia, Padre.

Junto con mi linaje terrenal, Tú me has dado parte en la herencia de Dios. Del mismo modo que varios de mis amigos han decidido adoptar y aman a sus hijos, me doy cuenta de que Tú has hecho esto conmigo. Ahora tengo una relación personal contigo, y pertenezco a Tu familia también. Esto supera mi comprensión. ¡Qué glorioso! ¡Qué impresionante!

¡Qué bendición es para mí estar en cualquier parte y reconocer a otro que Te ama, porque Tu Espíritu se refleja en su vida! Cuando esto sucede, nunca dejo de sobrecogerme. Hermanos y hermanas en Cristo, dicen. ¡Qué maravillosa herencia he ganado en mi nueva familia de Dios!

Gracias por las muchas maneras en que aprendemos a cuidarnos. Que siempre nos tratemos unos a otros con gentileza, paciencia y amor.

Tal como con mi familia de nacimiento, podrá haber ocasiones para las decepciones y heridas. Cuando ese momento llegue, oro por dirección, perdón y sanidad. Aun cuando soy parte de Tu familia, sé que todavía tengo que luchar con las imperfecciones.

Ayúdame a reflejar, no obstante, Tu amor puro e inquebrantable.

Gracias por ser la Cabeza de mi familia y ser la fuente de mi consuelo y mi fuerza.

«Mas a cuantos lo recibieron, a los que creen en su nombre,
les dio el derecho de ser hijos de Dios. Éstos no nacen
de la sangre, ni por deseos naturales, ni por
voluntad humana, sino que nacen de Dios».
JUAN 1.12–13

El sello de una nueva vida

Estoy continuamente llena de asombro cuando pienso en el sello de mi nueva vida en Ti, Señor. Al recibirte, he sido capaz experimentar todo que Tú me das. ¡Te alabo por ello!

Ahora me llamas por mi nombre. Me has hecho Tu propiedad. Cada vez que paso por aguas turbulentas, sé que desaparecerán rápido, porque estás conmigo, sosteniendo mi mano.

Caminas delante de mí como mi escudo y mi defensor.

Tú eres mi Señor. Mi Dios, el Santo que gobierna sobre todos. Me creaste a Tu imagen. Me hiciste para Tu gloria. A Ti doy honor, adoración y alabanza. A Ti te entrego toda mi vida.

Estoy agradecida por la forma como me enseñas a dejar el pasado atrás y entrar en la nueva vida que me proporcionas. Me pregunto que sigue. Y miro el futuro con gran expectación cuando recorremos el camino de la vida juntos.

Porque Tú eres mi Señor, confiaré en Ti para todo. Ayúdame a recordar que no dependa solo de mi propio conocimiento. Te reconoceré y seguiré cuando dirijas mis pasos.

«Olviden las cosas de antaño;
ya no vivan en el pasado.
¡Voy a hacer algo nuevo!
Ya está sucediendo, ¿no se dan cuenta?
Estoy abriendo un camino en el desierto,
y ríos en lugares desolados».
Isaías 43.18, 19

Vida abundante por medio de Ti

Estoy aquí de nuevo con otra pregunta, Padre. ¿Qué quiere decir tener vida en abundancia? ¿Cómo puedes percibir todos mis deseos y necesidades? ¿Sabes lo que es bueno para mí, incluso mejor que yo misma? Me siento indigna de recibir todas Tus bendiciones.

Tú me has buscado y me conoces muy bien. Conoces mi acostarme y mi levantarme. Comprendes todos mis pensamientos. Cuidas de todas mis necesidades y anhelos.

Te alabo porque pones una valla protectora alrededor mío en tiempos de incertidumbre y peligro. Estoy agradecida por la forma cómo Tus seguras manos sostienen las mías, por cómo me provees con Tu sabiduría y rápidos pensamientos. Todo cuanto me das es también maravilloso para mi comprensión. Te alabo, Señor, por Tus constantes y tiernos cuidados.

Gracias por las comodidades materiales que provees. Estoy comenzando a entender, después de todo, que la vida abundante es mucho más que el dinero y las posesiones. Incluye el amor solidario y los cuidados, la victoria sobre la tentación y el pecado, la habilidad para discernir y tomar decisiones correctas.

Ayúdame a escucharte, de modo que pueda evitar los problemas creados por mí misma y experimentar Tu bendición y quietud mental.

Gracias, Padre, por la vida abundante que provees y por ponerme en el centro de Tu cuidado.

Jesús dijo: «Yo he venido para que tengan vida,
y la tengan en abundancia».
JUAN 10.10

Gracias por recibirme

Te agradezco, Señor Jesús, que junto con recibirte como mi Salvador, me tomaste en Tus brazos y me recibiste como Tu pertenencia. Sé que me amabas antes de que naciera. No puedo comprender cómo orabas por mí en el Huerto de Getsemaní, sabiendo muy bien que estabas a punto de morir por mis pecados.

Leí en la Biblia que antes de que murieras, nadie podía ir directamente a Tu Padre sino los sacerdotes escogidos. En el templo, estaba el Lugar Santísimo, con una enorme y gruesa cortina que impedía que aquellos que amaban al Padre celestial entraran directamente en Su presencia. Esto era así porque no estaban libres de pecado. Cuando Tú moriste en la cruz, ese inmenso y grueso velo ¡misteriosamente se rompió de arriba a abajo! Aquellos que Te aceptaron a Ti como Salvador nunca más estuvieron separados de la santa presencia del Padre, porque Te sacrificaste en la cruz y lavaste con Tu sangre los pecados de quienes te recibieron.

Porque moriste por mí y Te pedí que entraras en mi corazón, puedo venir a Ti en cualquier momento y ser bienvenido en Tu presencia. Gracias, Señor, por recibirme como Tu hija.

«Por lo tanto, ya que en Jesús, el Hijo de Dios, tenemos un gran sumo sacerdote que ha atravesado los cielos, aferrémonos a la fe que profesamos. Porque no tenemos un sumo sacerdote incapaz de compadecerse de nuestras debilidades, sino uno que ha sido tentado en todo de la misma manera que nosotros, aunque sin pecado. Así que acerquémonos confiadamente al trono de la gracia para recibir misericordia y hallar la gracia que nos ayude en el momento que más la necesitemos».
HEBREOS 4.14–16

¡Qué gran diferencia Tú has hecho!

Sé que has hecho una enorme diferencia en mi vida, Señor, pero no me di cuenta de todo hasta cuando hicimos una visita a mis padres. Ellos decidieron exhibir unas viejas películas hechas en casa. Me choqueó ver mi antigua identidad. El modo cómo me sentía frente a cosas del pasado en aquel entonces se mostraba en mi rostro. Fue difícil creer que yo era esa persona. Ahora no soy más la misma, gracias a Tu amor.

Recuerdo haber sentido que nunca podría cumplir las normas y regulaciones de un cristiano, así que ¿para qué tratar? Ahora disfruto de gracia y verdad, proporcionada por Ti, Señor Jesús. Te obedezco porque Te amo con todo mi corazón, mi alma y mis fuerzas. ¡Qué impresionante fue la forma cómo la piedad y la verdad se manifestaron en el momento en que Te acepté como mi Salvador! Un indescriptible alivio me llenó. Tú, oh Señor, a través de Tu bondadoso amor, has remplazado mi desesperanza por júbilo, mi derrota por el triunfo ¡sobre el pecado!

Sí, pequé y fui cortada de Tu gloria. Estoy agradecida de que la persona anterior se haya ido para siempre y que nunca retorne. Gracias por la diferencia que has hecho en mi vida.

«De su plenitud todos hemos recibido gracia sobre gracia, pues la ley fue dada por medio de Moisés, mientras que la gracia y la verdad nos han llegado por medio de Jesucristo».
JUAN 1.16–17

1 DE FEBRERO

¿Quién puede ser semejante a Ti?

¡Qué maravilloso eres, mi Dios! ¡Cuán admirable es entrar en Tu presencia! Te alabo con júbilo y gratitud porque sé que eres mi Señor, mi Dios. Eres el Creador de todo cuando existe. Tú plegaste Tus dedos alrededor de las montañas y diste forma a sus puntos más altos. Extendiste Tu mano y la hundiste en las profundidades de la tierra. Excavaste enormes cavidades y las llenaste con los océanos, lagos y ríos. Hábilmente delineaste el suelo seco.

Tuviste el cuidado de planificar mi esencia distinta, antes de que siquiera fuera formada en la matriz de mi madre. Con un soplo de aliento y un ruido sordo en mi pecho, Tú pusiste a mi corazón y a mis pulmones en movimiento. Tú me hiciste la persona que soy. Gracias por permitirme ser Tu hija y por ser mi Padre Celestial.

¿A quién puedo compararte, Señor? No hay otro tan grande. Tú eres el que todo lo sabe, el que ama por siempre. Tu misericordia para conmigo permanecerá eterna, ¡aún más allá de la vida terrenal! Tu innegable amor durará a través de las futuras generaciones. Por siempre, serás exaltado en medio de las naciones. Por siempre ¡serás exaltado sobre la tierra!

Vengo a Ti y me inclino, porque eres mi Señor, mi Hacedor. Tú, Señor, eres el verdadero Dios. No existe ningún otro que se pueda comparar contigo.

«¿Quién como tú, Señor, Dios Todopoderoso,
rodeado de poder y de fidelidad?»
SALMO 89.8

Tú excedes todo

¿A quién puedo clamar, mi Señor, aparte de Ti? Tú superas a todos, a todo cuanto hay en el cielo y en todas las galaxias, mi Dios. Tú eres lo más importante, mi fuerza y mi razón de ser. Eres mi fuente de pan y de agua. ¡Eres mi Señor y mi Salvador por siempre!

Cuando me desespero, Tú me levantas. Eres mi mayor alegría. ¡Con cuánto amor velas por mí! En Ti descansa mi herencia espiritual. En Ti deposito cada uno de mis anhelos.

Oh Dios Santo, Tú excedes todo lo demás. ¡Cuán grande y poderoso e impresionante Tú eres! Antes de Ti, no hubo ningún otro. Nadie vendrá después de Ti, porque Tú, Señor, eres el principio y el fin. Tú, y solamente Tú, eres Señor sobre todo. Aparte de Ti, no hay ningún otro inicio.

Antes de los antiguos tiempos, Tú estabas allí. Antes que el cielo y la tierra, Tú fuiste, Tú eres, y siempre lo serás. Cuando hablas, se hace Tu voluntad. Nadie más puede echar marcha atrás en esto porque Tú eres el Creador y gobernante de todo. Tu boca declara toda la verdad. Tus palabras no tienen fin ni pueden ser anuladas.

Ante Ti se doblará cada rodilla y toda lengua confesará «Sólo en el Señor están la justicia y el poder». (Isaías 45.24) ¡Tú solo, Oh Dios, superas todo lo demás!

«Tu amor es mejor que la vida;
por eso mis labios te alabarán.
Te bendeciré mientras viva,
y alzando mis manos te invocaré».
Salmo 63.3–4

3 DE FEBRERO

Te pertenezco

Gracias, Padre, por permitir que yo Te pertenezca. Te alabo por adoptarme como hija tuya. Desde que acepté a Tu Hijo Jesús como mi Salvador ya no estoy más separada de Tu familia santa. Deseo honrarte todos los días de mi vida y tomarme de Ti como la rama lo hace de la vid. Tú eres mi vid, y yo soy una de Tus pámpanos. Solamente estando unida a Ti seré capaz de lograr algo de eterno valor. Puedo hacer lo que Tú me pidas Jesucristo, mi Señor.

Porque me acogiste como a Ti mismo, Te alabaré de lo más profundo de mi ser. Con todo mi corazón, doy honor a Ti. Gracias por amarme como a la niña de Tus ojos, por ocultarme en Tus fuertes brazos y protegerme de la injusticia. Nunca olvidaré Tus muchas bendiciones.

Gracias por Tu perdón. Cuando vengo a Ti, pones vida en mí de la misma manera que la savia va de la viña a las ramas. Te alabo por rebelarnos Tus caminos y derramar sobre mí Tu compasión y gentileza.

Soy Tu hija y eres mi Padre Celestial.

Con cada fibra de mi ser, doy honor a Ti.

«Cuídame como a la niña de tus ojos;
escóndeme, bajo la sombra de tus alas».
SALMO 17.8

Que mis pensamientos Te honren

Cuando las tentaciones y la confusión de este mundo presionen mi entorno, Señor, permite que mis pensamientos estén enfocados en lo que Te complace. Que mi mente pueda meditar sobre Tus enseñanzas durante el día y la noche. Déjame beber de Tus palabras invaluables de la Biblia. Te ruego que las escondas en el banco de mi memoria, de modo que pueda aplicarlas al resto de mi vida. Concédeme fuerza y orientación a través de Tu Santo Espíritu para honrarte en lo que miro, leo y observo.

Que todo esto sea delicioso y agradable a Ti.

Cuando los vientos secos de la tensión se agiten en torno mío, no seré consumida porque mis raíces espirituales se hunden profundamente en Ti.

Con Tu ayuda, mis hojas no se marchitarán. Producirán los preciados frutos de Tu espíritu: amor, gozo, paz, paciencia, generosidad, bondad, fidelidad, sensibilidad, y dominio propio.

Pensaré sobre todas Tus obras maravillosas y reflexionaré sobre los hechos portentosos que haces, porque Tus caminos, Oh Dios, son santos. Me maravillo cuando despliegas Tu poder asombroso. Atesoro el recuerdo de muchas instancias en que me has bendecido.

Permite que medite cada día en Ti. Controla mis decisiones. ¡Que cada una Te honre a Ti! Oro para que guíes mi mente y mi corazón. En todos mis caminos, quiero honrarte con pensamientos, palabras y acciones puras.

> «...*sino que en la ley del Señor se deleita,*
> *y día y noche medita en ella*».
> SALMO 1.2

5 DE FEBRERO

Mi corazón es Tu morada

¡Oh, cómo Te alabo, Señor, por entrar en mi corazón y hacer de mi alma Tu morada! Esto va más allá de mi comprensión. Te alabo por derramar sobre mí Tu amor misericordioso. Tú miraste más allá de mis pecados y viste mis necesidades. Cuando me incliné arrepentida ante Ti, me hiciste pura como la nieve fresca. Bienvenido a mi corazón, Tu casa, amado Señor. Quiero honrarte en todo cuanto haga. Dondequiera que vaya, cualquiera cosa que diga o haga, sé que estás conmigo, atento completamente a cada paso que dé. Que no permita que ninguna persona o cosa traspase esta puerta, a menos que sea digna de Ti.

Registra los rincones de mi corazón de modo que se mantenga como un lugar sagrado para que Tú habites allí. Ayúdame a librarme a mí misma de las desagradables pelusas ocultas que el ojo humano no alcanza a ver. Llena los rincones con Tu santa y amante presencia. Con todo mi corazón Te busco porque no quiero estar alejada de Tus caminos. Atesoraré Tus sabias palabras y las guardaré dentro de mí para no pecar contra Ti. Oro para que siempre Tu presencia permanezca dentro de mi corazón, Tu hogar.

«Crea en mí, oh Dios, un corazón limpio,
y renueva la firmeza de mi espíritu».
Salmo 51.10

De noche, pienso en Ti

Es el final de un largo día, Padre. Ha habido luchas, pero estuviste conmigo todo el día. Aunque mi cuerpo duele por la fatiga, mi corazón, mi corazón se alegra de volver a Ti en oración. ¡Ah, dulce reposo querido Señor! Mi cabeza se hunde en la almohada. Cuán magnífica es tu atenta presencia. Gracias por la forma cómo el Espíritu Santo me rodea. Cánticos de alabanza llenan mi mente. Mi cuerpo se relaja. Mi corazón está pendiente de Ti.

¡Qué maravillosas son todas Tus promesas de amarme y cuidarme! ¡Cuánto más maravillosos son los modos en que has permitido que se guarde Tu palabra! Mi mente está llena con todo lo que sé acerca de Ti. Gracias por velar por mí mientras duermo. En las sombras de la noche, elevo mi corazón en adoración. Tú eres mi fuerza. Tú eres quien me rejuvenece mientras descanso.

Mi alma se adhiere a Ti mientras me sostienes durante toda la noche. Entrego mis ideas, incluso mis sueños, a Tu cuidado. Cada preocupación la pongo a Tus pies. Cada necesidad la dejo a Tu seguro cuidado. En todas mis meditaciones, Te honraré. Porque Tú eres Santo. Santo. Santo eres Tú, oh mi Dios.

Buenas noches, amado señor. Gracias por amarme.

«Ésta es la oración al Dios de mi vida:
que de día el Señor mande su amor,
y de noche su canto me acompañe».
SALMO 42.8

7 DE FEBRERO

Mi mente se vuelve a Ti en el amanecer

Buenos días, Señor. Gracias por el descanso de la última noche y por proporcionarme un fresco comienzo hoy. Gracias por oír mis oraciones y reconocer mis inquietudes más profundas. Amo este tiempo cuando todo está silencioso, cuando Te escucho hablar a mi corazón y prestar atención a los susurros de mis labios. ¡Cuán agradecida estoy de poder exponer mis peticiones ante Ti y esperar confiada y expectante por Tu voluntad!

Gracias por permitirme entrar en Tu presencia. Me inclino ante Ti en reverencia. Guíame en Tus caminos de rectitud. Durante todo mi día, me refugiaré en Tu consejo y estaré alegre porque Tu sabiduría es más grande que ninguna otra cosa. Te guardaré como lo primero en mis pensamientos y Te ofreceré en sacrificio mi voluntad. En todos los aspectos, exalto Tu nombre.

En cada tarea que busco llevar a buen término, en cada decisión que debo tomar, Te reflejaré y honraré, Oh Señor. Tú eres mi Fuerza, mi Escudo, mi Roca y mi Defensor. Yo Te alabo por ir delante de mí, por estar a mi mano derecha y a mi izquierda, delante y detrás de mí. Cada vez que enfrento las incertidumbres, Te agradezco por enderezar mi camino.

Te alabo, Señor, para estar dentro de mi mente y corazón.

«Por la mañana, Señor, escuchas mi clamor;
por la mañana te presento mis ruegos,
y quedo a la espera de tu respuesta».
SALMO 5.3

Mis labios Te honran

Puedan mis oraciones honrarte, querido Señor. Pueda lo que yo diga a otros hacerte feliz. Libra mi lengua del chisme y que los comentarios hirientes sean reemplazados con palabras que reconfortan y sanan. Ayúdame a hablar la verdad. Ayúdame a buscar las respuestas, en vez de escapar de los problemas. No tomaré parte en maldecir en ensuciar el lenguaje. En lugar de eso, iré a Ti en busca de palabras de inocencia, pureza y advertencia, llenas de vida y salud.

Eres Santo, Señor. Tú eres la esencia de la vida y de todo lo que es bueno. En Ti encuentro esperanza, un propósito para hacer lo correcto y palabras llenas de regocijo. Mi corazón está lleno de gratitud. Yo alabo Tu santo nombre. Tu rectitud y gracia salvadora no tienen límite. Dondequiera que vaya, quiero contarle a otros cuán maravilloso eres. Una y otra vez pones una canción de alabanza en mis labios. Por esta causa, otros oyen y vienen a Ti. ¡Qué impresionante! ¡Qué maravillosa la manera cómo trabaja Tu Espíritu!

¡Cuán deliciosas son las palabras de la Biblia! En cualquier momento que las hablo y rindo homenaje a Ti, son más dulces que la miel para mis labios. Acepta mis voces de adoración, Oh Señor. Continúa enseñándome Tus caminos. Permite que Te honre con todo cuanto yo diga.

> *«Mi boca rebosa de alabanzas a tu nombre,*
> *y todo el día proclama tu grandeza».*
> SALMO 71.8

9 DE FEBRERO

Alabanza armónica

Loores a Ti, Señor. Siento Tu amor dentro de mí. Como una hermosa melodía envolviéndonos, nuestro amor y comunicación va y viene entre nosotros. Santo, Santo, Santo eres Señor. Soy bendecida de recibirte y darte alabanzas. ¡Cuán satisfactorio es hablar contigo, Tú y yo! tú afinas mi corazón. Yo descubro un acorde. Tú me das palabras. Las levanto de vuelta a Ti en honor y gratitud, una alabanza en perfecta armonía.

Tú eres mi verdadero Dios. Tú creaste todo y lo pusiste todo por obra. Tú forjaste el cielo y la tierra. Quizás los ángeles cantaban cuando lo hacías. Tú pusiste vida en todo. Me trajiste al mundo. Oíste mi primer grito. Aunque nadie más podía entender mi chillido de protesta, Tú lo hiciste. Me conoces desde adentro hacia fuera.

Desde el momento que irrumpí en este mundo, Tú tarareaste una tranquilizadora canción de cuna que solamente yo podía escuchar. A través de todos mis años, Te he oído golpear las fibras de mi corazón y me das razones para amarte y alabarte. Tú, amado señor, has tomado los buenos y los malos momentos y los has mezclado hábilmente para el bien con Tu mano de amor. Tú, mi Autor y Compositor, has escrito nuestras canciones de alabanza.

«Nosotros amamos a Dios porque él nos amó primero».
1 JUAN 4.19

Mis ojos contemplan Tu splendor

Apenas hay luz de día, Padre. Puedo escuchar el viento silbando alrededor y a la lluvia golpeando el techo. Miro por la ventana y me maravillo. Altos pinos y árboles de abeto se destacan contra una pizarra de cielo gris. Rayos de luz solar irrumpen a través de la lluvia. Ellas se abren paso entre gruesos troncos de árboles inmensos, pasando como un rayo sus reflejos de color ámbar de regreso hacia el cielo. Sus colosales carrozas de nubes planean sobre las alas de los vientos. El brillo amarillo del sol desaparece sobre el paraguas gris tan rápidamente como llegó.

El viento parece susurrar mensajes que Tú lo hiciste todo. Ya no puedo ver más el sol pero sé que está allí. Aunque no puedo verte, sé que estás aquí, no obstante. Estás junto al aire que respiro. Llenas mi corazón, mi ser entero.

Tú eres la causa de que las montañas púrpuras y blancas brillantes resalten en lo alto. Las colinas Te dan la gloria. Las cascadas chocan río abajo. Los ríos siguen su viaje hacia el océano, como si tuvieran vida y objetivo propio. Las olas del océano estruendoso se hinchan y encogen en un ritmo perfecto. Ballenas de piel de elástico retozan en desconcertantes profundidades de color índigo. Los canales navegables fluyen en arroyos apacibles, donde los animales y las aves vienen a beber.

Lo que mis ojos contemplan me llena de éxtasis increíble. Te alabo, Padre, por todo lo que Tú creaste.

«¡Oh Señor, cuán numerosas son tus obras! ¡Todas ellas las hiciste con sabiduría! ¡Rebosa la tierra con todas tus criaturas! Allí está el mar, ancho e infinito, que abunda en animales, grandes y pequeños, cuyo número es imposible conocer. Allí navegan los barcos y se mece Leviatán, que tú creaste para jugar con él».
SALMO 104.24–26

11 DE FEBRERO

Te glorifico

Te alabo con todo mi corazón. Con cada fibra de mi ser Te doy la gloria. Cada mañana Te agradezco por ser tan bueno conmigo. Tu amantísima bondad es mejor que la vida misma.

Cada tarde, me regocijo de que estés cerca. Mi oración es que todo lo que respira, Te alabe. Pueda mi cuerpo, mente y alma ser santos y glorificarte. Cuando pienso en las muchas cosas que haces por mí, compruebo que Te retribuyo tan poco. No importa lo que me suceda, Te alabaré y daré a Ti la gloria.

Digno eres, Oh Cordero de Dios. Digno eres de recibir el poder y las riquezas y la sabiduría y la fuerza y el honor y la gloria. Aún los cielos declaran Tu gloria. Tu nombre es majestuoso a través de todas las galaxias y sobre toda la tierra. Jóvenes y ancianos Te cantan alabanzas. Solo Tú eres glorioso y lo suficientemente poderoso para triunfar sobre el mal.

¿Quien soy yo para que Tú me cuides? ¿Soy apenas una pizca de polvo en Tu vasta creación? ¿Qué de mis seres queridos? ¿Te preocupas de ellos? ¿Y sus hijos y nietos? Sé que los cuidas, porque moriste en la cruz para salvar a todos los que creen en Ti.

Te doy la gloria y el halago y la alabanza, Señor.

A través de todos mis días, te honraré.

«¡Aclamen alegres a Dios, habitantes de toda la tierra!
Canten salmos a su glorioso *nombre;
¡ríndanle gloriosas alabanzas!
Díganle a Dios:
¡Cuán imponentes son tus obras!
Es tan grande tu poder
que tus enemigos mismos se rinden ante ti».
SALMO 66.1–3

Deja que mis recuerdos Te honren

Algo ocurrió hoy que desencadenó un recuerdo terrible, Señor. Antes de que me diera cuenta, mi mente se inundó de ansiedad, dolor y amargura. Entonces trajiste palabras de consuelo a mi memoria, aunque la circunstancia que recordaba era terrible. Tú me ayudaste para que hiciera el increíble camino de transformar la derrota en victoria.

En medio de las pruebas de la vida, permíteme honrarte con el recuerdo de Tu amor y Tu compasión. Te alabo porque estás en todas las circunstancias. Deja que Te bendiga, Oh Señor, con mis memorias. Permite que siempre pueda considerar los maravillosos beneficios que me has dado. Gracias por la manera como perdonas mis iniquidades y me salvas de una vida de despilfarro y autodestrucción. Permite que nunca olvide las muchas veces que me has coronado con Tu tierna misericordia y amante piedad.

Cuando las situación económica fue difícil, Tú me sustentante. Durante la época de enfermedad, me ayudaste a reponerme y a renovar mis fuerzas. ¡Cuán agradecida estoy por la forma cómo me demuestras Tu bondad y paciencia cuando he tomado decisiones poco sabias! Gracias por Tu perdón y por ayudarme a volver a empezar. ¡Cuán agradecida me siento por la forma en que me guías en medio de situaciones y haces que mi fe se fortalezca a causa de ellas! ¡Cuán bendecida soy, Señor porque atesoro los recuerdos que Tú me proporcionas!

«Alaba, alma mía, al Señor; alabe todo mi ser su santo nombre.
Alaba, alma mía, al Señor, y no olvides ninguno de sus beneficios.
*   Él perdona todos tus pecados y sana todas tus dolencias;*
él rescata tu vida del sepulcro y te cubre de amor y compasión;
él colma de bienes tu vida y te rejuvenece como a las águilas».
SALMO 103.1–5

13 DE FEBRERO

Te honro en adoración

Mi corazón corre cuando tomo asiento en Tu santuario. ¡Me parece que atravesara las puertas de la iglesia sobre patines de ruedas!

La familia y las responsabilidades de la iglesia llenan mis ideas. ¿Está correcto mi vestido y mi pelo? Aquí viene mi amable amigo. El órgano está tocando el preludio. Quiero inclinar mi cabeza e inclinarme ante Ti, Señor. Gracias por darme el impulso afectuoso para saludar a mi amiga, ofrecerle asiento a mi lado y decirle que la visitaré más tarde.

Quiero honrarte con mi adoración, Señor. Aquieta mi corazón y mi mente. Déjeme que piense en Ti. Ah, sí. Ahora siento Tu paz.

¡Cuán adorable es Tu santuario, Oh Señor! ¡Cuánta bendición es encontrarte aquí! Después de una semana agitada y complicada, mi alma anhela adorarte aquí. Ayúdame a olvidar observaciones o sentimientos importantes. Mi oración es que alimentes mi alma hambrienta.

Perdóneme, Señor, por las ideas que me distraen. Estoy aquí para buscarte y para ser Tu sierva. Mejor es un día en Tu casa de oración que mil en otro lugar. Te bendeciré ahora cuando entro en Tu presencia. Más que cualquier otra cosa, deseo adorarte y honrarte.

«Yo, Señor, soy tu siervo;
soy siervo tuyo, tu hijo fiel;
¡tú has roto mis cadenas!
Te ofreceré un sacrificio de gratitud
e invocaré, Señor, tu nombre».
Salmo 116.16–17

Con mi amor Te honro

Te amo tanto, Señor. Sin importar cuán grande es mi amor, no se puede comparar con el amor que Tú me das. Quiero honrarte con mi amor. Muéstrame cómo cuidar a otros con la misma desinteresada bondad que Tú me das. Lléname con Tu Santo Espíritu. Úsame para darles Tu amor. Cuando Tú diriges mi vida, Tú generas mi sensibilidad.

Tú eres amor, Oh Señor. Cuando vivo en Ti, aprendo a preocuparme más por otros; porque vives en mí, siento la cálida compasión de Tu Santo Espíritu dentro de mí por dondequiera que voy. Te amo porque Tú me amaste primero. Quiero honrarte haciendo lo que Tú quieras sin esperar ningún reconocimiento a cambio. Porque moriste por mí, me has ayudado a que deje de lado el viejo egoísmo que alguna vez tuve. Ahora estoy centrado solo en las cosas que Te honran y complacen. Ayúdeme a que recuerde que debo cuidar a otros tanto como Tú me cuidas a mí. Concédame suficiente amor para mirar más allá de los defectos y ver las necesidades, tal como lo haces conmigo. En lugar de ser egoísta, quiero llegar a ser generoso. En lugar de ser amargo, quiero mostrar compasión. Quiero rendirte honores, Señor, y amarte del mismo modo como Tú lo haces.

«Nosotros amamos a Dios porque él nos amó primero».
1 JUAN 4.19

15 DE FEBRERO

Escucharé y Te honraré

Esta es una fría noche de invierno, Señor. Un manto de pesada capa de nieve ha caído afuera sin hacer ruido. Nuestra tetera de té silba mezclando su alegre sonido con suaves y rápidos escapes de aire. Mi esposo canta alabanzas a Ti mientras lava los platos de la cena. «Descanse», me dijo. ¡Qué tierno! ¡Qué atento es!

Me reclino en mi silla y escucho el ronroneo de nuestra gatita que se hizo un ovillo sobre mi regazo. Pienso en el día anterior, cuando nuestros hijos e hijas adultos y nietos llenaron nuestra casa con diversión y risas. Las palabras «te amo» se escucharon en toda la casa antes de que partieran. ¡Qué hermosa música es esto siempre a mis oídos! Es la música del cuidado, de la seguridad y del amor. Gracias por recordarme que disminuya la velocidad y que escuche. Amo estos sonidos, Señor. Pero amo más las palabras que vienen de Ti. Ellas están llenas de una ilimitada perfección y consideración, guiándome a hacer lo correcto. Ellas me muestran lo que debo decir al desalentado y al cansado y aquellos que necesitan conocerte.

Tus palabras son poderosas, cortando de la mentira a la verdad, más afiladas que espada de dos filos. No me asombra que la Biblia sea llamada la espada del Espíritu. Ayúdame a escuchar y aplicar Tus palabras a mi corazón. Quiero honrarte en todo lo que escucho, hago y digo.

«Hijo mío, si haces tuyas mis palabras y atesoras mis mandamientos; si tu oído inclinas hacia la sabiduría y de corazón te entregas a la inteligencia; entonces comprenderás el temor del Señor y hallarás el conocimiento de Dios».
PROVERBIOS 2.1–2, 5

Con mis manos Te honro

Se aproxima un evento especial en nuestra iglesia. Vendrá gente de varias millas alrededor. Hay mucho trabajo que hacer para que nuestro pequeño edificio esté listo. Me siento cansada de solo pensar en esto. Sin embargo, Tú me empujas a ayudar, de modo que aquí estoy en la jornada. Haré todo cuanto pueda, Señor, con manos voluntarias. Ayuda a los pocos que realizamos el trabajo rápida y eficientemente.

Te ruego que multipliques nuestros esfuerzos. Ayúdanos a trabajar juntos con corazones alegres.

No puedo creerlo, Señor. Más personas están llegando para ayudar.

Cuando trabajamos, visitamos, cantamos juntos y compartimos nuestros almuerzos, nuestra carga se aligera. Es hasta divertido realmente. Gracias a Ti por nuestros muchos obreros que se ofrecen como uno.

El evento especial resultó ser una gran bendición, Señor. Ahora, durante el período de limpieza, manos cansadas pero voluntarias entraron en acción otra vez. Entre platos y burbujas de jabón, oía el zumbar de la aspiradora y el ruido de las sillas que se plegaban. Y sentí Tu cálida aprobación.

Quiero honrarte en oración y levantar mis manos en adoración. Quiero cantar Tus alabanzas y aplaudir con alegría. También quiero honrarte ayudando a otros. Permite que mis manos sean productivas y den gloria y honor a Ti.

«Bendigan al Señor todos ustedes sus siervos,
que de noche permanecen en la casa del Señor.
Eleven sus manos hacia el santuario
y bendigan al Señor».
SALMO 134.1–2

17 DE FEBRERO

Mis pies Te honrarán

No parece que hiciera mucho tiempo, Señor, cuando nuestra pequeña iglesia preparaba la Escuela Bíblica de Vacaciones para niños. Un puñado de nuestros trabajadores decidió recorrer puerta a puerta el vecindario invitando a los niños. Sentía temor, Señor. Me preguntaba qué clase de recepción recibiríamos. Estoy contenta de habernos acordado de unirnos en oración antes de partir. Fue entonces que Tú nos diste coraje, fuerza y la palabra correcta.

Mi más precioso recuerdo es Jessie que tiene ochenta años. Aunque limitada por la artritis, ella nos acompañó. Mantuvo una sonrisa en su rostro en todo momento. Al final del día, dijo que sus pies estaban cansados pero que su corazón ardía. Gracias, Señor, por Jessie y otros como ella. Gracias por su disposición para enseñar. Varios niños entregaron su corazón a Ti por medio de esa Escuela Bíblica.

Usa mis pies cansados en Tu honor, querido Señor. Concédame sentido común y guarda mis caminos cuando Te sirvo. Si Tú me diriges, ¡podrás deleitarte con cada uno de mis pasos!

Haz mi caminar tan hermoso como el de Jessie. Oro para que, si perdiera mi enfoque y tropezara, me ayudes a levantarme y que sigas guiándome. Dejada fuera de Tu mapa, anda delante de mí para que pueda seguirte. Que pueda yo traer gloria y honor a Tu nombre, cualquiera sea el lugar a donde me lleves.

«¿Y quién predicará sin ser enviado? Así está escrito:
¡Qué hermoso es recibir al mensajero que trae buenas nuevas!»
ROMANOS 10.15

Eres Omnisciente

Apagué recién las noticias, Padre. No podía seguir mirando televisión.

La vida está llena de incertidumbre en estos tiempos. Nos enteramos sobre guerras, rumores de guerras, conflictos financieros y hambrunas; tormentas, erupciones volcánicas y terremotos; delincuencia y odio. Me doy cuenta que esta historia se repite, pero todavía es aterradora. ¿Qué sucederá a este amado mundo que me es tan querido? ¿Qué será de mis seres amados?

Gracias por instarme a que apague las noticias y busque en la Biblia Tus buenas nuevas. Ninguna de estas cosas que nosotros enfrentaremos como personas individuales, o como nación y un mundo en apuros, son desconocidas para Ti, Padre. Tú lo sabes todo. Solo Tú tienes las respuestas para lo estamos pasando. Tú eres el único de quien podemos depender para ayudarnos a sobrellevar cada crisis. En mis horas más oscuras, Tú atrapas a la noche y traes el amanecer y la esperanza para el futuro.

Te alabo, Padre, porque lo sabes todo. Tú aún comprendes y amas a los corazones de toda la humanidad alrededor del mundo. Me consuelo y Te agradezco que siempre estés en control y observando desde lo alto y guiándonos en tiempos como éstos.

> *«Quédense quietos, reconozcan que yo soy Dios.*
> *¡Yo seré exaltado entre las naciones!*
> *¡Yo seré enaltecido en la tierra!*
> *El Señor Todopoderoso está con nosotros;*
> *nuestro refugio es el Dios de Jacob».*
> SALMO 46.10–11

19 DE FEBRERO

Mi empeño Te honra

Yo acostumbraba a tener grandes sueños y metas propias. Sin importar cuánto me esforzara, las cosas no resultaban. Eso fue antes de encontrarte y de pedirte que fueras el Señor de mi vida.

Cuando entregué todo a Ti, incluyendo mis esfuerzos, mi vida cambió. Ahora deseo hacer lo que es agradable a Ti.

Sueño los sueños y pongo los objetivos que hablamos juntos. No quiero irme más por una tangente. Ahora tengo metas de acuerdo con Tu voluntad. Tú me conoces bien, Señor y sabes lo que es mejor para mí. Te alabo por darme una vida llena de paz, alegría y satisfacciones.

En todas estas cosas, me deleito en Ti. Te entrego mi camino. Que mi mayor esfuerzo sea amar a otros como Tú me amas. Cada día oro para que Tú me ayudes a hacer la elección correcta por medio de la cual yo Te glorifique. No me siento frustrada con el éxito de los demás, ¡y no estoy saltando sobre edificios gigantes! Tú tienes un plan para mí. No más hago un guisado con la cólera de los que llevan a cabo planes perversos. En lugar de eso, ¡estoy de pie y espero con gran expectación Tus planes! Con todas mis fuerzas, a través de todos mis días, permite que mi esfuerzo sea honrarte.

«Encomienda al Señor tu camino;
confía en él, y él actuará.
Hará que tu justicia resplandezca como el alba;
tu justa causa, como el sol de mediodía».
SALMO 37.5–6

Nuestra Amistad

Heme aquí otra vez. Es ese tiempo especial cuando consigo hablar contigo, solos Tú y yo, Señor. Me siento como si estuviera a Tus pies, contándote todo sobre mi día. Gracias por ser mi más querido Amigo.

Aquellas personas cercanas a mí son más preciadas que el oro. Pero Tú, Señor, eres de un valor incalculable. Te amo, Te adoro y quiero honrarte con mi amistad. Cuando sentía que otros no se preocupaban, Tú me comprendiste y amaste. Reconociste valor en mí y desarrollaste mis habilidades. Amo la forma en que caminamos y hablamos juntos.

Te cuento mis más íntimos secretos. Tú te das tiempo para escuchar. Gracias porque nunca estás demasiado ocupado para mí. Cada día despliegas nuevas lecciones y me ayudas a madurar. Por mi parte, Te escucho y aprendo.

Gracias por buscar lo mejor en mí, Señor. Cuando me siento carente de belleza, Tú me haces adorable por dentro. Cuando lucho y fallo, me ayudas a pasar por encima de la brecha.

Ahora Tú hablas a mi corazón. Conozco Tu voz. Me detengo y escucho. Creo en Ti confío y haré lo que me pidas, porque Tú eres mi amigo y sabes lo que es mejor. En este tiempo de paz, disfruto la amistad que tenemos y quiero honrarte.

> *«Voy a escuchar lo que Dios el Señor dice:*
> *él promete paz a su pueblo y a sus fieles,*
> *siempre y cuando no se vuelvan a la necedad».*
> SALMO 85.8

El llamado

Empezó como un codazo, cuando primero Te sentí llamarme. Fue tan sutil, que apenas lo noté. Sin embargo, Tú aún me haces señas. Tenías un plan sobre lo que querías que yo hiciera por Ti. Gradualmente pusiste las cosas en mi mente y me diste un sueño. Te preguntaba si esto calzaría en mi futuro. Me costó muy poco darme cuenta que cuando Tú llamas a alguien, tienes Tu propia manera y tiempo para hacer que suceda. Mucho antes de que me diera cuenta de Tu invitación, ya me estabas preparando.

Pronto me diste un ardiente anhelo de seguir Tu dirección.

Estaba constantemente en mi corazón y mi mente. ¿Cómo podía ser? Confié en Ti y sentí completa paz. No hay problema de tiempo contigo, Señor, y ningún desafío es difícil, además.

Llegó el día cuando me mostrarte como responder a Tu llamado. Quise seguirte, paso a paso. Fue difícil, señor, pero Tú me ayudaste y guiaste. Tu misión para mí todavía no es fácil y Te pido ayuda. Tú me garantizas la fuerza y la sabiduría que necesito.

Quizás nunca sabré los milagros forjados en las vidas de otros debido a que Tú un día me llamaste. Que en todo cuanto diga y haga, pueda yo darte honor y gloria.

Jesús dijo: «Quien quiera servirme, debe seguirme;
y donde yo esté, allí también estará mi siervo.
A quien me sirva, mi Padre lo honrará».
JUAN 12.26

Mi tiempo es Tuyo

Aquí estoy, Señor. A pesar de todo cuanto traté hoy, mi programa se atrasó. Francamente me esforcé mucho por hacer tres cosas a la vez, tratando con desesperación de cumplirlas. Quiero honrarte a Ti no asumiendo demasiados compromisos, porque las cosas tienen una manera de prevalecer. Antes de darme cuenta, estoy frustrado, malhumorado y sintiéndome lejos de Ti, la persona que más amo.

Ahora Te traigo esta calamidad de programa. Toma mi tiempo y hazlo Tuyo. Ayúdame a encontrar maneras de ahorrar minutos más bien que malgastarlos. Muéstrame cómo sopesar mis prioridades. Cuando los demás quieren que yo acepte responsabilidades que sé que me agobiarán y que no vienen de Ti, ayúdame a decir cortésmente: «No, gracias». Sé el guardián de mi fuerza.

Muéstrame cómo poner los límites. Recuérdeme, Señor, que reserve tiempo para Ti, mi familia y mis amigos más apreciados. Ínstame también a tener más tiempo para mí misma.

Muéstrame cómo disfrutar los momentos que me das. Ayúdame a poner orden en lugar de combatir desesperadamente contra el reloj. Concédeme la sabiduría para manejar el tiempo más bien que dejar que éste me maneje a mí.

Cuando sea tentado a asumir demasiadas cosas otra vez, dame un codazo, Señor, y obedeceré. Quiero honrarte con mi tiempo y dejar que Te pertenezca.

«Bendeciré al Señor, que me aconseja;
aun de noche me reprende mi conciencia.
Siempre tengo presente al Señor;
con él a mi derecha, nada me hará caer».

SALMO 16.7–8

23 DE FEBRERO

Que Te honre mi actitud

Algo ocurrió hoy en el trabajo, Señor, que sacó a flote lo peor en mí. No fue una gran cosa. Fue solo un arranque de mal humor. Traté de manejar la situación con cortesía. Desafortunadamente, mi actitud falsa habló más fuerte que mis palabras. Debería haber orado acerca de esto.

Más tarde, camino a casa, me detuve en la tienda. Había un espacio perfecto para estacionar. Si maniobraba mi coche en línea recta, podía resbalarme y golpear al otro conductor que esperaba el lugar.

Su mirada de frustración me hizo sentirme por debajo del polvo. Lo peor sucedió en casa cuando mi negativismo se derramó sobre mi familia.

Así que aquí estoy, Señor, reuniéndome contigo en mi quieto lugar.

Descuidar el tiempo contigo ha dejado algunas víctimas mortales por mi causa. Por favor, perdóname. Ayúdame a actuar correctamente con los demás tanto como sea posible. Permite que mi alma hambrienta se alimente de Tu Palabra. Revisa mi corazón y límpiame de las cosas que no Te agradan. Crea en mí una manera de pensar que sea de Tu agrado. Lléname con el fortalecimiento de Tu Santo espíritu. Gracias por perdonarme y amarme, Señor.

Recuérdame que pida Tu ayuda para la jornada de mañana. Renueva una actitud recta en mí, Señor, de manera que pueda honrarte.

«Crea en mí, oh Dios, un corazón limpio,
y renueva la firmeza de mi espíritu».
SALMO 51.10

Permite que mi apariencia Te honre

Cuando adolescente, trataba de lucir como mis amigas. Mi apariencia mostraba la condición de mi corazón. No era correcta contigo, Padre. Tenía poca consideración por la forma cómo Tú querías que luciera. Después de que Te entregué mi corazón y estuve más cerca de ti me di cuenta de que Tú tenías un mejor camino para mí. Aprendí que mi apariencia podía honrarte, Señor. No imité más los estilos de vida de este mundo. En vez de eso, me diste una fresca novedad en todo cuanto hacía y pensaba. Quería que otros Te vieran en mi vida. Ahora adulta y casada, trato de lucir bonita para mi marido.

A medida que los años pasan y la juventud se desvanece, me estás mostrando esa belleza que es más profunda que la apariencia exterior. No proviene de la ropa fina, o del corte de pelo a la moda ni de joyas lujosas, todas cosas bonitas. La verdadera belleza viene del interior de una misma para luego mostrarse al exterior.

Quiero ser reconocida por mi sonrisa y la bondad que Tú pusiste en mis ojos. Que aquellos de alrededor mío noten que Tu Espíritu habita en mí. Alguien me preguntó no hace mucho que porqué lucía tan feliz. Fue sencillo decirles que era porque Tú estabas en mi corazón.

«Engañoso es el encanto y pasajera la belleza;
la mujer que teme al Señor es digna de alabanza.
¡Sean reconocidos sus logros,
y públicamente alabadas sus obras!»
PROVERBIOS 31.30-31

25 DE FEBRERO

Mi obsequio de alabanza

¿Qué puedo darte, Señor, que Tú ya no me hayas dado a mí? Todo lo que tengo para ofrecerte es honor y alabanza. Vengo ante Ti de rodillas con adoración y acción de gracias. Te alabo por las magníficas cosas que Tú haces por mí.

Estoy agradecida por Tus amorosos cuidados.

Te alabo por las palabras con que enseñas, por cómo ellas enriquecen mi vida y me dan sabiduría. Gracias por todas las cosas que has provisto en la tierra para que yo disfrute. Gracias por crearme y ser mi Padre. Te alabo por comprar mi alma a tan alto precio y salvarme por medio de Tu Hijo Jesucristo. Te alabo por permitir que Te represente siendo una cristiana. Te alabo por la presencia de Tu impresionante y fortalecedor Santo Espíritu.

Dondequiera que vaya, diré a otros sobre la gloria de Tu nombre, y lo que haces. Cada día me gloriaré por Tus constantes y santas maneras. Cada día diré al desalentado que tenga ánimo porque Tú le amas también. A través de lo bueno y lo malo de la vida, continuamente hablaré de Tu gloria y de Tu gracia, porque Tú eres mi alegría, mi triunfo y mi seguridad.

«Quiero alabarte, Señor, con todo el corazón,
y contar todas tus maravillas.
Quiero alegrarme y regocijarme en ti,
y cantar salmos a tu nombre, oh Altísimo».
SALMO 9.1–2

Déjame honrarte con canciones

El culto de adoración está a punto de comenzar. Nuestros conductores de cánticos están en sus lugares. El santuario entero vibra con Tu santa presencia. El cansancio, las distracciones y las inquietudes son quitados de mí para poder honrarte cantando. Solo Tú eres digno, oh Dios. A Ti elevo mi voz y mi canto.

Te cantaré a Ti, oh Señor, porque Tú has sido bueno conmigo. Me has ayudado a confiar en Ti y en Tu infalible amor. Tú has cambiado mi tristeza en felicidad y me has cubierto con Tu infinita alegría. A causa de esto, mi corazón no callará. Tú, oh Señor, eres mi Dios sorprendente. Cantaré gratitudes a Ti por el resto de mi vida.

Limpia mi corazón y lléname con Tu rectitud. Eres santo. Santo eres Tú, oh Dios. Te alabamos con los instrumentos de cuerda y los tambores. Te alabamos con las panderetas y los címbalos. Alzaré mi voz en adoración a Ti con una nueva canción.

Tú, Señor, eres honorable, justo y verdadero. Eres digno de alabanza por todo lo que haces. Canto la gloria, la alabanza y el honor como elogio a Tu santo y bendito nombre.

> *«Canten al Señor un cántico nuevo;*
> *canten al Señor, habitantes de toda la tierra.*
> *Canten al Señor, alaben su nombre;*
> *anuncien día tras día su victoria.*
> *¡Grande es el Señor y digno de alabanza,*
> *más temible que todos los dioses!»*
> Salmo 96.1–2, 4

Una vida sagrada

Anhelo llevar una vida sagrada para Ti, Señor Jesús. Pero cuanto más trato, más fallo. Como Pablo, deseo hacer lo correcto, pero en un corto tiempo, me equivoco a menudo.

Lo que hago no es lo bueno que quiero hacer. Y los errores que no quiero cometer siguen apareciendo. Amo Tus sendas, Señor, y quiero ser como Tú. Superaste el pecado y la tentación mientras estabas aquí en la tierra. Eres el hijo de Dios. Sin embargo, Tu ejemplo humano me ayuda. Te retiraste con frecuencia para hablar con Tu Padre. La Biblia dice que le conocías tan bien como Él te conocía a Ti. ¿Es eso lo que Te da fuerza? Mientras permanecías cuarenta días en el desierto ayudando y orando a Tu Padre, superarse la tentación. Lleno del Santo Espíritu, Tú venciste su engaño con la Escritura. Ahora comprendo, Señor. Me doy cuenta que ser tentada no es pecado. Ayúdeme a luchar contra la tentación con la Palabra de la Biblia. A llenarme con Tu Espíritu, y recuérdame que arranque como alienada de todas las apariencias del mal.

Tú me conoces, Señor, y yo Te conozco. Cuando procedo mal, gracias por perdonarme y por ayudarme a comenzar de nuevo. Fijaré mis pensamientos en Ti y recordaré cómo honrarte con una vida santa.

»Conságrense a mí, y sean santos,
porque yo soy el Señor su Dios.
Obedezcan mis estatutos y pónganlos por obra.
Yo soy el Señor, que los santifica».
LEVÍTICO 20.7–8

Te honro con mi ofrenda

Es el tiempo de presupuestar una parte de mis ingresos para Ti, Señor. Tú me has bendecido más de lo que alguna vez pude imaginar. ¡Cuán agradecida estoy! Esta cantidad para otorgar es grande. ¿Puedo ofrecértela? No puedo no hacerlo. Quiero honrarte a Ti con este ofrecimiento. Todo lo que tengo Te pertenece y solo me está prestado. Te lo presento como una señal de gratitud por todo lo que Tú haces. ¡Cuán maravilloso es que controles todo cuando nos rodea y me bendigas aún más!

Hubo una época en que las finanzas estaban ajustadas. Me preguntaba cómo podría pagar las facturas. Aún así sabía que una parte de mis ingresos te pertenecía.

Así que di, confiando que Tú ibas a proveer. Te alabo por la forma como llegábamos a fin de mes, y con dinero de sobra. Sentí que me guiabas a plantar una semilla de fe, y comencé a entregarte más. Cada vez Te rogaba que bendijeras mi ofrecimiento y que ayudara a alcanzar a otros para Ti. ¡Cuán bueno es ver que esto se use para Tu gloria!

Ayúdeme siempre a ser fiel en mis ofrendas, Señor. Permite que lo haga dando a Ti la gloria y el honor.

«Cada uno debe dar según lo que haya decidido
en su corazón, no de mala gana ni por obligación,
porque Dios ama al que da con alegría.
Y Dios puede hacer que toda gracia abunde
para ustedes, de manera que siempre,
en toda circunstancia, tengan todo lo necesario,
y toda buena obra abunde en ustedes».
2 Corintios 9.7–8

29 DE FEBRERO

Tú eres digno

¡Cuán digno eres de recibir el honor y la alabanza! Soy yo quien se siente indigna de venir ante Ti. Tú me das la bienvenida a Tu santa presencia. ¡Cuán gentil eres al derramar Tus bendiciones sobre aquellos que confían en Ti! Cuán grande es Tu bondad. Cuando estoy pasando pruebas, Te llamo y me escuchas. Me alcanzas desde las alturas y me rescatas. Cuando todo parece imposible, Tú me muestras el camino.

Permite que todos alabemos y honremos Tu nombre. Solo Tú mereces las alabanzas. En todos mis caminos, Te honraré, Señor. Eres digno de recibir la reverencia y la adoración. Eres la esencia del esplendor y la gloria. Por medio de Ti todas las cosas fueron creadas y tienen Tu esencia. Creaste todo para Tu agrado. Te ruego que alguien como yo pueda deleitarte.

Tus caminos son perfectos. Las palabras que hablas no tienen defecto. No hay otro Dios aparte de Ti. Tú vives. Tú eres ahora. Tú serás para siempre. Bendito eres, Roca de mi salvación.

Tú eres el Rey de reyes, Señor de señores. Puedas ser exaltado en toda la tierra. Me inclino ante Ti con humildad y alabanza. Te doy mi vida, Oh Dios, porque eres digno, tan digno. Te doy el tributo, el honor y la alabanza.

«Digno eres, Señor y Dios nuestro,
de recibir la gloria, la honra y el poder,
porque tú creaste todas las cosas;
por tu voluntad existen y fueron creadas».
APOCALIPSIS 4.11

Anhelo conocerte más

Cuando observé mi marido salir de su furgoneta esta noche, pude darme cuenta de que su día había sido bueno, Señor.

Caminó rápidamente hacia la puerta principal con su barbilla levantada, sus hombros derechos y una gran sonrisa en su cara. Lo conozco muy bien después de haber estada casada con él por más de cuarenta años. Él me conoce a mí también, a veces mejor que yo misma.

Reconozco los modos de mis hijos e hijas y nietos. Cierta postura, una inclinación de la cabeza, o un arrastre de pies me dan la pista. Más que todo, veo la expresión de sus ojos.

Anhelo conocerte de ese modo, Señor. Déjame escuchar como susurras a mi corazón. Ayúdame a ver las cosas a través de Tus ojos. Mi nuera me enseñó a preguntar ¿qué haría Jesús? en esta o esa situación. Te ruego que me ayudes a recordar esto.

Cuando Te recibí en mi vida, me di cuenta de que yo hacía cosas que Te entristecían. Gracias por perdonarme y ayudarme a cambiar. Siento que todavía tengo un largo camino por recorrer. Muéstrame cómo agradarte, Señor. Ayúdame a reflejarte mejor cada día. Oro para que Tu Espíritu se comunique con el mío para que pueda conocerte mejor.

«Conozcamos al Señor; vayamos tras su conocimiento.
Tan cierto como que sale el sol, él habrá de manifestarse;
vendrá a nosotros como la lluvia de invierno,
como la lluvia de primavera que riega la tierra».
Oseas 6.3

2 DE MARZO

Tú eres mi Padre Celestial

¿Siempre comprendes cómo me siento, Padre? ¿Estás feliz cuando estoy optimista? ¿Realmente tienes empatía conmigo cuando estoy triste? ¿Sabes cómo me siento cuando estoy a punto de estallar de frustración e ira? ¿Estás conmigo cuando salto de la cama, en medio de la noche, a causa de una pesadilla? Seguramente lo sabes y Te preocupa, porque cada vez que Te llamo, experimento paz. Siento Tu agrado cuando comparto contigo mis alegrías. Cada vez que clamo por ayuda, Tú me calmas y me das paz.

«Mi niñita, te conozco mejor que tú misma. He buscado tu corazón y estoy al tanto de todo lo tuyo. Mi presencia te acompaña cuando te duermes y cuando te despiertas. Veo cuando vas y cuando vienes. Percibo las palabras que vas a decir antes de que hables. Estoy familiarizado con todas tus maneras. Voy delante y detrás de ti. Poso mis manos sobre tu cabeza y observo delante de ti. No importa donde estés, Yo estoy aquí, sosteniéndote fuertemente. Hago esto porque te amo y tú me perteneces».

Gracias por ser mi Padre celestial. Gracias por conocerme y amarme.

«Tan compasivo es el Señor con los que le temen
como lo es un padre con sus hijos.
Él conoce nuestra condición;
sabe que somos de barro».
Salmo 103.13–14

Antes de que yo naciera

Padre, cuando era niña soñaba con ser madre algún día. Me preguntaba cuántos hijos tendría. ¿Cómo serían? ¿Tendría niños o niñas? Quería ser la mejor madre del mundo. ¿Me conociste antes de que naciera? ¿Fui un alma que cuidaste y amaste en el cielo?

¿Tú planificaste traerme aquí? ¿A este lugar? ¿En este tiempo?

Siento que me envuelves en la seguridad de Tus brazos amantes desde hace mucho tiempo. Estar contigo en el cielo me parece algo familiar. ¿Fue este mi primer hogar?

«Antes de que fueras concebida en el vientre de tu madre, Yo te conocía y te consagré como mi propiedad. No eres un error. Antes de todos los tiempos, Yo ya tenía un plan para ti. Creé lo más íntimo de tu ser cuando lo tejí cuidadosamente. En las profundidades de ese lugar secreto, tomé tu cuerpo diminuto y sin forma y lo transformé en algo maravilloso. Formé tu nariz, los dedos de tus manos y los de tus pies, incluso las hebras de tu pelo. Conocí cada uno de tus arrugas y pliegues. Tú eres mi obra maestra, mi alma única y encantadora. Te amé antes del tiempo. Te amo ahora y siempre».

Estoy agradecida, Padre, porque me planificaste y deseaste. Estoy tan contenta porque me creaste.

«Mis huesos no te fueron desconocidos
cuando en lo más recóndito era yo formado,
cuando en lo más profundo de la tierra
era yo entretejido».
SALMO 139.15

4 DE MARZO

A Tu imagen

¡Qué emoción cuando recibimos a nuestros hijos recién nacidos, Padre! Todavía recuerdo sus primeros llantos, únicos, personales.

Casi puedo sentir sus dedos pequeñitos aferrarse a los míos y ver la mirada de orgullo del papá. ¡Y cómo se veían esos bebés! Una combinación especial de mi marido y mía.

¿Fui creada a tu imagen, Padre? ¿Cómo puedo ser la imagen tuya, mi Dios admirable? ¡Cuán cuidadosa y maravillosamente fui hecha!

«Creé a ambos, hombre y mujer, a Mi imagen. Ustedes son una idea mía. Son Mi obra más querida. Los he creado para ser Mi linaje, Mis hijos. En Mí, ustedes viven, se mueves y son.

No fue un accidente el tiempo y el lugar en que naciste. Desde el comienzo, puse en movimiento Mi plan especial para ti. Es verdad que las cosas no siempre serían fáciles para ti. Pero a través de toda tu vida, Yo estaré contigo como Tu Padre celestial. Aunque fuiste creada a Mi imagen, tienes voluntad propia. Hija mía, elige permanecer cerca de Mi y refleja Mi pureza. Quiero que seas llena de alegría y que experimentes aquello para lo cual fuiste llamada.

Gracias, padre. ¡En Ti viviré, me moveré y existiré!

«Puesto que en él vivimos, nos movemos y existimos.
Como algunos de sus propios poetas griegos han dicho:
De él somos descendientes».
HECHOS 17.28

Conoces el número de mis cabellos

Padre, estoy asombrada cómo puedes contar mis cabellos. Los días en que me siento frustrada y tenga ganas de arrancarme algunos, ¡debo darte mucho trabajo! Conoces mi apariencia externa y seguramente me comprendes de principio a fin. Compartes mi dolor cuando carezco de confianza. Lloras conmigo cuando estoy dolida. Me empujas a que muestre misericordia a aquellos que me agravian. Tú me ayudas a encontrar paz en medio de la tensión. Gracias por conocer mis necesidades, por enseñarme a que me regocije durante los tiempos de dificultad. Te alabo por la paz que das a mi corazón y a mi mente. ¡Cuán admirable es la manera en que me permites entrar en Tu presencia! ¡Cuán bueno eres para cambiar mi corazón, Padre! Cuando estoy insegura, Tú me apoyas. Cuando vienen los juicios encendidos, Tú vas delante de mí. En lugar de preocuparme, recordaré las flores y los campos y cómo Tú ves hasta la caída de un gorrión. ¡Cuán agradecida estoy de importarte más que eso, porque soy Tu hija!

«Quiero que digas a otros las cosas que te revelo a ti en la quietud, querida niña, de manera que ellos también pueden llegar a conocerme mejor».

¡Qué maravilloso eres, Padre, por conocerme tan bien!

Jesús dijo:
«¿No se venden cinco gorriones por dos moneditas?
Sin embargo, Dios no se olvida de ninguno de ellos.
Así mismo sucede con ustedes: aun los cabellos
de su cabeza están contados. No tengan miedo;
ustedes valen más que muchos gorriones».
LUCAS 12.6–7

¿No más allá del techo?

A veces siento que mis oraciones no pasan más arriba del techo. Me deprimo, Padre, y no siento Tu presencia. ¿Rebotan mis súplicas alrededor de la habitación y chocan sin vida contra el piso, sin importar con cuánta fuerza yo ruegue? ¿Puedes oírme, Padre? ¿Por qué no respondes? Dijiste que me amabas, entonces ¿por qué no estás conmigo?

Quiero sentirte cerca. Tú eres mi Dios que todo lo sabe. Tú me hiciste. Con toda seguridad, Tú comprendes mi corazón. Seguiré gritándote y rogando por Tu cercanía. Sin importar lo que pase, seguiré confiando en Ti y no tendré dudas. Te alabaré con todo mi corazón.

«Aquí estoy, mi niña. He estado contigo todo el tiempo. Todo lo que tienes que hacer es detenerte y escuchar».

Gracias, Padre. Estoy aprendiendo que cuando Te doy mi amor y mi alabanza, entonces reconozco Tu presencia gloriosa. Ayúdame a abrirte más mi corazón. Alabándote, las barreras serán derribadas y yo lograré estar más cerca de Ti. Te traeré mis peticiones. Sé que las responderás.

Comprendo que mi tiempo no es siempre Tu tiempo. Mis pensamientos nunca son Tus pensamientos omniscientes. Siento Tu consolación y seguridad. Descanso en Ti, Padre, porque Tú eres bueno conmigo.

«Acérquense a Dios, y él se acercará a ustedes.
¡Pecadores, límpiense las manos!
¡Ustedes los inconstantes, purifiquen su corazón!»
SANTIAGO 4.8

¿Piensas en mí a menudo?

Aunque nuestros hijos son hoy adultos, Padre, ellos y sus familias están siempre en mi mente. Disfruto cada momento que estamos juntos y conversamos. Aún así, con todo lo que los amo y quiero lo mejor para ellos, Tú nos cuidas a todos aún más.

La Biblia dice que estoy en Tus pensamientos y que Tus planes para mí son lo mejor que puedo imaginar. Es difícil comprender por qué me amas tanto. Quizás es como la devoción del Padre por Su hijo. Día tras día, estoy lleno de gozo, y me regocijo en Tu amante presencia.

«Eres preciosa para Mí, amada. ¡Velo por ti todo el tiempo! La suma de mis esperanzas para ti es mucho más grande que la arena. Tengo cosas maravillosas que quiero hacer por ti. Mis planes excederán tus esperanzas más altas. Si te los dijera de inmediato, no podrías comprenderlos.

¡Cuán grande es el amor que quiero prodigarte, simplemente porque soy tu Padre Celestial, y tú eres mi niña! Escúchame y guarda mis caminos. Permanece cerca de Mí y tendrás una vida llena de paz y alegría sin medida».

Mis pensamientos serán Tus pensamientos, Padre Celestial; mis caminos, Tus caminos.

«¡Cuán preciosos, oh Dios, me son tus pensamientos!
¡Cuán inmensa es la suma de ellos!
Si me propusiera contarlos,
sumarían más que los granos de arena.
Y si terminara de hacerlo,
aún estaría a tu lado».
SALMO 139.17–18

8 DE MARZO

Tus planes para mí

Caminar contigo es el viaje más excelente que alguna vez pude tomar, Padre. La aventura es confiar en Ti cuando no puedo ver la próxima curva. Más que nada, lo que quiero es permanecer en Tu voluntad. Quiero estar segura que mis planes están en línea contigo. Qué Tú estás a cargo. Te buscaré por medio de las oraciones. Exploraré las lecciones de la Biblia. Recuérdame el sabio consejo de los hermanos en Cristo y enfocarme en Tu propósito, en vez de en las nociones de aquellos que no Te conocen. Eres mi Padre Celestial. Tú sabes lo que es mejor.

Te pertenezco y confío en Tus planes para mí.

Tú prometes en Tu Palabra que Tu dirección me ayudará y nunca me hará daño. No importa cuáles sean las circunstancias de la vida, Padre, Tus propósitos permanecerán firmes y verdaderos.

«Tengo tantas maravillas y bendiciones guardadas para ti, Mi niña, que no serías capaz de contarlas, planes para el presente y más para el futuro. No solo son para ti, sino para tus hijos y los hijos de tus hijos ¡incluso para aquellos que aún no han nacido! Mi mano ya está sobre ellos, también. Búscame y te diré las grandes e increíbles cosas que aún no conoces.

Gracias, Padre. Quiero adaptarme a Tus planes, porque Tú eres mi Dios.

«Porque yo sé muy bien los planes que tengo para ustedes afirma el Señor, planes de bienestar y no de calamidad, a fin de darles un futuro y una esperanza».
JEREMÍAS 29.11

Amor eterno

Eres tan compasivo en la forma como das Tu amor. ¡Cuán agradecida estoy que seas mi Padre Eterno! Gracias por llamarme Tu hija. Incluso conoces mi nombre. Tu amor no tiene límites. Es incondicional. No tiene final.

Cuando estoy bien, siento Tus cuidados. Cuando me siento depresiva y quejumbrosa, Tú todavía estás cerca. Aun cuando hago malas decisiones, me ayudas y pones mis pies en el camino correcto. Eres tan bueno, Padre. Te amo tanto. Me inclino a Tus pies, esperando Tu dirección. No hay otro como Tú. Ahora ni nunca. Tú serás el primero en mi vida.

«Antes del tiempo, ahora, y por siempre, Yo, Tu Padre Celestial te querré con amor inagotable. Con ternura, te atraeré muy cerca de Mí. Hago esto, Mi amada, para que sepas que eres Mi hija. Cada vez que me demuestras amor, estoy contento. De eternidad en eternidad, Mi amor es para ti porque Me veneras y guardas Mis preceptos. Siempre derramaré mi compasión sobre ti, porque Yo soy tu Señor y Redentor».

Recordaré Tu promesa de escogerme desde el principio. Gracias por Tu amor y estímulo.

Te alabo Padre Dios. Te amo con el amor que Tú me diste primero.

«Hace mucho tiempo se me apareció el Señor y me dijo:
Con amor eterno te he amado;
por eso te sigo con fidelidad».
JEREMÍAS 31.3

10 DE MARZO

Padre perfecto

Padre, siempre quise ser una mamá perfecta. Nuestros hijos son mis amores, mi orgullo y mi esperanza para el futuro. Sin embargo, sin importar cuánto trato, no puedo hacer todo bien. A pesar de mis errores, estoy agradecida por lo bueno de nuestros hijos. Gracias por sanar las heridas y ayudar a que las cosas salgan bien. Quédate siempre cerca nuestro, Padre.

Gracias por mi papá. ¡Cuánto lo quiero! Te agradezco la forma cómo nos queremos y nos apreciamos. Atesoro los momentos que pasamos juntos. Pero Tú eres lejos más grande que mi familia, porque eres mi Padre Celestial. Eres perfecto, amable, misericordioso y justo.

Gracias por preocuparte de mí y perdonarme.

Tú eres santo. Eres mi Padre y mi Dios. ¡Y Tu único Hijo, Jesucristo, quien pagó el último sacrificio con amor y misericordia, es mi Señor y Salvador! Tu Hijo me amó tanto que tomó mis pecados sobre sus hombros. Él murió y triunfó sobre el mal. Ahora Te alabo por permitirme llegar directamente a Ti en oración.

«Una vez, decidí darte la vida por medio de un nacimiento físico, hija mía. Ahora, te doy un nacimiento espiritual a través de Jesús.

Yo y Mi Hijo somos uno; y tú, Mi hija, eres mía».

Gracias por darme una nueva vida en Ti.

«¡Alabado sea Dios, Padre de nuestro Señor Jesucristo!
Por su gran misericordia, nos ha hecho nacer de
nuevo mediante la resurrección de Jesucristo,
para que tengamos una esperanza viva».
1 PEDRO 1.3

Amo conocerte, Jesús

Te alabo por ser mi Salvador y Redentor, Señor Jesús.

Gracias por tener el suficiente amor por mí y por toda la humanidad para cargar nuestros pecados sobre Ti mismo. Diste Tu vida en una cruz hecha para ladrones. ¡Cuán terrible debe haber sido para los presentes cuando la tierra tembló y las inmensas rocas se hicieron añicos! ¡Qué glorioso luego cuando las personas fueron sanadas! Incluso cristianos ya fallecidos fueron traídos de regreso a la vida. ¡Cuán agradecida estoy de que triunfaras sobre el pecado y que se rompiera el grueso velo del templo desde arriba hasta abajo! Nunca más los creyentes estuvieron separados del Santo de los Santos. Ni el velo puede impedirme llegar directamente a Ti y a nuestro Padre en oración. La muerte no pudo retenerte. En lugar de eso, resucitaste a los tres días. Ahora estás en el cielo con nuestro Padre.

Con todo mi ser, Te exalto, Jesús. Te alabo por la forma como Tú también moras en mi corazón. No solo eres mi Salvador, sino mi Amigo, mi Consejero y mi Maestro. Gracias por cambiar mi vida. Gracias por proveer esperanza para mis descendientes a través de Tu gracia salvadora. Los entrego a Ti, oh Señor. ¡Puedan ellos conocerte, amarte y obedecerte! Amo saber de Ti, Señor. Significas más que la vida para mí.

«Por ese motivo padezco estos sufrimientos.
Pero no me avergüenzo, porque sé en quién he creído,
y estoy seguro de que tiene poder para guardar hasta
aquel día lo que he dejado a su cuidado».
1 TIMOTEO 1.12

12 DE MARZO

Tú eres mi ayudador

Gracias por esta semana de descanso en el océano, amado Señor, solo Tú, yo, y mis apuntes. Estaba avanzando mucho, pero entonces sucedió. Todo se bloqueó en mi computador portátil. La pantalla se puso de un azul intenso. Me aterroricé, Señor, pero afortunadamente había guardado casi todo en un diskette.

No pasaba nada, sin importar cuánto yo tratara.

Finalmente, oré y sentí plena confianza. Ni siquiera lloré. Ni se lo dije a nadie en este pequeño pueblo, Señor. No tienen aún una tienda de computadores. Era un desafío total. Me preguntaba si alguien podría ayudarme. Necesitaba un milagro. Te pedí que me dirigieras, y lo hiciste.

Comencé a escribir en una libreta. Las palabras fluían. Sentí Tu presencia. Después de unas horas, me atendieron en la biblioteca. El bibliotecario verificado mi diskette, me ofreció que usara un computador de la biblioteca y me ayudó a telefonear a un negocio distante varias millas.

Tú sabes lo que ocurrió después, Señor. Mientras estaba telefoneando, un técnico que precisamente reparaba un computador de la biblioteca me escuchó por casualidad. En poco tiempo, él no solamente arregló mi computador, sino que me enseñó a resolver el problema por mí misma.

Gracias para estas amables personas y por su tan necesaria ayuda.

«Mi ayuda proviene del Señor,
creador del cielo y de la tierra».
Salmo 121.2

Permíteme aprender de Ti, Señor

Anoté las lecciones que el técnico en computación me enseñó hoy y las guardé, Señor. A veces trato de resolver los problemas y hago las cosas de la manera difícil sin pedir Tu ayuda. Entonces me recuerdas que estás aquí para enseñarme.

Permíteme aprender Tus lecciones valiosas, Señor. Gracias por trazar mi camino, por instruirme cuándo marchar o cuándo detenerme y dónde descansar. Conserva mi corazón flexible cuando Te busque. Eres mi refugio y mi fuerza. Eres mi siempre presente Ayudador en tiempos de necesidad y consejo.

Vengo a Ti en oración. Ayúdame a registrar las cosas que quieres que yo aprenda. Abro mi Biblia y absorbo de lo alto Tus palabras sin tiempo y sabias. Tú, Señor, eres el Camino, la Verdad, y la Vida. Quiero estudiar constantemente Tus lecciones y guardarlas en mi corazón. Pueda yo encontrar Tu aprobación a medida que me guías a la comprensión de Tu verdad.

«Encuentro deleite en enseñarte, mi niña. A medida que aprendes Mi verdad cada día, te liberarás de la esclavitud de este mundo.

Pídeme. Lee mi Palabra. A cambio, te responderé y te diré cosas maravillosas».

Enséñame, Señor, y yo escucharé.

> *«Tú, Señor, tratas bien a tu siervo,*
> *conforme a tu palabra.*
> *Impárteme conocimiento y buen juicio,*
> *pues yo creo en tus mandamientos».*
> SALMO 119.65–66

14 DE MARZO

Sin necesidad de reserva

Señor, aquí estoy en el trabajo. ¿Estás conmigo? Estoy empezando a entrar en pánico. Por favor, ¡déjame sentir Tu cercanía en medio del caos total! Nada parece estar saliendo bien. No importa qué camino elijo, no puedo encontrar una solución para todos los problemas con los que trato. Estoy cansada, Señor. Mi paciencia se está agotando. Ayúdame, por favor.

Te traigo mis necesidades a Ti en fe, creyendo que intervendrás y me ayudarás hasta el final. Calma mis emociones. Te ruego que aligeres mi cuerpo y mi mente cansada. Haz que mis actos sean sabios, expeditos y seguros. Te ruego que me rodees con Tu presencia.

Siento que me estoy empezando a relajar. ¡Ah... sé que estás cerca! Ahora me enfoco en Ti y en Tú dirección. Gracias. Las condiciones son mejores ahora. Puedo intuir Tu presencia.

Incluso los que están alrededor mío se han calmado, y nuestro trabajo entra en orden. ¿Por qué no pensé en estas soluciones antes? Esto es, por supuesto, porque mi ayuda viene de Ti, quien hace y resuelve todas las cosas.

Gracias por permitir que Te llame en cualquier momento, desde cualquier lugar. No necesito solicitar una cita para hablar contigo; ni me pondrás en espera. Te alabo una y otra vez por Tu constante y perdurable presencia.

«Entonces ustedes me invocarán,
y vendrán a suplicarme, y yo los escucharé.
Me buscarán y me encontrarán,
cuando me busquen de todo corazón».
JEREMÍAS 29.12–13

Tú eres mi camino

El sendero del jardín hacia el excusado exterior en casa de Happy y Minnie Green era muy corto pero me parecía una milla, Señor. Cuando niña no sabía que existían los baños afuera de la casa hasta que pasé un verano con esta familia. Durante el día no había ningún problema, todo esta cubierto de flores silvestres, césped artificial y grillos. Pero mis pies de nueve años se paralizaban en sus huellas cuando llegaba la oscuridad. Linterna en mano, las hijas mayores me acompañaban. Su alegre presencia y mis pensamientos en Ti alejaban las sombras del terror.

Como adulta no tengo miedo de caminar en la oscuridad ahora, siempre que haya muchos faroles. Pero a menudo temo a la oscuridad de las incertidumbres de la vida. Ésta es una de esas veces, Señor. No puedo ver lo hay en el próximo recodo del camino y tengo que adoptar algunas importantes decisiones. Estoy asustada y siento aprensiones. Por favor, guíame. Te amo con todo mi corazón. Confiaré en Ti y no dependeré de mi propia limitada comprensión. Quita mi miedo. Ilumina mi camino. Guíame para que adopte las decisiones correctas, que haga lo que pueda y que deje el resto en Tus hábiles manos.

«No temas, hija querida. Estoy aquí. Soy tu Luz. Sígueme. No caminarás en oscuridad sino que tendrás Mi Luz de vida, porque Yo soy el Camino».

A Ti, Señor, te seguiré.

«Una vez más Jesús se dirigió a la gente, y les dijo: Yo soy la luz del mundo. El que me sigue no andará en tinieblas, sino que tendrá la luz de la vida».
JUAN 8.12

16 DE MARZO

Prueba de lo positivo

Arreglé mi día, Señor, para almorzar con una amiga. Ella es una de las personas más positivas que he conocido.

Su vida es un total signo más. Si está lloviendo, ella habla de cómo huele el aire fresco. Si su auto se para y tiene que caminar para trabajar, menciona el fenomenal ejercicio que hizo ese día.

Ella juega el juego de hacer sonreír a más personas una hora. Una de ellas soy yo. Ve el aspecto positivo de todo.

Mi amiga es la prueba andante de Tu Palabra, en Romanos 8.28. Confía que todas las cosas, buenas o malas, realmente ayudan a bien cuando Te amamos.

Tiene ese estilo con sus niños. A menudo la oigo decir: «Te quiero»; «confío en ti» o «estoy orgullosa de ti».

Ella les dice: «Haz lo correcto», en lugar de «No la embarres ». Ayuda a desarrollar confianza en una misma y carácter a todos con quienes se encuentre. Una pequeña nota en la ventana de su cocina dice: «Puedo».

Gracias por mi amiga, Señor. Ella es una prueba viviente de lo positivo. Debió sacar esto de Ti. La Biblia dice a menudo: «Sígueme. Deja que la luz brille. Ama a los demás». Y casi puedo oírte decirme: «Sé una prueba de lo positivo».

«Ni se enciende una lámpara para cubrirla con un cajón.
Por el contrario, se pone en la repisa para que alumbre
a todos los que están en la casa.
Hagan brillar su luz delante de todos, para que ellos
puedan ver las buenas obras de ustedes y alaben
al Padre que está en el cielo».
MATEO 5.15–16

Escoge la vida

Señor, mi año escolar de quinto grado fue la experiencia más difícil mientras crecía. Mis pies eran demasiado grandes. Era la más alta de toda la escuela (con excepción de una profesora). Me sentía torpe y no muy lista de mente. Mis notas andaban por el límite, y estaba desarrollando una mala actitud respecto de todos en general.

Gracias por mi profesora, la señora MacDonald. Ella me sacó a un lado y tuvo una firme conversación conmigo. Irónicamente además, ella era la persona más alta en la escuela. La señora MacDonald me dijo que yo era muy hermosa a la vista de Dios. Pero me recordó que una mala actitud ¡elimina cualquier buena apariencia! Me dejó muy en claro que era yo quien debía hacer la elección. No había excusas. Esperó que hiciera lo bueno y comenzaría a desarrollar una vida positiva. Aun cuando había cometido un montón de errores, ella me recordó que nunca es demasiado tarde para cambiar.

Veo ahora Tu mano positiva en esto. La lección de la señora MacDonald sobre escoger una vida mejor, me recuerda a Ti, Señor. Gracias por ser mi Salvador y ayudarme a escoger el camino correcto de las bendiciones más bien que lo que resulta en remordimientos. Gracias porque nunca es demasiado tarde para hacer un cambio por lo bueno, un cambio en cual yo escojo la vida.

Jesús dijo: «Yo he venido para que tengan vida,
y la tengan en abundancia».
Juan 10.10

18 DE MARZO

Gracias por Tu paciencia

¿Recuerdas cuando mi hijo Jonathan y yo fuimos de compras a esa tienda de camisetas, Señor? Él era todavía un adolescente. Jon encontró una camisa para mí que tenía impresa en el delantero la imagen de una entusiasta tortuga patinando sobre ruedas. Dijo que eso me describía perfectamente. El mensaje impreso debajo del dibujo decía palabras que de tanto oírlas, yo ya las creía. «Conocerme es quererme».

Compré esa camisa y la usé hasta que se convirtió en harapos.

Habría comprado otra, si pudiera. Para mí, las palabras de Jonathan eran un cumplido. Gracias por estar orgulloso de mi irrenunciable determinación y de mi fidelidad. Aunque no corro a toda velocidad donde vaya, ni muevo montañas en un día, él y el resto de mi familia me aman.

Uno de los libros favoritos de mis niños, Señor, es La tortuga y la liebre. El escritor debe haber tenido personas como yo en mente. ¡Cuánto consuela saber que algunos de nosotros que se mueven poco (o mucho) todavía están sirviéndote, Señor! Estoy feliz porque todos los animales llegaron al arca de Noé, incluso las tortugas. Gracias por ser lo suficientemente tolerante para esperarme.

Trae esto a mi memoria cuando llego a frustrarme y desalentarme con mi progreso, para ver cuánto me has ayudado a avanzar y la perseverancia con que me has enseñado. Gracias, Señor, por ser tan paciente y por amarme.

«No es que ya lo haya conseguido todo, o que ya sea perfecto.
Sin embargo, sigo adelante esperando alcanzar aquello
para lo cual Cristo Jesús me alcanzó a mí».
Filipenses 3.12

Gracias por Tu amistad

Lo más maravilloso en todo lo mundo es conocerte, Señor, mi Salvador y mi Amigo. La Biblia dice que los verdaderos amigos están más cerca que un hermano. Tú eres esa clase de amigo para mí. Gracias por estar conmigo día y noche. Tú entraste en mi corazón y tomaste el control. Me dices la verdad, incluso cuando no me gusta oírla. Me aconsejas pacientemente sobre lo correcto. Nunca haces que me extravíe, Señor, porque Tú no tientas a nadie. Me provees celo por mi vida y me ayudas a guardar una perspectiva segura. Descubro bocados de sabiduría en Tus palabras. Cuando estoy rendida, Tú me rodeas con Tus brazos y me das descanso. Tú nutres y restauras mi alma.

Cuando cruzo aguas profundas, Tú caminas adelante y me sostienes con Tu fuerte y firme mano. Si estoy sobre las montañas o en los valles de mi vida, Tú escuchas cada una de mis palabras e inquietudes. Tú eres más que mi amigo. Tú eres el amante de mi alma.

Deja que nuestras almas se entrelacen como un todo, Señor. Venga lo que venga, ayúdame a rendirme y a confiar en Ti. Me aferraré a Tu consejo y Te seguiré. Al final del día, descansaré a Tu amparo, porque eres mi preciado Amigo.

Jesús dijo: «Ya no los llamo siervos, porque el siervo no está al tanto de lo que hace su amo; los he llamado amigos, porque todo lo que a mi Padre le oí decir se lo he dado a conocer a ustedes. No me escogieron ustedes a mí, sino que yo los escogí a ustedes y los comisioné para que vayan y den fruto, un fruto que perdure. Así el Padre les dará todo lo que le pidan en mi nombre».
JUAN 15.15–16

Permíteme tocar el borde de Tu manto, Señor

Esto que estoy pasando, Señor, va casi más allá de mi resistencia. Estoy presionada desde todos lados. No importa qué camino tomo, siento un dolor indescriptible y lloro hasta que no tengo más lágrimas. ¿Por qué debo enfrentar tales cosas? No sé si podré resistir mucho más.

Tú eres mi Salvador, mi Fuerza y Defensor. Aunque esté desalentada y asustada, confiaré en Ti. Déjame tocar el borde de Tu manto, Señor. Déjame sentir sus hilos entre mis dedos. Ayúdame a tejer un nudo con las hebras y ¡que no se aparte de Ti mi esperanza!

«Venid a Mí, los que están cargados. Tú eres mi amada hija. Sabed con certeza, no hay ningún problema que enfrentes que otros no hayan vivido antes que tú. Tomaré estas cosas y haré una vía de escape para ti. Toma mi yugo. Ponlo sobre tus hombros. Esto no hará tu carga más pesada. Yo te estaré ayudando, de modo que tu carga será más ligera y más fácil. Descansa en Mis brazos eternos, porque te sostienen todo el tiempo.

Aquí está el borde de mi manto. Tócalo. Siente Mi presencia. En tu debilidad, conoce mi fuerza y sanidad».

Gracias, Señor Jesús, por el borde de Tu manto y por Tu toque de amor.

Jesús dijo:
«Carguen con mi yugo y aprendan de mí,
pues yo soy apacible y humilde de corazón,
y encontrarán descanso para su alma.
Porque mi yugo es suave y mi carga es liviana».
Mateo 11.29–30

Enséñame a pescar

Después de cuanto haces por mí, Señor Jesús, quiero decirle a todos ¡cuán glorioso eres! Pero soy insegura y estoy asustada. Leí sobre la forma cómo caminaste sobre el Mar de Galilea. Encontraste pescando a Simón (más tarde llamado Pedro) y a su hermano Andrés. Les dijiste que dejaran sus redes y que Te siguieran, pidiéndoles que atraparan hombres en lugar de peces. Al instante, dejaron lo que estaban haciendo y fueron contigo. Escucharon y no vacilaron.

Recuerdo cuando era niña y mi papá trataba pacientemente de enseñarme a pescar. A él y a mi mamá les gustaba mucho pescar. Yo lo intentaba pero nunca podía poner el gusano en el anzuelo. Entonces llegaron nuestros nietos. De alguna manera ellos tienen un talento especial, que lanzan sus lienzas, las mueven un poco y el pescado se deja atraer por ellos. Quizás la habilidad es heredada de sus abuelos fenomenales.

Señor, quiero ser un pescador de hombres (y mujeres). Por favor, enséñame cómo hacerlo. Todo el tiempo que trato de hablar a otros sobre Ti, tropiezo con mis palabras. Nadie me presta atención. Tal como cuando trataba de atrapar peces, no tengo el talento. Ayúdame, Señor. Muéstrame cómo lanzar mis redes espirituales y llevar a otros a Ti.

«Vengan, síganme, les dijo Jesús,
y los haré pescadores de hombres».
MARCOS 1.17

22 DE MARZO

Te envío un Consolador

Gracias por Tu Espíritu Santo, Señor. Te agradezco por entrar en mi corazón. Lléname y vuélveme a llenar hasta que rebalse. Capacítame para alcanzar almas para Ti. Ayúdame a recordar las enseñanzas de Tu Palabra.

Cuando empiece a decirle a alguien acerca de Tu amor, quita el temor con el cual lucho y reemplázalo con Tu paz. Rodéame con Tu presencia. Porque Te amo y creo en Ti, Te pido que me proporciones lo que debo decir. Unge mis palabras con Tu poder para que no vuelvan vacías o carentes de significado.

Señor, permite que cada persona con la que hable Te escuche a Ti en lugar de mí.

«No estás sola, querida hija porque Mi Padre y Yo te enviamos un Ayudador. Él permanecerá contigo ahora y siempre. Él es el Espíritu de verdad, el Espíritu Santo. Yo, Mi Padre y el Espíritu somos Uno, trabajando en perfecta y santa armonía. La gente que no me conoce a Mí o al Padre no reconocerá al Espíritu Santo. Pero tú le conoces, porque Me has invitado a tu corazón como Salvador».

Gracias querido Señor, por Tu Santo Espíritu. Gracias por ser mi Ayudador, mi Consolador, mi Fuerza y mi Guía. Gracias por bendecir mis palabras con Tu gran poder.

«Y yo le pediré al Padre, y él les dará otro
Consolador para que los acompañe siempre:
el Espíritu de verdad, a quien el mundo no
puede aceptar porque no lo ve ni lo conoce.
Pero ustedes sí lo conocen, porque vive con
ustedes y estará en ustedes».
Juan 14.16–17

Mi viaje contigo

Estoy tan emocionada por Tu Espíritu Santo llenando mi alma, Señor. Siento que estoy a punto de iniciar el viaje más excitante de mi vida, un viaje espiritual contigo como mi Capitán. Estoy ansiosa de servirte, en cualquier momento, en cualquier lugar. ¿Qué puedo hacer por Ti? ¡Cómo anhelo ser útil!

Por una parte, apenas puedo esperar. Por otra, me siento indigna de ser Tu sierva. Solo soy una persona común. Tu grandeza es ilimitada. No sé si puedo cumplir las tareas que me tienes por delante. Pero, confiaré y Te obedeceré. Dirígeme como quieras, Señor.

«No tengas temor, querida hija. De ahora en adelante mi Espíritu Santo va contigo todo el tiempo. Serás un pescador de almas. Cuando te sientas débil, Yo te daré la fuerza. Cuando tengas miedo, Yo te daré el coraje necesario. Cuando estés indecisa sobre qué hacer, Yo te guiaré».

Confiaré en Ti, Señor, y no tendré miedo a mis propias flaquezas y limitado razonamiento. Recuérdame, Te ruego, no salirme de Tu voluntad. Que mis principios y mis acciones sean puros y agradables a Ti. Gracias por Tu Santo Espíritu, Señor. Estoy lista ahora para iniciar mi viaje contigo.

> *«Durante todos los días de tu vida, nadie será capaz de enfrentarse a ti. Así como estuve con Moisés, también estaré contigo; no te dejaré ni te abandonaré».*
> Josué 1.5

24 DE MARZO

Lléname

Lléname con Tu Santo Espíritu, Señor. Revisa mi corazón. Ve si hay algo que quieras corregir. Conoce mis pensamientos. Renueva mi mente y condúceme a Tus eternos caminos.

Ayúdame a quitarme las cargas que me impedirán ser un cristiano vencedor y lleno de gozo. Límpiame con Tu santo poder. Lávame completamente, mi Señor.

Siembra semillas del Espíritu Santo dentro de mí, las que producirán Tu amor, gozo y paz de mente y corazón. Concédeme paciencia, bondad y pureza. Motívame a ser fiel, sin importar cuán difíciles se pongan las cosas. Enséñame la gentileza y el autocontrol.

Una vez pensé que podía hacer todo esto por medio de mi propia fuerza de voluntad. Ahora sé que puedo tener estos frutos espirituales solo a través del poder de Tu Santo Espíritu que habita en mí. No seré más oprimida por las tentaciones y los temores, porque Tú estás más cerca que la vida misma. Tú vives dentro de mí. Crucificas mi naturaleza pecadora y me das la victoria en Ti. Déjame mantenerme en sintonía con Tu Espíritu y sincronizar mi voluntad con la Tuya. Gracias por llenarme con Tu Espíritu, querido Señor. Me rindo enteramente a Ti.

«Que el Dios de la esperanza los llene de toda alegría y paz a ustedes que creen en él, para que rebosen de esperanza por el poder del Espíritu Santo».
ROMANOS 15.13

Gracias por revelarte

Gracias por el retiro cristiano al que asistí, Señor. Hice nuevas amistades, estudios bíblicos, excelentes oradores y una música sensacional que me hizo sentirme bien. Después de eso, el líder del retiro preguntó a todos los que quisieran tomar una hora sólo para hablar contigo y escucharte.

Hablé tanto, Señor. Tú me escuchaste pacientemente. Muy pronto, terminé con un «amén». Recuerdo haber echado un vistazo a mi reloj y sorprenderme de que solo hubieran pasado veinte minutos. Fue entonces que me di cuenta que Tú querías que yo Te conociera más.

Por los siguientes cuarenta minutos, investigué la Biblia para guiarme. Me detuve y escuché lo que hablabas a mi estancado corazón. ¡Cuán bendecida fui ese día, Señor, cuando Tú desenredaste los líos de mi vida y empezaste a tejer un muy bien organizado tapiz lleno del Espíritu Santo! Dejé el retiro llena de paz, poder y el propósito de pasar más tiempo contigo.

Tenía tanta hambre de saber más de Tu Espíritu. Gracias por darme la comprensión y la determinación de hacer algo al respecto. Esto toma algo de planificación y un poco menos de sueño (o menos televisión la noche anterior) para encontrarme contigo en la quietud de cada mañana. ¡Oh, qué fantástico es cómo nos comunicamos y Tú te revelas para que yo pueda conocerte más cada día! Gracias, Señor.

«Quédense quietos, reconozcan que yo soy Dios.
¡Yo seré exaltado entre las naciones!
¡Yo seré enaltecido en la tierra!»
SALMO 46.10

26 DE MARZO

Tu sagrada presencia

Amanece, Señor. El frío de la noche invade la casa. Enciendo la calefacción y me siento cerca de la ventana. Quiero estar un tiempo contigo. Un amanecer gris da lugar a un nuevo día. Escucho Tu voz silenciosa hablar palabras de reconfortante amor a mi corazón. Gracias por encontrarme aquí.

La respiración de mi familia cerca de allí se entremezcla con el aire de la estufa. Echo un vistazo a la lista que he marcado en mi Biblia y traigo mis peticiones ante Ti. Gracias por contestar mis oraciones. Con cada una, mi fe crece. Tú eres amoroso y delicado. Te cuento mis alegrías, mis inquietudes y mis más profundos secretos. Pido Tu dirección. Me das claridad de mente y paz de corazón.

La Biblia explica los preceptos tan claramente. Gracias por ayudarme.

Pongo las circunstancias que no comprendo ante Tus pies.

Traigo a Ti mis heridas y mis confusiones. Cuando las cosas no resulten, yo confiaré en Ti. Tú las percibes, Señor. Tú lo sabes todo. Gracias por preocuparte de lo que es importante para mí.

El reloj despertador está sonando. ¡Cuán rápidamente ha pasado el tiempo! Señor, permanece conmigo durante todo este día. Déjame sentir Tu Santo Espíritu guiándome en todo. Te ruego que bendigas a mis seres queridos. Guárdalos en Tu amor. Gracias por Tu sagrada presencia.

Jesús dijo: «Pero tú, cuando te pongas a orar,
entra en tu cuarto, cierra la puerta y ora a tu Padre,
que está en lo secreto. Así tu Padre, que ve lo que
se hace en secreto, te recompensará».
MATEO 6.6

¿Cómo puedo triunfar?

La idea de lo que mi vida solía ser antes de conocerte me produce desánimo, Señor. Lloro al ver a otros que están perdidos y no Te conocen. Esta existencia pecadora, supuestamente llena de diversión y emociones, es solo una farsa, un espejismo vacío que lleva a la tristeza y a la ruina. Gracias por salvarme de esto.

Todavía enfrento desafíos. A veces, pecado y tristezas presionan de uno y otro lado, sin importar qué camino tomo. ¿Cómo puedo superar estas terribles experiencias a las que debo hacer frente? Dame la fuerza suficiente para resistir las tortuosas tentaciones puestas ante mí. A medida que lo hago, por favor permite que otros escuchen lo que estoy tratando de decirles acerca de Ti, Señor, que quiero superar estas cosas por medio de Ti.

«Yo venceré, amada hija. Soy tu Fuerte, tu Roca y la Torre fuerte a la que puedes acudir. Soy como el cuerno fuerte de un poderoso toro de lidia. Te defenderé y protegeré, sin importar la dificultad».

Gracias, mi Dios, por Tu promesa de que ninguna tentación ni ningún problema son demasiado grandes cuando Te obedezco. Gracias por ayudarme cada vez que clamo a Tu nombre. Te alabo por fortalecerme con Tu Santo Espíritu y proporcionarme las palabras correctas cuando hablo a otros de Ti, en quien confío completamente.

Jesús dijo: «Pero cuando venga el Espíritu Santo sobre ustedes, recibirán poder y serán mis testigos tanto en Jerusalén como en toda Judea y Samaria, y hasta los confines de la tierra».
HECHOS 1.8

Tú me das fervor

¿De dónde viene esta pasión para hablar a todos aquellos que escucharán sobre Tu amor maravilloso, Señor? ¿Es el Espíritu Santo que habita dentro de mí? Siento urgencia de ganar almas para Ti. No porque yo piense que tengo que hacerlo. Simplemente deseo que otros experimenten las bendiciones abundantes de tenerte a Ti en sus vidas.

Como un afectuoso Amigo y Consejero que todo lo abarca, Tú estás aquí. Me provees con un fuego y un fervor que casi me quema, a menos que sea capaz de transformarlos en acciones o palabras.

No sé por qué me bendices tanto, amado Señor. Soy solo una simple persona que desea amarte y servirte con todo mi corazón. Estoy impresionada por cómo me das un entusiasmo y una profunda alegría y esperanza, sin importar las circunstancias que enfrento. Mientras más me concentro en Ti y en las Escrituras, y saco de mi mente las cosas de este mundo, tengo esperanza con paz de corazón y de mente.

Gracias por enseñarme a ser paciente al enfrentar los problemas, a ser fiel en orar a Ti durante lo bueno y lo malo. Te alabo porque mantienes vivo y sano mi fervor y mi celo por Ti. A Ti, Señor, sea el honor, la alabanza y el poder. Amén.

Jesús dijo: «Ahora voy a enviarles lo que ha prometido mi Padre; pero ustedes quédense en la ciudad hasta que sean revestidos del poder de lo alto».
LUCAS 24.49

Unidos a la vid

Quiero ser una bendición para todos aquellos que me rodean, Señor. Muchas veces hago bien las cosas. Pero cuando estoy con las personas que vivo y trabaja día tras día, es mucho más difícil. Ellos conocen cada una de mis actitudes. Sin importar cuánto trato, no puedo reflejarte sin que Tu espíritu Santo trabaje por medio de mí.

Leo en la Biblia que Tú eres la viña, y mi Padre celestial es el Jardinero. También dice que estoy unida a Tus ramas. Tú me injertaste a Ti cuando me convertí en Tu hija.

Escojo quedarme cerca Tuyo, Señor. Gracias por arrojar lejos las cosas de mi vida que son indeseables para Ti.

¡Que pueda yo complacerte en todas mis caminos y producir el fruto espiritual que viene directamente de Ti! Por favor, muéstrame cómo.

«Mi querida hija, Yo habito en ti y tú habitas en Mí. Si tú permaneces en Mí, producirás mucho fruto. Separada de Mí, nada puedes hacer. Sin importar tus buenas intenciones, tus esfuerzos serán una pérdida. Tómate de Mí. Saca vida de Mí. Yo te ayudaré de aquí en adelante a producir el dulce fruto de Mi espíritu».

Me tomaré de Ti, Señor, mi Viña, la fuente de todo lo que es bueno y santo.

Jesús dijo: «Yo soy la vid y ustedes son las ramas.
El que permanece en mí, como yo en él, dará mucho fruto;
separados de mí no pueden ustedes hacer nada».
JUAN 15.5

30 DE MARZO

Fruto del Espíritu Santo

Una vez intenté tener los frutos de Tu Espíritu en mi vida trabajando duro para conseguirlos, uno a la vez. No me tomó mucho darme cuenta que no lo podía hacer de ese modo. Gracias por mostrarme que ese fruto viene solo de Tu Santo Espíritu habitando en mí.

Lléname, Señor. Toma mis talentos, mi tiempo. Bendice el trabajo de mis manos. Asegúrame los dones que me darías. Más que nada, ayúdame a rendir mi voluntad a la Tuya.

Ruego que Tu Espíritu trabaje dentro de mí, querido Señor.

Permíteme permanecer en Ti. A cambio, vive dentro de mi corazón y dirígeme. Dime a donde ir y qué hacer de acuerdo a Tu voluntad. Deja que mi vida sea una prueba viviente de Tu presencia morando en mí. Haz que Tu fruto espiritual crezca en abundancia.

«Mi niña, produciré en tu amor, gozo, armonía de corazón y mente, generosidad, bondad, rectitud, fidelidad, sensibilidad y dominio propio. Ámame con todo tu corazón, y tu alma y tus fuerzas. Cuando eres guiada por Mi Espíritu Santo, serás capaz de hacer lo que me agrada».

Siembra en mí las semillas de Tu Fruto, Señor. Cuida el jardín de mi corazón. Hazlo crecer y florecer para Tu gloria.

«En cambio, el fruto del Espíritu es amor, alegría, paz, paciencia, amabilidad, bondad, fidelidad, humildad y dominio propio. No hay ley que condene estas cosas».
GÁLATAS 5.22–23

Selah

Aquí estoy, Señor, recorriendo el sendero del parque de nuestro vecindario. El viento de marzo golpea y empuja contra mis piernas. No es un problema. Esto intensifica mi entrenamiento. Las ráfagas de viento silban una sinfonía desconcertante. Alcanzo la primera curva. Los árboles se doblan por la fuerza del viento. Mis latidos y mi respiración se aceleran, junto con mi paso. Un pie delante del otro. Continúa. Gracias por ir conmigo, Señor. Tu presencia es como este viento.

Ella, también, viene en poderosas ráfagas, filtrándose a través de cada parte de mi vida. Canta santas melodías, más bellas de lo que puedo describir. Mi corazón hace eco en sincronizada armonía. Tú eres tan maravilloso que apenas puedo estar en Tu presencia.

Ahí viene la lluvia, Señor. No importa. Huele limpio. Deja que las lloviznas purificadoras de Tu Santo Espíritu también caigan sobre mí. ¡Oh qué benditas! ¡Qué puras! Te alabo, oh Señor, por Tu grandiosa presencia.

Doblo en otra curva hacia la recta final. Mi respiración es trabajosa, pero continuaré. Mira hacia el cielo del este, Señor. ¡Tu arco iris de la promesa! Sí, yo sé que Tú lo pusiste ahí. Siento como si fuera para mí.

Aquí estamos al final de nuestra caminata, Señor. Me detengo. El viento y la lluvia cesan. Te escucho susurrarme quietamente: «Selah. Detente. Refléjate en mí».

> *«Sólo en Dios halla descanso mi alma;*
> *de él viene mi esperanza».*
> SALMO 62.5

1 DE ABRIL

¿Cómo puedo pagarte?

Señor, elevo esta noche mi corazón a Ti en acción de gracias y alabanza por cómo estás aquí conmigo hoy. Mientras tuve que enfrentarme a varios problemas que debía desenredar, Tú me mostraste otra vez las respuestas.

Gracias, Señor.

Echo una rápida mirada a mi lista de oración del año pasado y me asombro por cuántas peticiones ya respondiste, tal como lo hiciste hoy. Recuerdo los desafíos casi imposibles que enfrenté y cómo Tú repetidamente me llevaste de victoria en victoria.

Me siento indigna, Señor. ¿Cómo puedo pagarte por las cosas increíbles que Tú haces? ¿Sirviéndote cada hora de cada día, con todas las fuerzas que yo puedo reunir, recompensaría Tus bendiciones? No hay caso. ¿Vender mis posesiones terrenales podría recompensarte? Tus bendiciones no tienen precio. Te amo, Señor. Muéstrame lo que puedo hacer.

«No necesitas pagarme, querida hija. Solo deseo que Me ames con todo tu corazón, alma y mente. Entrégate a ti misma, santa y agradable a Mí. Yo soy el Alfarero. Tú eres la arcilla. Permite que Mi espíritu te llene y te moldeé para que puedas pasar Mi amor a otros. Como Mi Padre me envió, así te envío Yo a ti».

Gracias por llamarme para que Te sirva, Señor. Permite que Tus planes y Tus caminos sean los míos.

Jesús dijo: «No me escogieron ustedes a mí,
sino que yo los escogí a ustedes y los comisioné
para que vayan y den fruto, un fruto que perdure.
Así el Padre les dará todo lo que le pidan en mi nombre.
Éste es mi mandamiento: que se amen los unos a los otros».
Juan 15.16–17

Sirviéndote con Mi amor

¿A quién podría compararte, amado Señor? No hay otro a quien yo ame más que a Ti. ¡Cómo valoro el tiempo en comunicación contigo! Pero quiero que mi amor haga algo para Ti. No puedo tocarte ni verte. ¿Cómo puedo servirte con mi amor?

«Hija mía, cuando das amor a otros, lo haces a Mí. No tengas miedo de estrechar las manos o de abrazar al indeseable.

Imagina que esa persona soy Yo. Alimentando al hambriento me alimentas a Mí. Dando de beber al sediento, lo haces a Mí. Abriendo tu casa con amor a otro, también me das a Mí la bienvenida. Da tus ropas al necesitado y me las das a Mí.

»Toma tiempo en tus ocupados días para visitar a los enfermos. Ve a los que están en prisión y diles de Mi amor por ellos. No importa que las puertas suenen cerrándose de golpe detrás de ti. Tú estás allí para dar libertad a sus espíritus. Extiende la mano y vela por el envejecido que descansa en casa. Cuando amas a todas estas personas, me das amor a Mí».

Serviré a otros con amor como si fuera a Ti, Señor.

Jesús dijo:
«Porque tuve hambre, y ustedes me dieron de comer;
tuve sed, y me dieron de beber; fui forastero,
y me dieron alojamiento; necesité ropa,
y me vistieron; estuve enfermo, y me atendieron;
estuve en la cárcel, y me visitaron».
MATEO 25. 35–36

3 DE ABRIL

Amor sacrificial

No parece que hiciera mucho tiempo, Señor, desde que yo tenía seis meses de embarazo de mi hijo menor. Estuve gravemente enferma con hepatitis A y B. Debí estar hospitalizada. Nadie podía acercarse, excepto Bob. Les avisamos a parientes y amigos. Gracias por la preocupación y el apoyo de ellos.

Hubo muchas personas que me mostraron un amor sacrificial, Señor. Una fue mi madre. Las veinticuatro horas del día ella se contactó con todas las personas que sabía que me conocían para que oraran o me enviaran una tarjeta. Flores y saludos comenzaron a llegar de todo el país, muchas debido a la acción rápida de mi madre. Esta expresión de amor me estimuló. Jugó una parte significativa en mi restablecimiento. Gracias por ella y por aquellos que fueron tan considerados.

¡Cómo anhelaba el contacto de una amiga! Entonces una joven señora, un pastor y Bob vinieron a visitarme. Bob y estos amigos unieron sus manos, rodearon mi cama y oraron por mí. Bob tomó una de mis manos. La joven señora tomó la otra. Recuerdo haberla retirado, Señor, y advertirle que no podía tocarme. «El Señor me protegerá», respondió.

Gracias por cómo ella intuyó mi necesidad y me dio su toque amoroso. Concédeme además la fuerza para servirte con esta clase de amor sacrificial.

«Queridos hermanos, amémonos los unos a los otros,
porque el amor viene de Dios, y todo el que ama
ha nacido de él y lo conoce».
1 Juan 4.7

Amor incesante

Padre, Te escucho llamándome a derramar amor sobre esta persona y su hija. Hice esto antes. Envolví mis brazos alrededor de la madre y sus niños como bien lo supiste y pasé Tu amor a ellos. Me tomó tiempo reconocer sus inquietudes y necesidades. Los animé y les enseñé acerca de Ti. Entonces sin advertirlo, ellos se alejaron. Ni siquiera dijeron adiós o gracias. Todavía estoy apenada y realmente los echo de menos.

No quiero ser herida otra vez, Padre. Sin embargo, sé que me llamas a ayudar nuevamente. Concédeme un amor incesante sin temor de ser herida. Ayúdame a mirar más allá de mis desilusiones y que reconozca las necesidades de otros.

Tú fuiste lastimado por algunos. No obstante, los bendijiste. Solo algunos mostraron agradecimiento. Sé que estoy aquí para servirte cuidando a aquellos que pones en mi camino. Ayúdame a no esperar gratitud o palmaditas en la espalda.

Ayúdame, querido Padre. Bendice a esta familia. Guíalos de modo que ellos lleguen a conocerte y amarte. Y, Señor, por favor, guarda y sé con aquellos que todavía extraño y me preocupan. Enséñame a que siempre ame con un amor incondicional, un amor que nunca deja de ser.

> [El amor] «*Todo lo disculpa, todo lo cree,*
> *todo lo espera, todo lo soporta.*
> *El amor jamás se extingue, mientras que el don*
> *de profecía cesará, el de lenguas será silenciado*
> *y el de conocimiento desaparecerá*».
> 1 Corintios 13.7–8

5 DE ABRIL

Te serviré con gozo

Gracias, amado Señor, por ayudarme a superar mi miedo a amar otra vez. Estoy agradecida por mi nueva amiga y sus niños.

Ellos traen deleite y alegría a mi corazón. ¿Estoy haciendo lo suficiente por ella, Señor? Es indudablemente una bendición para mí.

¡Qué placer verla a ella y su familia crecer en Ti! No tenía idea de que podrías usarla para ayudarme. Mi programa está tan completo, Señor. Sabía que necesitaba ayuda económica, así que empecé a pagarle por darme una mano en mis quehaceres domésticos.

¡Qué gran salvavidas fue! ¡Es tan minuciosa y rápida!

Al mismo tiempo que esto, trajiste sanidad a mi corazón al conocerla. No tengo miedo de entregar afecto ahora. Me doy cuenta de que soy Tu sierva. Recibe toda mi alabanza. No tengo que preocuparme por cuanto tiempo Te tomas para poner alguien a mi cuidado, porque Tú tienes un plan.

Yo puedo ser quien siembra las semillas o alimenta y riega. De vez en cuando, podría ser lo suficientemente afortunada para cosechar frutos y ver un alma venir a Ti. De cualquier modo, me emociono cuando escucho que alguien Te acepta como su Salvador.

Gracias por la alegría de servirte.

«Tú, Señor, me llenas de alegría con tus maravillas;
por eso alabaré jubiloso las obras de tus manos».
SALMO 92.4

Compartir mi vida

Siento que Tu Espíritu Santo trabaja a través mío cuando comparto con aquellos que se cruzan en mi camino. No como un proyecto o un deber que cumplir, sino simplemente estando disponible para Ti en todo momento y en cualquier lugar.

El otro día estuve entregando una palabra de estímulo en la tienda de comestibles. Hoy me quedé algunos minutos más en el trabajo, escuchando a un compañero que se siente bajo mucha presión. Esta noche sentí el placer de ser mamá de un hijo grande, que fue más que una caja de resonancia, un confidente y un amigo.

Esto se está convirtiendo en un estilo de vida, Señor. Gracias por el placer que Tú me das. Cada vez que comparto un poco de mí misma con otra persona, me siento llena de gratitud y calidez.

Ayúdame a servirte con alegría. Cuando estoy apesadumbrada, dinamiza mi espíritu. Deja que el gozo de Tu amor y cuidado fluya a través mío. Cuando estoy extenuada, fortaléceme y cubre las necesidades. Cuando no tenga las respuestas, recuérdame que debo solo detenerme y orar con aquellos que están en el camino y dejar lo demás a Ti. No estoy aquí para resolverles sus problemas. Estoy aquí para amarlos, cuidarlos y apoyarlos. Gracias por darme el privilegio de vivir para Ti.

«Alégrense siempre en el Señor. Insisto: ¡Alégrense!
Que su amabilidad sea evidente a todos. El Señor está cerca».
FILIPENSES 4.4–5

7 DE ABRIL

Tu gozo es mi fuerza

No puedo creer que tuve que arreglármelas con tantas situaciones tristes y devastadoras en un día, Señor. Tengo una estudiante en la escuela que recién fue admitida en el hospital. Está muy enferma y los doctores no saben si va a sobrevivir. Escuché a los padres de esta niña hablar acerca de lo que estaba pasando, y esto tocó mis fibras más sensibles. Por favor, sé con esta pequeña y su familia, amado Señor. Te ruego que la ayudes a sanar.

Después del trabajo me reuní con mi amiga que está pasando más de lo que puedo comprender. Está deprimida y a menudo se siente tentada a darse por vencida. Supongo que lo mejor que puedo hacer es oírla, buscar maneras de tenderle una mano, y estimularla.

Te ruego que seas con ella, y ayúdala a que siga esforzándose.

Esta noche voy a asistir a un *baby shower*. De algún modo me ayudas a salir de los desafíos del día y ponerlos sobre Tus hombros.

De alguna manera Tú liberas mi mente de manera que pueda dar lo mejor de mí a esta dulce futura mamá. Estoy contenta de poder disfrutar esta ocasión festiva.

Un profundo bienestar interior viene de Ti, Señor. Gracias porque Tu gozo es mi fuerza. Gracias por tomar mis inquietudes y libertarme para dar a otros la felicidad que viene de Dios.

«El Señor es mi fuerza y mi escudo;
mi corazón en él confía; de él recibo ayuda.
Mi corazón salta de alegría,
y con cánticos le daré gracias...
Salmo 28.7

Más que palabras

Ahí esta esa dama que conozco, Padre, que se ve tan cansada y ansiosa cada vez que nos encontramos. Ella no conoce a Tu Hijo como su Salvador todavía. He hablado con ella acerca de Ti. Pero en el momento que comenzamos a conversar, es interrumpida por uno de sus niños. ¿Cómo puedo ayudarla a conocerte si ella no tiene un momento para sí misma?

Recuerdo como era yo cuando estaba criando a nuestros hijos, Padre. Adoraba ser madre y ser parte de sus vidas. Sin embargo, a menudo, no podía dormir una noche completa.

Rara vez tenía un poco de tiempo que pudiera llamar mío propio, ¡incluso dentro del baño!

Nunca olvidaré a nuestros queridos amigos Joan y Peggy, quienes se ofrecieron para tener los niños por un fin de semana para que Bob y yo pudiéramos salir. Una vez, fuimos a un motel a pocos kilómetros de casa. Tan pronto cruzamos la puerta de la habitación, yo me derrumbé sobre la cama y dormí dos horas seguidas. Ese servicial acto de amor de nuestros amigos significó más para mí que todas las palabras cariñosas del mundo.

Muéstrame cómo puedo poner mis palabras en acción para ayudar a esta exhausta mamá. Necesita un poco de paz, Señor. Permite que mis manos, mis pies y mi tiempo

Te sirvan.

«¡La paz sea con ustedes!, repitió Jesús.
Como el Padre me envió a mí, así yo los envío a ustedes».
JUAN 20.21

9 DE ABRIL

Ofrenda de la tranquilidad

¡Qué sorprendente la manera en que respondiste a mi oración, Padre! Te pregunté cómo podía ayudar a una joven madre. Abriste tantas puertas que no había ninguna manera de malinterpretar Tu dirección.

Primero, recibí un poco de dinero extra que no estaba presupuestado. Luego, dos reuniones que tenía programadas para el siguiente fin de semana fueron canceladas. Fue el mismo fin de semana que nuestra iglesia tenía planeado un retiro para matrimonios. Sorprendentemente, el dinero que recibí cubría el costo de la pareja, y quedaba un poco para gastos.

Cuando se lo conté a esta madre y a su marido, me miraron tan sorprendidos como si no pudieran creer que era verdad. Estoy contenta de que puedan tomarse un descanso y traer sus hijos a nuestra casa. Nosotros nos divertimos mucho, Padre. Me recordó cuando nuestros niños estaban creciendo.

La mejor parte fue cuando los padres regresaron y me contaron que habían aceptado a Jesús como su Salvador. Esto fue porque Tú me guiaste para dar una ofrenda práctica y por permitir que el Espíritu Santo trabajara. Gracias por guiarme.

Gracias por darme el privilegio de ser una parte de tal milagro fantástico en sus vidas.

«Hagan lo que hagan, trabajen de buena gana,
como para el Señor y no como para nadie en este mundo,
conscientes de que el Señor los recompensará con la herencia.
Ustedes sirven a Cristo el Señor».
COLOSENSES 3.23–24

Comunicando paz

Señor, ¡esta persona me está gritando! No hice nada para causarle el problema. Quiero erizarme, gritar algún comentario desagradable y arrancar. Pero, Te siento instándome a detenerme, escuchar, y oír con paciencia sus palabras airadas.

Cuanto más escucho, más me doy cuenta de que no está enfadado conmigo. Necesita simplemente hablar de la situación con alguien que le preste atención. Ayúdeme a olvidarme del reloj. Concédame fuerza y compasión, aún cuando escucho sus palabras descompuestas de ira.

Se está calmando, Señor. Gracias. Él no necesita mi opinión, solo un oído sensible. Cuanto más habla, más parece estar viendo la situación razonablemente. Por favor, ayúdelo para que tome las decisiones correctas.

Que algo de lo que yo diga sean palabras de paz y calma. Permite que no sea crítica sino solo preocupada. Si es Tu voluntad, abre un espacio de modo que yo pueda orar con él y pedirte que le muestres una salida.

Estoy asombrada de cuán tranquila estoy ahora, Señor. Incluso me está agradeciendo por tomarme tiempo para preocuparme de él. ¡Me permite orar con él! Cuando oramos, Tu armonía llena el aire. Gracias por guiarme para que lo ayude a lograr la paz, una paz que sobrepasa todo entendimiento.

«La paz les dejo; mi paz les doy.
Yo no se la doy a ustedes como la da el mundo.
No se angustien ni se acobarden».
JUAN 14.27

11 DE ABRIL

Servir con Tu paciencia

Padre, estoy tan frustrada. No importa cuántas veces hable yo con esa persona que estoy tratando de ayudarla a crecer en Ti, ella da dos pasos hacia delante y uno o dos hacia atrás. Sonríe, y está de acuerdo, pero no sigue caminando contigo.

A veces me molesto con ella. Quiero regañarla o darle un gran discurso y ponerla en el banquillo de los acusados.

Ayúdeme Señor. Concédeme la paciencia que solo Tú puedes dar. Pienso en todas las veces que has tenido paciencia conmigo.

Repetidamente, tratas de mostrarme Tus caminos. Lucho por hacer lo mejor pero sigo equivocándome. De igual modo, a menudo doy pasos adelante y atrás. Gracias, Señor, porque Tú permaneces en control. Tú nunca me abandonas. Nunca me haces sentir como un fracaso. En lugar de eso, estás constantemente conmigo, ayudando a levantarme para volver a comenzar cuando tropiezo. Gracias por como Tu presencia cariñosa me rodea, por como me perdonas más veces de las que puedo contar. Entonces Tú susurras suavemente: «Empecemos otra vez». Cuando ayude a otros, concédeme Tu paciencia para persistir, amar, perdonar, y ayudarlos empezar otra vez. Recuérdeme buscar la mejor en los demás, como Tú lo haces conmigo.

«En cambio, la sabiduría que desciende del cielo
es ante todo pura, y además pacífica, bondadosa, dócil,
llena de compasión y de buenos frutos, imparcial y sincera.
En fin, el fruto de la justicia se siembra en paz para*
los que hacen la paz».
SANTIAGO 3.17–18

Tu manantial dentro de mí

Las cosas fueron provocativas hoy, Padre. Todo alrededor (y dentro) de mí parecía estar fuera de foco. Me sentía en el límite. Las situaciones constantemente me rozaban de la manera equivocada. El mundo y todas sus circunstancias presionaban de uno y otro lado. Esto me alejó de la vida espiritual correcta. Ahora tengo sed de Tus palabras y de Tu presencia refrescante.

Recuerdo la modesta granja en la que vivía nuestra familia en el este de Washington cuando nuestros niños estaban creciendo, Señor. Teníamos un pequeño pozo para sacar agua para beber, cocinar, lavar y regar el jardín.

Llovía poco. Pero cuanto más usábamos el pozo, mejor producía su fresca y fría agua. Del mismo modo que conocías nuestras necesidades.

Ahora heme aquí, Señor, pidiéndote un gran sorbo para beber de Tu pozo espiritual. Gracias por aplacar mi sed y rejuvenecer mi alma seca. Gracias por este tiempo especial juntos, cuando converso contigo y extraigo Tu fuerza.

No importa cuán a menudo yo bebo, no importa cuánto ofrezca a otros, el pozo que alimenta la vida espiritual a través de Tu Palabra y Tu Santo Espíritu, nunca se seca. Te ruego que apagues mi sed y me ayudes a dar de Tu agua viva a otros.

> *Jesús dijo: «De aquel que cree en mí, como dice la Escritura, brotarán ríos de agua viva. Con esto se refería al Espíritu que habrían de recibir más tarde los que creyeran en él. Hasta ese momento el Espíritu no había sido dado, porque Jesús no había sido glorificado todavía».*
> JUAN 7.38-39

Estímulo perdurable

Recuerdo cuándo entró en mi clase de la iglesia esa niña adolescente, con pelo enredado y una actitud agresiva. Se veía como si recién hubiera salido de la cama, no precisamente para enfrentar un nuevo día.

Tomó una taza de café fuerte en una mano y su Biblia en la otra. Se sentó en forma desgarbada en la silla y reflejó una desmotivación total con el mundo en general.

Gracias por ayudarme y así poder comprenderla mejor. Tú me concediste paciencia para interesarme por ella en su peor momento.

Me acuerdo cuando me sentía así, Señor. Las circunstancias hicieron que me desilusionara con todo y de todos alrededor mío. Y, por supuesto, lo demostraba en la manera en que miraba y actuaba.

Gracias por ayudarme a recurrir a esas memorias.

Estoy agradecida a Ti por darme palabras de estímulo para hablarle con tranquilidad, traspasar su maraña de desalientos y darle esperanza. Gracias por guiarme a ser lo suficientemente sensible para escuchar, atender y ver el potencial escondido dentro de ella.

Finalmente vi. Un destello de optimismo en sus ojos.

Agradezco sus preguntas y a Ti por darme la sabiduría para responderle.

Gracias por bendecirla y guardarla cerca de Ti.

En el nombre de Jesús, amén.

El amor «Todo lo disculpa, todo lo cree, todo lo espera, todo lo soporta. El amor jamás se extingue, mientras que el don de profecía cesará, el de lenguas será silenciado y el de conocimiento desaparecerá».
1 Corintios 13.7–8

Cosecha de paciencia

Aunque la niña que una vez entró en mi clase de la escuela de la iglesia es adulta ahora, me alegro de continuar orando por ella. Estoy muy feliz después de haber encontrado una carta suya en el correo. Recientemente, me había sentido desalentada, preguntándome cuánto estoy cumpliendo contigo, Padre. La carta llegó justo cuando más necesitaba el estímulo.

Me contó del buen trabajo que tiene y que está viviendo en su propio departamento. Lo mejor de todo es que dice que Te ama, que asiste a la iglesia y que está enseñando en una clase bíblica.

Gracias, querido Padre, por hacer que mi paciencia y mis oraciones tengan fruto. Gracias por usar a esta jovencita en Tu servicio. Dale una vida de oración, llena de sabiduría, y que nunca pierda la paciencia. Pueda ella también experimentar una cosecha abundante de sus esfuerzos para ganar a almas para Ti.

Ahora tengo otro estudiante que me desafía. Por favor, ayúdalo. Estoy agradecida porque me recuerdas que busque lo mejor en él y en otros jóvenes que se cruzan en mi camino. Tiende un puente sobre las diferencias entre nosotros. Muestra a estos jóvenes Tu amor inmutable y paciente. Gracias por darme el privilegio de enseñarles. A medida que los veo crecer, miro hacia la cosecha de más jóvenes cristianos de un valor incalculable para Ti.

Jesús dijo: «¿No dicen ustedes: "Todavía faltan cuatro meses para la cosecha"? Yo les digo: ¡Abran los ojos y miren los campos sembrados! Ya la cosecha está madura».
JUAN 4.35

15 DE ABRIL

Corrige mis errores

Señor, hoy realmente la embarré. Esta persona quería hablar y hablar y hablar. Siempre hace eso. Yo necesitaba de verdad una pausa. Solo quería irme a casa. La hice a un lado. Su mirada herida me hizo sentir muy culpable.

Por favor, perdona mi impaciencia. Dame un codazo cuando quieras que escuche por más tiempo. Ayúdame a comprender cómo se está sintiendo ella.

Interviene con Tu Santo Espíritu y conoce sus necesidades. Dale paz de mente y de corazón. Cuando sea el tiempo correcto, enséñame cómo preocuparme y diplomáticamente limitar la extensión de nuestras conversaciones.

Quizás estás tratando de mostrarme que no tengo que solucionar todos sus problemas. Tú eres Dios, y puedes cubrir sus necesidades mucho mejor que yo. Recuérdame orar con ella, a ayudar lo mejor que puedo y dejar lo demás en Tus manos. Perdóneme por no estar siendo consciente de Tu guía.

Conoces mi corazón, Señor. Adoro servirte. Ven detrás de mí cuando mi energía disminuye, cuando soy incapaz de manejar las cosas de la mejor manera. Te ruego que corrijas mis fracasos. Gracias por ser mi fuerza y mi resistencia. Gracias por las veces que Tú te haces cargo.

«Pero él me dijo: "Te basta con mi gracia,
pues mi poder se perfecciona en la debilidad."
Por lo tanto, gustosamente haré más bien
alarde de mis debilidades, para que
permanezca sobre mí el poder de Cristo».
2 Corintios 12.9

Gentil servicio

Cuando Te reuniste con Tus discípulos en el aposento alto para la Última Cena, ya sabías quién Te traicionaría, Señor Jesús. También tenías conocimiento previo sobre los que huirían y no permanecerían firmes en Tu causa.

Es difícil comprender el gentil amor apacible y el servicio que Tú expresaste al lavar los pies de Tus discípulos. No eliminaste a Judas, y tampoco a Pedro. A pesar de las cosas que sabías, las cuales casi romperían Tu corazón, los seguías amando y sirviendo.

Puedo visualizarte levantándote de la cena y enrollando una toalla en Tu cintura. Puedo casi oír el sonido del chorro de agua mientras la viertes en la palangana. Si yo hubiera estado allí, y Tus fuertes pero gentiles manos hubieran lavado mis pies sucios y cubiertos de arena, para luego secarlos con la toalla, pienso que me habría sentido sobrecogido e indigno, tal como Pedro.

Mi primera reacción sería que Tú no laves mis pies. Yo debería ser quien Te atienda. Sin embargo, esto era parte de Tu plan. Como un siervo, lavaste los pies sucios de Tus discípulos. Como Salvador, hiciste más por ellos y por mí. Limpiaste nuestras sucias almas llenas de pecado.

Enséñame, Señor, a servirte con este mismo decidido amor.

«Así que (Jesús) se levantó de la mesa, se quitó el manto y se ató una toalla a la cintura. Luego echó agua en un recipiente y comenzó a lavarles los pies a sus discípulos y a secárselos con la toalla que llevaba a la cintura».
JUAN 13.4-5

17 DE ABRIL

Manos tiernas

Me dolía cada músculo de mi cuerpo esa noche cuando llegué a casa después de trabajar, Señor. Mi hijo mayor, Bob júnior había venido a visitarnos y me esperaba en pie. Pensé que pasaríamos unos muy buenos tiempos juntos.

Todavía recuerdo cuando caminaba hacia la puerta y saludaba su rostro feliz. Me dejé caer en el sofá junto a él y me saqué los zapatos. Agujas en la plantas, le dicen. Todo lo que yo sabía era el dolor de mis pies. Antes de que me diera cuenta de lo que estaba ocurriendo, Bob júnior cogió mis pies con sus grandes y tiernas manos y comenzó a masajearlos.

Retrocedí. Estaban calientes y sudorosos. Pero él los siguió frotando, conversando gentilmente y escuchando sobre mi trabajo nocturno.

Te agradecí a Ti y a Bob júnior por el amor generoso que me demostró. Recuerdo haberte pedido que me dieras un amor que me haga salir con agrado de mi área de comodidad.

Y Tú lo hiciste.

Una y otra vez, cuando Tú me enfrentas a situaciones desagradables, soy requerida para ayudar. Cada vez, respiro hondo y recuerdo que me das manos gentiles y pies para servir. Recuérdame amar y consolar. Con cada acto de servicio, Te doy a Ti la alabanza.

«Háganlo todo sin quejas ni contiendas, para que sean intachables y puros, hijos de Dios sin culpa en medio de una generación torcida y depravada. En ella ustedes brillan como estrellas en el firmamento, manteniendo en alto la palabra de vida. Así en el día de Cristo me sentiré satisfecho de no haber corrido ni trabajado en vano».
Filipenses 2.14–16

Un sacrificio viviente

A menudo medito cómo Tú, Señor Jesús, estás vivo en el cielo, sentado a la derecha de Tu Padre. Estoy agradecida de que Tú lleves mis necesidades ante Él. Y al mismo tiempo, Tu Espíritu mora en mi corazón. Aún así, pienso en el precio que pagaste para librarme del pecado. Gracias por morir en la cruz y sacrificarte a Ti mismo por mí.

¿Qué me harías hacer por Ti, amado Señor querido? Si diera mi vida por otro, no se compararía a lo que has hecho y estás haciendo por mí.

«Solo sígueme, hija mía. Ten la voluntad de dejar todo para servirme. Toma la cruz que tengo para que la cargues. Niega diariamente tus propios deseos y las aspiraciones con el fin de cumplir lo que Te pido».

Ayúdame a poner Tu voluntad por encima de mis propias necesidades y deseos. Sé que cuando lo haga, obtendré el gozo y la eterna paz que me ofreces. Voluntariamente quiero dedicarte mi vida, Señor. Cuán maravilloso es experimentar tus bendiciones y la verdadera felicidad más allá de toda medida.

Toma todo lo que hay en mi vida, Señor, y úsalo para Tu gloria.

«Luego dijo Jesús a sus discípulos: Si alguien quiere ser mi discípulo, tiene que negarse a sí mismo, tomar su cruz y seguirme. Porque el que quiera salvar su vida, la perderá; pero el que pierda su vida por mi causa, la encontrará. ¿De qué sirve ganar el mundo entero si se pierde la vida? ¿O qué se puede dar a cambio de la vida?»
MATEO 16.24, 26

19 DE ABRIL

Déjame compartir Tu bondad

Estoy agradecido, Señor, de que después de tres días en la tumba, Tú no permanecieras muerto. En lugar de eso, triunfaste sobre el pecado y la muerte y Te levantaste de esa tumba horrible y fría. Antes de que murieras, Tú tenías el poder de esparcir Tu bondad dondequiera que ibas. Después de volver a la vida, continuaste entregando dulzura. Incluso ahora, envías a Tu Espíritu Santo para ayudarme.

El mismo poder de hacer el bien a otros y superar el pecado y la tristeza de este mundo está aquí para mí hoy. Gracias, Señor Jesús, por morir y resucitar por mí. Gracias por la presencia constante y ayudadora de Tu Espíritu Santo que habita en mí.

Concédeme Tu fuerza y Tu amor incondicional cuando me guías para entregar Tu bondad a otros. Concédeme nueva vitalidad para hacer el bien. Haz que mis pies sean veloces y mis manos seguras. Todo el mérito es Tuyo.

Cualquiera sea la generosidad que hago, es solo importante y tiene valor eterno si se manifiesta a través de Ti. Por eso, permite que cada palabra y acción sea aceptable a Tus ojos, oh Señor, mi energía y mi salvación.

«Toda buena dádiva y todo don perfecto
desciende de lo alto, donde está el Padre
que creó las lumbreras celestes, y que no cambia
como los astros ni se mueve como las sombras».
SANTIAGO 1.17

Ayúdame a enseñar con bondad

Señor, este estudiante a quien estoy enseñando en la escuela está agotando cada onza de mi paciencia. No importa cuánto yo lo intente, su mente parece estar en otro lado. ¿Cómo puedo alcanzarlo con esta importante lección? Sé que es capaz de aprenderla. Simplemente, no se está esforzando. En mi desesperación, tengo ganas de gritarle muchas palabras llenas de ira. Sin embargo, siento Tu presencia que me insta a mostrar bondad y amor. Te ruego que me enseñes a comprender sus necesidades.

Bien, aquí vamos, Señor. Por favor, ayúdalo. ¡Está trabajando!

Un plazo para terminar las lecciones, una simple escapada en la rutina normal y un juego de aprendizaje están haciendo una diferencia.

Más que todo, una pequeña garantía de afecto de que soy orgullosa de que él esté contribuyendo tanto.

Gracias por Tu sabia dirección, por ayudar a este niño, ¡y a mí! ¿Ves su sonrisa y la mirada de triunfo en sus ojos? Sé que lo hiciste. Gracias por darme la perspicacia y la generosidad que pueden venir solamente de Ti. Te agradezco por este niño al que estoy enseñando. Estoy aprendiendo de él, también.

La próxima vez que la frustración está prevaleciendo sobre lo que enseño, empújeme otra vez, Señor. Guíame de modo que sea firme pero amable y comprensiva. Ayuda a los niños a quienes enseño a ver Tu amor en todo cuanto digo y hago.

«Y un siervo del Señor no debe andar peleando;
más bien, debe ser amable con todos, capaz de enseñar
y no propenso a irritarse».
2 TIMOTEO 2.24

21 DE ABRIL

Enséñame fidelidad

Vengo de sufrir algunas experiencias deprimentes, Padre. Debí esforzarme mucho para seguir adelante durante este tiempo. Me sentía tan mal que casi no era capaz de pensar con claridad. Tengo pesar por la forma cómo Te respondí a Ti y a otros. Por favor, perdóname. A pesar de todo, estoy agradecida por Tu cercanía constante.

Te alabo, Padre, por las maneras maravillosas en que me muestras Tu fidelidad. Incluso cuando estoy en mi nivel más bajo, Tú estás ahí, deseoso de ayudarme. Gracias por nunca dar vuelta la espalda, por buscar lo mejor en mí.

Estoy agradecida por aquellos que me han apoyado pacientemente en las buenas o en las malas. Cuando no podía encontrar un camino a través de todos mis problemas, mis amigos me ayudaron a ordenar las cosas.

Cuando sentí que a nadie le importaba, ellos nunca me abandonaron. Gracias por su amor invariable y sus acciones constantes y desinteresadas.

Muéstrame cómo ser fiel como Tú. Ayúdame a estar cerca de los demás aunque sea la única que lo hace.

Concédeme paciencia para ayudar en cualquier forma que sea necesaria,

Aunque sean personas depresivas, desagradables o con sus facultades perdidas. Recuérdame que mire lo mejor en ellos. Enséñame a amarlos y cuidarlos como Tú lo haces conmigo.

«En todo tiempo ama el amigo;
para ayudar en la adversidad nació el hermano».
PROVERBIOS 17.17

Personas fieles

Cuando me enteré en la iglesia que mi tía Virginia estaba gravemente enferma, Te pedí ayuda, Señor. Quería estar con ella tan rápidamente como fuera posible, pero tenía numerosos deberes que atender después del servicio. Gente a la cual saludar, servir refrescos, limpiar el aula de la clase de escuela bíblica, lavar platos en la cocina y mucho más. ¡Las personas fieles me asaltaron y se hicieron cargo de todo!

Perdí a la tía Virginia ese día, Señor. Aunque siento como si una parte de mí se hubiera ido, sé que estaba lista para partir. Ella está a Tu cuidado. Después de que dejé su lecho y regresé a la iglesia para recoger mis cosas e ir a casa, me di cuenta cómo todo mi trabajo fue hecho fielmente. Encontré a muchos hermanos que estaban orando por nuestra familia durante este tiempo. Gracias por los miembros increíblemente dedicados en nuestra familia de Dios.

Estoy agradecida por cómo ellos me demostraron amor y me apoyaron durante los días siguientes. Yo siempre quiero ser la fuerte. Esta vez insistieron en que era su turno. Cuando estuve decaída y llena de dolor, ellos comprendieron. Me amaron con un amor lleno de empatía y sin egoísmos. Bendice a estos amados y fieles hermanos, Señor. Los amo más que lo que las palabras pueden expresar.

«Si uno de los miembros sufre, los demás comparten su sufrimiento; y si uno de ellos recibe honor, los demás se alegran con él».
1 Corintios 12.26

23 DE ABRIL

Espíritu de autocontrol

Padre, la fila en la tienda de comestibles es larga esta noche. Tengo que estar en una importante reunión dentro de unos pocos minutos. ¿Qué pasa que no avanzan? Pareciera que va a demorar para siempre. Quiero impacientarme, pero ¿qué saco con ello? Por favor, dame auto-control.

No puedo ver que está pasando al comienzo de la fila. No avanza. Por favor, sé con quien tiene un problema allí y ayúdalo. Gracias por darme presencia de ánimo para orar por esa persona en lugar de demostrar una pobre actitud.

Ahora veo, Padre. Es una de Tus hijas anciana. Está tratando de pagar su cuenta pero no puede contar el cambio. Gracias porque el dependiente la ayuda. Gracias por la persona que está detrás de ella, parada, con los brazos cruzados, y por aquel que trae sus productos y la acompaña al taxi que la espera afuera.

Estoy agradecida por Tu ayuda. No solo avancé en la fila rápidamente después de esto, sino que encontré todas las luces verdes del tráfico, y pude llegar a tiempo a mi reunión. Eres tan bueno por cómo nos ayudas a todos a superar nuestros problemas.

Para mis años de ancianidad, Padre, oro para que las demás personas sean pacientes conmigo y tengan voluntad de ayudarme.

«Precisamente por eso, esfuércense por añadir a su fe, virtud;
a su virtud, entendimiento; al entendimiento, dominio propio;
al dominio propio, constancia; a la constancia,
devoción a Dios; a la devoción a Dios, afecto fraternal;
y al afecto fraternal, amor».
2 PEDRO 1.5–7

Motivo de compasión

Hay varias personas en nuestra iglesia que tienen incapacidad mental o física, Señor. Muchas veces, hermanos nuestros, caminan la milla extra para ayudar a estos queridos hermanos en tiempo de necesidad.

Mi programa está abarrotado de numerosas tareas durante las mañanas antes de ir a la iglesia. No importa cuánto trato de tener las cosas hechas el día anterior, siempre estoy presionada cuando salgo para la iglesia y pido Tu ayuda. Sin embargo, justo en el momento en que estoy haciendo progresos, me detienen los que no entienden y que quieren charlar un buen rato. Ahí es donde siento Tu llamada por compasión.

Aunque la falta del tiempo me frustra, siento que me das un codazo para que pare y me preocupe, de verdad, de las necesidades de aquellos que pasan por un momento difícil, tratando de entender y buscando solución a diferentes situaciones. De algún modo Tú me ayudas a retroceder y ver a estas personas únicas a Tus ojos.

Gracias, Señor, por ellos. Puedo visualizarlos algún día en el cielo acercándose a mí, completamente en mente y cuerpo. Espero que puedan conservar un buen recuerdo de mi paso por sus vidas.

¡Tienen tanto que ofrecer! Gracias por el amor y la dedicación de cada uno. A menudo veo el orgullo en sus ojos cuando muestran la fidelidad y el amor haciendo pequeños trabajos alrededor de nuestra iglesia.

> *«No hagan nada por egoísmo o vanidad; más bien, con humildad consideren a los demás como superiores a ustedes mismos. Cada uno debe velar no sólo por sus propios intereses sino también por los intereses de los demás».*
> FILIPENSES 2.3–4

25 DE ABRIL

¿Soy lo bastante buena para Ti?

Quiero servirte, Señor. Sin embargo me siento inadecuada. ¿Soy suficientemente lista o atractiva? Algunas veces soy torpe en palabras y acciones.

Otros tienen mejor estatus. Muchos son más educados. Yo no poseo cosas materiales impresionantes. A veces siento como si los demás me despreciaran, como si fueran mucho mejores.

Quizás lo son, Señor. Cuando planifico valientemente seguir sirviéndote, tropiezo con una muralla de pensamientos negativos: *no soy lo suficientemente buena para realmente hacer bien este trabajo.*

¿Por qué me llamaste a hacer esto, Señor, si hay otros más capaces? Sé que no es Tu voluntad que me sienta así. Necesito prestar oído a Tu llamado. Heme aquí, pidiendo Tu ayuda.

«Tienes que verte a ti misma como Yo lo hago, amada hija. Eres preciosa para mí. Cada vez que sientes que no eres lo suficientemente buena para servirme, enfoca tu mente, tu alma y cada fibra de tu ser en Mí. Yo soy quien decide cuán capaz eres para servirme. Echa fuera lo negativo y confía en Mi ayuda. Haré que hagas grandes cosas. Sé llena de Mi Espíritu Santo. Te daré poder para servir».

Gracias por Tu dirección y confianza, Señor.

«Por lo tanto, hermanos, ustedes que han sido santificados y que tienen parte en el mismo llamamiento celestial, consideren a Jesús, apóstol y sumo sacerdote de la fe que profesamos».
HEBREOS 3.1

El paño de la sanidad

Padre, no puedo imaginar la angustia de algunas experiencias. Hoy, cuando terminaba de ayudar a limpiar la cocina de nuestra iglesia, conversé con alguien que tenía gran necesidad de abrir su corazón.

Debo admitir, Padre, que han habido épocas en que yo me he sentido impaciente respecto de cómo esta querida dama estaba cojeando espiritualmente.

Me pareció muchas veces cuando nuestros caminos se cruzaron, que ella tomaba malas decisiones. Sé que Te ama, pero ella aún está dando dos pasos para adelante y uno para atrás. Quería regañarla y humillarla para que hiciera las cosas correctas. Entonces Tú hablaste a mi corazón y me animaste a amar, a escuchar y amar más, además de orar mucho más.

Hoy me dijo cuánto apreciaba mi paciencia y que no la menospreciara. Las lágrimas corrían por sus mejillas cuando empezó a contarme su historia. Antes de que lo supiera, yo estaba tocando suavemente sus ojos con una toalla húmeda. Nos abrazamos y oramos juntas.

Veo algo de crecimiento espiritual, Señor. Te agradezco por ayudarnos cada día. Gracias por recordarme que no empuñe la espada de la corrección sino que use el paño de la sanidad y de la compasión.

*«Abandonen toda amargura, ira y enojo,
gritos y calumnias, y toda forma de malicia.
Más bien, sean bondadosos y compasivos unos con otros,
y perdónense mutuamente, así como Dios
los perdonó a ustedes en Cristo».*
EFESIOS 4.31–32

27 DE ABRIL

Servicio verdadero

Cada vez que veía a esta persona, me encogía con un sentimiento de inferioridad.

Todo en ella es tan perfecto. Es hermosa. No importa dónde esté o qué hora del día sea, nunca tiene un cabello fuera de su sitio. No solo eso, Señor, también tiene la ropa más hermosa que he visto. ¡Parece salida de un catálogo! A menudo la veo como una muñeca de porcelana, a la que un viento fresco podría derribar y quebrarla. Eso era lo que yo pensaba hasta que la otra noche fui a visitar a una hermana ya anciana que estaba enferma.

Sopa casera en mano, toqué el timbre, y mi amiga respondió a la puerta. Se tambaleó por delante de mí en su andador y me guió al comedor. Cuando eché un vistazo a la cocina, estuve tan sorprendida con lo que vi, que casi me caigo. Allí sobre sus rodillas, en medio del piso de la cocina, cepillo de fregar en mano, estaba «mi muñeca de porcelana». Tenía una gran sonrisa en su cara. Realmente parecía disfrutar lo que estaba haciendo. Y, a pesar de todo, su pelo todavía estaba prolijamente en su lugar.

Un breve tiempo de visitas reveló que a esta dama tan brillante las cosas no le eran tan fáciles como yo creía. Había ganado el dinero para instalar su propia escuela de belleza limpiando casas. Todavía cuida los peniques y hace su hermoso vestuario a partir de sabias compras en tiendas económicas locales. También me confidenció que lo que más le gusta es ayudar a quienes están enfermos o que viven en la miseria.

Perdóname, Señor, por juzgar. Ayúdame a ser humilde y tan bien pensada como he descubierto que ella lo es.

«Por lo tanto, como escogidos de Dios, santos y amados, vístanse de afecto entrañable y de bondad, humildad, amabilidad y paciencia».
COLOSENSES 3.12

Servicio anónimo

Heme aquí, Señor. Parezco como si estuviera haciendo una travesura. Mi auto está estacionado en el callejón, donde nadie lo notará. Es muy temprano en la mañana. Me acerco a hurtadillas a la casa de esta familia. Sé que todos se han ido. Espero que nadie me vea haciendo este servicio. Quiero que solo lo sepamos Tú y yo. Es un secreto. Esta familia está pasando un momento muy difícil. El padre fue despedido del trabajo. Aún cuando trabaja dos jornadas de salario mínimo para alcanzar a llegar a fin de mes, difícilmente sobreviven.

Me doy cuenta de que Tú ya lo sabes y te preocupas.

Solo quiero orar por ellos y ayudarlos un poco. ¡Cuán emocionada va a estar esta familia cuando descubran las cajas que deposité en su entrada! Fue divertido ir de compras, cubrir necesidades individuales y probables deseos de cada miembro de la familia. Ahora deslizo un sobre por debajo de la puerta de la cocina, con una breve nota de amor escrita a máquina y un poco de dinero en efectivo. Lo mejor de todo, es que nunca se sentirán en deuda con nadie por este anónimo servicio de amor.

Haciendo esto, Señor, estoy agradecida por el gozo interno que me da ser una sierva secreta tuya.

Jesús dice: «Más bien, cuando des a los necesitados, que no se entere tu mano izquierda de lo que hace la derecha, para que tu limosna sea en secreto. Así tu Padre, que ve lo que se hace en secreto, te recompensará».
MATEO 6.3–4

29 DE ABRIL

Fuerte mensaje de generosidad

Fue hace unos fugaces treinta años atrás, Señor, cuando aprendí una valiosa lección de mi amiga Shirley. Blancas y crujientes sábanas de hospital me envolvieron como un manto estéril. Estaba tan enferma que apenas sabía lo que ocurría a mi alrededor.

Llegaron tarjetas. Los amigos se reunieron para orar. Supe de personas preocupadas, pero las bondadosas acciones de Shirley hablaban fuerte y claro. Cuando cruzó por la puerta, su presencia tibia llenó la habitación. Nunca parecía apurada cuando se sentaba a mi lado. Hablaba poco y escuchaba mucho. Solo daba amor y se preocupaba.

Mucho más tarde, me di cuenta del sacrificio que había hecho. Tenía una familia grande. Su marido trabajaba largas jornadas.

Shirley asumía a menudo el rol de padre y madre. Más aún, varias veces se escapó para estar conmigo en el hospital.

Tú sabes que yo, además de estar enferma, estaba embarazada. Después de que mi bebé nació, estaba muy débil. Shirley me llevó a mí, al bebé recién nacido y a nuestro hijo de cuatro años a su casa por varios días para que yo pudiera recuperar mis fuerzas. Sus afectuosas acciones fueron el vivo ejemplo de Tu sacrificio de amor. A menudo pienso en esta lección y quiero continuar compartiendo Tu mensaje a través de actos prácticos de bondad. Entonces hablaré palabras que estimulan.

«Los recordamos constantemente delante de nuestro Dios y Padre a causa de la obra realizada por su fe, el trabajo motivado por su amor, y la constancia sostenida por su esperanza en nuestro Señor Jesucristo».

1 TESALONICENSES 1.3

¿Qué puedo hacer hoy por otro?

Este es un nuevo día, Padre. Permíteme comenzarlo siendo guiada por Tu mano. Quiero hacer lo mejor para ti en palabras y en acción. ¿Qué puedo hacer por otro hoy? Ayúdame a ser sensitiva y hacer cosas inadvertidas para los que me rodean. Ayúdame a estar consciente de las oportunidades para mostrar actos de cortesía mientras conduzco a mi trabajo. Permite que de un paso extra compartiendo la carga. Más que todo, recuérdame especialmente al final del día demostrar amor a mi querida familia.

Es curioso cómo estas cosas bombean energía y tibieza dentro de mí, Señor. Quizás es la aprobación de Tu Santo Espíritu trabajando.

Incluso si las cosas van mal y los sucesos parecen todos arduos, todavía sé que Tú me has usado como Tu instrumento para que haga un poco mejor la vida de los que me rodean.

Gracias por permanecer cerca y mostrarme lo que puedo hacer por otros hoy. Cuando Tú y yo trabajamos juntos, disfruto más Tus amantes y bondadosos procedimientos. Gracias por darte a Ti mismo. Gracias por mostrarme cómo dar de mí misma.

Jesús dijo: «Les he dicho esto para que tengan mi alegría y así su alegría sea completa. Y éste es mi mandamiento: que se amen los unos a los otros, como yo los he amado».
Juan 15.11–12

1 DE MAYO

Te encuentro al amanecer

Buenos días, Señor. Aún está oscuro afuera. Me obligo a salir de la cama.

Me deslizo arrastrando mis pies hasta la cocina y preparo una taza de té. Quiero reunirme contigo al alba. Camino para salir por la puerta trasera, con la taza humeante entre las manos. ¡Ah! Es tan maravillosa la quietud, solos Tú y yo, Señor.

La luz plateada del amanecer rompe silenciosamente la oscuridad. Siento Tu presencia envolviéndome. Tu susurro de amor llena mi alma. La agitación y la ansiedad desaparecen. Tu seguridad y consuelo toman su lugar. Te quiero con todo mi corazón, amado Señor. Levanto mi alabanza y mi adoración a Ti. Gracias por escuchar mis alegrías y mis preocupaciones. Las pongo a Tus plantas y las dejo ir. Ahora fijo mis ojos en Ti y en Tus admirables caminos.

Miro el sol saliendo de entre las nubes, Señor. Brillante tonos de naranja llenan el cielo. Esto me hace pensar en Ti, el glorioso hijo de Dios. Camino a lo largo de un lecho de flores. De las rosas caen gotas plateadas de rocío que me recuerdan las lágrimas que con tanto amor derramaste por mí en el Jardín de Getsemaní. ¡Cómo te amo, Señor!

"Silencio, hija mía. Aquieta tus pensamientos y escúchame. Respira profundamente la frescura de Mi santa presencia ».

«El Señor llamó a Samuel, y éste respondió: Aquí estoy.
Entonces el Señor se le acercó y lo llamó de nuevo:
¡Samuel! ¡Samuel!
Habla, que tu siervo escucha respondió Samuel».
1 SAMUEL 3.4, 10

Tú eres enteramente bello

¡Cuán bello eres, Oh Señor! Eres la autoridad en toda Tu creación. Tú haces que la mañana, el día y la noche se regocijen en Tu presencia. Las montañas muestran Tu fuerza. Tú visitas la tierra con la lluvia y la haces producir. Tú provees el grano, las frutas y los vegetales para que nosotros comamos. Tú derramas la lluvia en la cordillera y la instalas en los surcos. Tú desaceleras las gotas que caen y las conviertes en refrescantes chubascos que bendicen cada cosa que crece.

Cubres cada estación con benevolencia. De algún modo, trabajan juntos.

Tu amorosa bondad tiende un manto de bosques y praderas. Tú traes bandadas de aves e incontables variedades de animales. ¿Quién en cielo o tierra está tan lleno de gracia y gloria?

¿A quién puedes compararte? No hay otro tan grande como Tú, cuya misma presencia pueda hacer que tiemble la tierra o se calme mi atribulado corazón. Tú haces que choquen las olas duras como rocas de los océanos, cambiando las aguas turquesa de acero de color verde a riachuelos de claro cristal. Tú también limpias y reorientas mi vida.

Eres del todo adorable, Oh Señor. ¡Cuán maravilloso es el modo en que muestras Tu amor sobre cada uno de nosotros, arriba y más allá de toda la creación de este mundo! Tú, que gobiernas sobre todo, Te das tiempo para conversar conmigo y escucharme.

Gracias por la manera afectuosa en que siempre tienes tiempo para mí y para ministrar a mi corazón.

«Su paladar es la dulzura misma; ¡él es todo un encanto!
¡Tal es mi amado, tal es mi amigo, mujeres de Jerusalén!»
CANTARES 5.16

3 DE MAYO

Espero en Ti

Aquí estoy, Señor. Necesito Tu ayuda. Hay tantos que Te necesitan. Estoy estirando la cuerda de mi vida al máximo. No puedo hacer todo. Me siento incomprendida y menospreciada. ¿Estoy tratando de hacer mi voluntad y no la Tuya? Sé que mi visión de Tu llamada está decayendo. Hay sólo una manera en que puedo recuperarla. Tengo que buscar Tu presencia y esperar Tu dirección. En Tu respuesta, sé que recuperaré la fuerza y la confianza requerida.

Cuando me detengo ante Ti, amado Señor, disfruto Tus estilos de comprensión. Gracias por no menospreciarme cuando estoy desalentada. Gracias por Tu promesa que renovarás mis fuerzas y me darás alas para remontar las alturas como las águilas. Solo a través de Tu sabiduría, dirección y poder, yo puedo correr y no estar fatigada, caminar y no desmayar.

Gracias por escuchar mi oración y enseñarme a ser amable. Tú eres mi alegría y mi fuerza. Estoy agradecida porque me ayudas a que busque, tenga valor y siga adelante.

Gracias por derramar sobre mí Tu tan apreciada compasión. Te alabo por Tu amor, comprensión y dirección, y por darme el sentido común de esperar en Ti y recibir Tu guía.

«Aun los jóvenes se cansan, se fatigan,
y los muchachos tropiezan y caen;
pero los que confían en el Señor
renovarán sus fuerzas;
volarán como las águilas:
correrán y no se fatigarán,
caminarán y no se cansarán».
Isaías 40.30–31

Más que suficiente para un día

Este ha sido un mes ajustado económicamente, Padre. Sin embargo, alguien necesita mi ayuda. Sentía que me llevaste a entrar en acción.

Gracias por proveerme la fe para dar por sobre mi diezmo. Todo lo que ya tengo Te pertenece. Estoy agradecida por Tu promesa de cubrir mis necesidades, y que Tú las conoces mejor que yo.

Tú siempre me proporcionas lo que necesito cada día de cada mes. A menudo me das más de lo que necesito. Gracias por Tus abundantes bendiciones y por ayudarme a que confíe en Ti. Por esta razón, estoy llena con Tu paz y confianza.

Leí cómo cayó el maná en los tiempos de la Biblia. Solo lo suficiente para cada día. Cuando los israelitas se quejaban, Tú todavía permanecías con ellos. Igual que yo, a veces aprendieron las cosas a fuerza de dificultades. Tú les enseñaste a tener paciencia y cómo confiar y depender de Ti.

Permíteme aprender de sus lecciones. Como pongo mi fe en Ti, soy animada por Tus promesas de que cubrirás mis necesidades diarias. Como tantas otras veces, disfruto de Tu benevolencia, Padre. Gracias por darme más que lo suficiente para cada día.

Jesús dijo: «Den, y se les dará: se les echará en el regazo una medida llena, apretada, sacudida y desbordante. Porque con la medida que midan a otros, se les medirá a ustedes».
LUCAS 6.38

5 DE MAYO

A solas contigo

Me escabullo un rato para relajarme, Señor, lejos de la presión de mi vida apresurada. Aquí, en este lugar silencioso, encuentro paz y tranquilidad contigo. Cuando busco Tu fuerza silenciosa, yo siento que Tú quitas mi preocupación y mi cansancio. Las cosas de este mundo carecen de importancia frente al precioso tiempo que estamos en comunión uno con el otro.

Me siento como una niña sentada en Tus pies. El tiempo se detiene. Comparto contigo todo cuanto he estado haciendo, mis fracasos y victorias, temores y esperanzas. Siento que Te ríes con las cosas divertidas y lloras conmigo cuando comparto mis infortunios.

Aquí, me separo y descanso. Aquí, gano la fuerza, por miedo a que me extinga por las responsabilidades que cargo. Tú me brindas comida espiritual, el pan de vida de la Biblia. Tus palabras son seguras y verdaderas. Las guardo en mi corazón. Aquí, bebo de la fuente viviente que brota de Tu Santo Espíritu. Tú examinas mi corazón y reorientas mi manera de ser. Nosotros compartimos como amigos.

Me reclino y cierro mis ojos. Veo Tu rostro en mi mente. ¡Qué dulce escapada es, física y espiritualmente!

Cuando me concentro en Ti, mi vitalidad se renueva. Mis ideas se adaptan a la forma en que Tú me guías. Gracias por Tu cálida bienvenida cuando me aparto para estar contigo. Te agradezco por invitarme a que estemos a solas un momento.

«Y como no tenían tiempo ni para comer, pues era tanta la gente que iba y venía, Jesús les dijo: Vengan conmigo ustedes solos a un lugar tranquilo y descansen un poco».
MARCOS 6.31

Tú eres mi gran amor

Hoy es nuestro aniversario de bodas, Señor. ¡Cuánto amo a este querido marido mío! ¡Me cuesta creer que hemos estado casados por tanto tiempo!

Es la mayor parte de nuestras vidas. Me descubro a mí misma amándolo más cada día.

Aunque nos amamos uno al otro, Tú sigues siendo nuestro gran amor. Tú, Padre Celestial y Salvador, eres quien habita en nuestros corazones. Porque eres el primero en nuestras vidas, el amor que sentimos uno por el otro se hace más profundo cada vez. A través de las pruebas de la vida, las alegrías, penas y cambios de situación, aprendemos a buscarte a Ti primero. De este modo, nos seguimos fortaleciendo.

Te amamos porque Tú nos amaste primero. Elevamos nuestra oración a Ti, querido Señor. No conocemos un amor más grande. A través de éste, reconocemos Tu cercanía. Sentimos Tu poder permanente.

Tú, Señor, eres el Autor de nuestra fe. En Ti comienza nuestro amor. A través tuyo, nosotros encontramos un amor más grande que el que la humanidad puede dar. Es un amor que siempre está allí. Tu amor es perdonador e incondicional.

Este amor que nos regalas no nos quita afecto entre nosotros. Nos lleva más cerca de Ti y, por lo tanto, nos hace más unidos. Gracias, Señor, por el amor de uno por el otro, que durará hasta la eternidad.

«Queridos hermanos, ya que Dios nos ha amado así, también nosotros debemos amarnos los unos a los otros. Nadie ha visto jamás a Dios, pero si nos amamos los unos a los otros, Dios permanece entre nosotros, y entre nosotros su amor se ha manifestado plenamente».
1 JUAN 4.11–12

7 DE MAYO

Tú aquietas mi mente

Doy vueltas y vueltas en la cama. Las decisiones que debo adoptar interrumpen mi sueño. Mis seres queridos me preocupan. Echo para atrás las frazadas y me levanto. Me pongo una bata y mis pantuflas y voy a tropezones a la sala. Enciendo la luz y abro mi Biblia. También abro mi corazón a Ti, Señor.

Heme aquí, pidiéndote más para mi mente. ¿No hay solaz en este mundo lleno de pecado? Por todas partes a mi alrededor veo dolor. ¿Es posible librarse de las cosas que nos abruman? Quiero hacer Tu voluntad, pero necesito algún descanso. ¿Qué de aquellos a quienes cuido, Señor? ¿Están a salvo? Por favor, cuida de ellos.

«Te doy paz, amada mía. Concéntrate en Mí. Escucha mientras susurro palabras de consuelo a tu alma. Yo dirijo tus decisiones. Del mismo modo que haces Mi voluntad, Yo te guardaré. Tus seres queridos están a salvo a Mi cuidado. ¿Y el futuro? Yo soy el Rey. Estoy todavía en mi trono. No te preocupes, hija mía. Llevo tu oración en el corazón».

Toca mi mente, Señor. Toca mi corazón. Renunciaré a todo por Ti y confiaré que cubrirás mis necesidades. Descanso ahora en Ti. Experimento Tu consuelo cuando controlas mis pensamientos. Gracias por proporcionarme Tu paz de corazón y mente.

«Al de carácter firme
lo guardarás en perfecta paz,
porque en ti confía».
Isaías 26.3

Tú calmas mis temores

Hay cosas que enfrento en mi vida que me hacen estar ansiosa, Padre. Son tan abrumadoras, que me dejan paralizada. Tú eres la fuente de mi fortaleza y mi Redentor. Traigo a Ti mis temores y los lanzo a Tus pies. Confío en Ti y no dependeré de mi propia percepción.

En todo sentido, dependeré de Ti, porque sé que vas antes de mí.

«Cuando pones tu fe en Mí, hija mía, ¡haré que tu integridad brille igual que el sol de mediodía! Mantén la calma. No trates de correr delante de Mí. Espera pacientemente que Mi voluntad sea cumplida, porque estoy aquí para defenderte y librarte de tus preocupaciones. Soy tu refugio y tu fortaleza. Soy tu siempre presente guiador en medio de la prueba».

Gracias por estar conmigo, Padre. ¡Qué reconfortante es poner mi confianza en Ti! Tu espíritu irradia infinita esperanza en lo profundo en mi corazón. Gracias por cuidar de mí y de aquellos que amo. Aún cuando mi fe sea minúscula, Tú eres suficiente, porque eres mi Señor. Eres mi fuerza, el origen de mi canción. A través de todas estas cosas, me das alegría. Gracias por reemplazar mis temores por la fe en Ti.

«Cuando siento miedo,
pongo en ti mi confianza.
Confío en Dios y alabo su palabra;
confío en Dios y no siento miedo».
SALMO 56.3−4

9 DE MAYO

Bendiciones de fregadero

Aquí estoy en el fregadero de mi cocina, Señor. A lo largo de toda la mañana Te he buscado y Te he sentido cercano. Estoy hasta los codos en las burbujas del lavaplatos. Escucho el ajetreo en las demás habitaciones. No importa. Ahora mismo, yo estoy gozando de Tu presencia. ¡Te amo tanto! Vuelve a llenar mi alma hambrienta con Tu Santo Espíritu. ¡Ah, si! Siento Tu glorioso amor rodeándome. Como ríos de agua viva, Tú llenas mi alma hasta que se desborde. ¡Oh, cuánto gozo experimento cuando ministras a mi corazón! Tu santa presencia es casi demasiado para mí. Gracias, Señor, por visitarme en mi improvisado altar, mi lavaplatos, y por rodearme con amor en mi cuarto de oración, mi cocina.

Lágrimas de júbilo caen en el agua. Tus bendiciones están fuera de cualquier comparación. Gracias por la manera cómo llevas mis necesidades al Padre Celestial ahora. Gracias por Tu Consolador, el Espíritu Santo, que está conmigo siempre.

Los platos están lavados. Doy un leve masaje a mis ojos. Tú sigues amándome y sosteniéndome. No quiero dejar este sitio, Señor. Quiero quedarme aquí para siempre. Ven conmigo, Te ruego, porque no vives solo en mi cocina; vives en mi corazón.

Jesús dijo: «Y yo le pediré al Padre, y él les dará otro Consolador para que los acompañe siempre: el Espíritu de verdad, a quien el mundo no puede aceptar porque no lo ve ni lo conoce. Pero ustedes sí lo conocen, porque vive con ustedes y estará en ustedes».
JUAN 14.16–17

La oración de una madre

Padre, traigo mis hijos y a los hijos de mis hijos ante Tu presencia, hoy. Te ruego que los bendigas y los guardes. Este mundo es preocupante e inseguro. Algunas veces me estremezco de pensar en lo que podría ocurrirle a mi familia. ¿Vivirán hasta llegar a viejos? ¿Te amarán y servirán todos los días de sus vidas?

Sé que amas a mis hijos y nietos mucho más de lo que yo soy capaz de amarlos. Aunque son parte de mí, ellos Te pertenecen. Creo que oraste por ellos en el Huerto de Getsemaní, antes de ser llevado a la cruz. Fueron comprados por Ti con el precio de tu vida. Así como Te los he dedicado, confío en Tu promesa de mantenerlos a Tu cuidado.

«Ten ánimo, querida madre. Si alguno de tus descendientes pudiera volar a los cielos más altos o ir debajo del mar más profundo, estaré allí con ellos. Estaré con ellos en las horas más oscuras y en las más claras.

Nada me alejará del amor de tus hijos. Cada vez que los escucho orar, llevo sus inquietudes al trono de Mi Padre Celestial».

Gracias, Padre, por responder a mi oración. Gracias por Tu amor que va más allá del tiempo y del espacio.

«El Señor te bendiga
y te guarde;
el Señor te mire con agrado
y te extienda su amor;
el Señor te muestre su favor
y te conceda la paz».
NÚMEROS 6.24–26

Los mejores regalos para mamá

¿Recuerdas los mejores regalos que me has dado como madre, Señor? Sí, sé que lo recuerdas. Hace muchos años, nuestro hijo Bobby júnior, nos pidió a su papá y a mí que oráramos con él para que Tú entraras en su corazón. La oración de Bobby fue una hermosa melodía a mis oídos. Bobby tenía una fe silenciosa y sencilla. Todavía la tiene.

Varios años después, Tú me diste otro maravilloso regalo. Fue cuando nuestro hijo Danny tenía cuatro años. En esa época, Danny estaba yendo a la escuela Bíblica de Vacaciones. Una dulce abuelita colocó algunas lecciones en su corazón que él todavía menciona. Su voz infantil llenaba nuestro hogar con canciones y palabras acerca de Ti.

Otra vez me diste Tu regalo, mientras metía a Danny en la cama. Eso fue cuando dijo que quería pedirte que entraras en su corazón. Cuando nos arrodillamos al lado de su cama, oró una sencilla plegaria. Cuando esto ocurría, Señor, sentí como si los ángeles se regocijaran alrededor nuestro. Esta experiencia fue tan memorable como cuando escuché el primer llanto de mis hijos.

Gracias por todos nuestros hijos, ahora ya crecidos, que Te aman y conocen como su Salvador personal. Gracias porque Tu gracia nos condujo en los años de crecimiento y los mantiene junto a Ti. Gracias por el mejor regalo que una madre puede recibir.

«Por eso te recomiendo que avives la llama del don de Dios que recibiste cuando te impuse las manos. Pues Dios no nos ha dado un espíritu de timidez, sino de poder, de amor y de dominio propio».
2 TIMOTEO 1.6–7

La clave para lo desconocido

No sé lo que trae el porvenir, amado Señor, pero estoy seguro que tienes la clave. Me alegro de que seas Quien cuida los días que tengo por delante. Si estuvieran en mis manos, seguramente cometería un montón de errores. ¡Cuán maravilloso es que Tú lo sepas todo!

Tu comprensión y sabiduría sobrepasa cuanto existe.

Gracias por no descorrer el cerrojo de la puerta de cada día según viene mi vida. Me da gran consuelo y alegría el cómo caminas Tú por esa puerta antes de que yo lo haga. Así Tú me guías.

No tengo la capacidad de hacer decisiones de vida sin Tu consejo. Tú me das seguridad en cada paso que doy.

Cuando las cosas se convierten en niebla y yo ando a tientas en medio de la confusión, siento Tu mano segura sosteniendo la mía y guiándome.

Tú conoces mis deseos y mis necesidades. Tú comprendes mis intereses más grandes. Cuando me pongo ansiosa respecto del futuro, Tú giras la clave otra vez. Pacientemente, abres la puerta de la fe y me ayudas a confiar en Ti.

Gracias, Señor, por retener las respuestas a lo desconocido.

Cuando recorro el camino de la vida, miro hacia atrás y comprendo un poco cómo Tú tienes todas las cosas adecuadas reunidas para mi bien.

Mi pasado, mi presente y mi futuro, lo dejo en Tus hábiles manos.

«Porque yo sé muy bien los planes que tengo para ustedes afirma el Señor, planes de bienestar y no de calamidad, a fin de darles un futuro y una esperanza. Entonces ustedes me invocarán, y vendrán a suplicarme, y yo los escucharé».
Jeremías 29.11–12

13 DE MAYO

Tu garantía

Gracias, Padre Dios, por darme Tu bendita garantía de que estoy bajo Tu vigilancia continua, no sólo yo, sino todo y todos los que me importan. Gracias por ayudarme a dejar mi vida entera en Tu altar. Gracias por ayudarme a recordar cuánto me amas.

En la total seguridad de Tu amor, renuncio a mi culpabilidad y dolor. En total seguridad, sé que Tú apartas todo esto. Tú remueves mi amargura. Me consuelas. Cubres mis lágrimas con Tu sonrisa. En los desiertos escenarios de mi vida, Tu esperanza estalla como flores de cactus vibrantes que florecen después de una lluvia repentina.

Cuando mis días pasan tan suaves como el vidrio, Te amo por Tu amor tranquilizador. Cuando las tormentas chocan ruidosamente y braman las nubes, yo aún Te alabo. Estás siempre cercano, guiándome y cuidándome.

Cuando hago lo mejor posible, siento Tu aprobación. Cuando estoy en mi peor momento, experimento Tu amor y el perdón.

Contigo, dejo todas mis esperanzas, sueños y necesidades. Aquí, confío a Tus manos tranquilizadoras mi vida de luchas, para que la cambies y la moldees como quieras.

Me entrego entera a Ti a causa de la serena seguridad que Tú pones en mi ser.

«El Señor mismo marchará al frente de ti
y estará contigo; nunca te dejará ni te abandonará.
No temas ni te desanimes».
DEUTERONOMIO 31.8

Vengo a Tu fuente

Padre, ocasionalmente enfrento tantas demandas que no sé qué camino tomar. Muy a menudo pongo todo lo que tengo al servicio de otras personas y situaciones, y voy más allá de mi capacidad. Ésta es una de esas veces, Señor. Estoy que estallo y no quiero con nadie ni ir a ninguna parte.

Necesito estar a solas contigo.

Heme aquí en este quieto lugar. El mundo continúa alrededor de mí. Pero todo está en calma en mi lugar secreto de adoración. Nadie sabe que estoy aquí sino mi comprensivo marido. Escúchame, Oh Señor, cuando comparto mi corazón y mi mente contigo. Gracias por identificarte con todas mis inquietudes. Reconozco Tu voz hablando a mi corazón. ¡Cómo amo tus palabras tranquilizadoras! Abro mi Biblia y pido orientación. Las respuestas saltan de las páginas y me ministran. Me sumerjo en Tu fuente de vida espiritual. Tú me lavas de actitudes no deseadas. Calmas mi mente preocupada. La presencia de Tu Santo Espíritu me envuelve como si fuera una manta reconfortante. Aquí, yo descanso y me siento segura. Bebo de Tu pozo que nunca se seca. Tú bombeas nueva energía y alegría en mí. Reemplazas mi modo de pensar derrotado, con Tu presencia revitalizadora.

Gracias por Tu fuente de vida espiritual. Gracias por restaurar mi alma.

«Porque en ti está la fuente de la vida,
y en tu luz podemos ver la luz».
SALMO 36.9

15 DE MAYO

Tú eres mi amigo íntimo

Gracias por esta invitación que me haces, Señor. Aunque es una tarea inmensa, Tú das la respuesta para aliviar mi carga. Esto es, trabajando mano a mano contigo.

La Biblia dice que ponga Tu yugo sobre mí, porque Tu yugo es fácil y ligero. La primera vez que leí esto, me preguntaba cómo podía ser mejor tomar más de una carga.

Entonces me ayudaste a comprender.

Leo cómo hace mucho tiempo dos personas compartían un yugo puesto sobre sus hombros. El yugo las hacía más fuertes mientras llevaban la carga y trabajaban juntos. Aún las máquinas trabajan de este modo. ¿Por qué esta invitación que me haces podría traerme problemas si eres Tú quien se ofrece para ayudarme?

Ahora me pongo Tu yugo, Señor, y trabajamos como una sola persona.

Gracias por tomar el control y guiarme. Tú eres mi Amigo íntimo, mi Guía, mi Ayudador. ¡Cómo disfruto trabajando contigo, más que arrojando la carga a mi modo! Si tendiera a desviarme, por favor tira de mí para que vuelva al sendero correcto.

Gracias por Tus gentiles mandamientos y seguros preceptos. Me agrada que estés conmigo. Gracias por cómo Tu mano, las mismas hábiles manos que produjeron la creación, me guían y me ayudan. ¡Qué alegría compartimos cuando trabajamos en equipo!

Jesús dijo: «Vengan a mí todos ustedes que están cansados y agobiados, y yo les daré descanso. Carguen con mi yugo y aprendan de mí, pues yo soy apacible y humilde de corazón, y encontrarán descanso para su alma.
Porque mi yugo es suave y mi carga es liviana».
MATEO 11.28, 30

El Gran Médico

Padre, esta enfermedad me golpeó durante la noche. La siguió una cirugía de emergencia. Día y noche sufro de dolor sin descanso. ¿Alguna vez me pondré bien? ¿Moriré? Los doctores dijeron que debería estar mejor en un par de días, pero no fue así. Ahora más que nunca vengo a Ti, al Gran Médico.

Sé que Tú puedes sanarme más allá de la capacidad de cualquier médico humano. Te ruego que me toques. Ayúdame a descansar tanto como sea posible y a concentrarme en Ti, porque Tú eres mi Gran Médico.

Siento el reconfortante bálsamo de Tus manos afectuosas que trabajan sobre mi cuerpo doliente. Mis músculos tensos empiezan a relajarse mientras me concentro en Tus caminos de amor. Cuando me desanimo, confío en que Tu sanidad y en que Tú estás en control de las circunstancias. Te doy cada fibra de mi ser. Seguramente me conoces por completo.

¡Cómo disfruto Tu presencia mientras me recupero! ¡Qué alivio experimentar la sanidad de mis heridas! Gracias por grabar en mi mente las palabras: «me pondré bien». Tú me dices cuándo hacer ejercicio y cuándo descansar. Tú me instas a que clame victoria a través de Tu nombre.

Gracias por ser mi Gran Médico.

«Señor mi Dios, te pedí ayuda
y me sanaste».
SALMO 30.2

Tu susurro sanador

Mi mente está complicada con las preocupaciones del día cuando vengo a Ti, Oh Señor. Te alabo por Tu amoroso susurro de sanidad y estímulo. En Ti me libero del conflicto. Espero en Tu presencia fortalecedora. En Ti encuentro seguridad y paz mental. Tú me ayudas a que deje a un lado mis experiencias más duras. Fijo mi corazón en Tus alentadoras palabras de esperanza.

Vengo a Ti y escucho Tus enseñanzas. ¡Eres tan gentil! En Ti encuentro quietud y confianza. En Ti encuentro fuerza y paz interior. Tú sanas mis cicatrices emocionales cuando me enseñas a perdonar y a dejar pasar.

Tú reemplazas mis heridas con sanidad. Te alabo por los milagros maravillosos que estás trabajando en mí. Tú eres mi Pastor. Eres el único en quien soy completa, física, espiritual y emocionalmente. Gracias por garantizarme alivio en mis días de tormenta, mostrándome un camino de principio a fin. Gracias por proporcionarme descanso y por secar mis lágrimas y ayudarme a ver las cosas claramente, permitiendo que yo elija Tus caminos rectos. Tú eres mi Señor, mi Dios. Tus susurros me dan confianza y me enseñan lo que es mejor. Mi alma encuentra salud en Ti, Oh Señor. ¡Cuán bueno eres conmigo!

«Porque así dice el Señor omnipotente, el Santo de Israel:
"En el arrepentimiento y la calma está su salvación,
en la serenidad y la confianza está su fuerza,
¡pero ustedes no lo quieren reconocer!"»
Isaías 30.15

Tú restableces la lluvia

Han pasado días desde que la lluvia cayó en ese pequeño pueblo, Señor. El suelo estaba tan seco, con grietas puntiagudas en el suelo duro. Los cultivos se doblaron ante el sol abrasador. El ganado vacuno apenas tenía agua suficiente para beber. Un poco de su agua fue transportada por camiones desde millas de distancia. Los pozos de las granjas se secaron. La gente fue a sus lavaderos por un sorbo de agua y nada salió. El aire zumbaba con los rayos de calor. Muchos oraron pidiéndote que trajeras la lluvia, Señor. Confiaron en que Tú responderías a su necesidad.

Entonces un día amaneció con nubes negras y fuertes truenos.

Uno, dos, tres gotas golpearon el pavimento y se evaporaron inmediatamente. Recuerdo cómo enviaste más lluvia. Durante un rato cayó un aguacero, luego disminuyó a una llovizna suave y continua. ¿Te acuerdas cómo todos estaban tan emocionados que corrían afuera y se quedaban allí parados? Por supuesto que lo sabes, Señor.

¡Cuán agradecidos estábamos porque Tú restauraste el agua a los cultivos marchitos, a las personas y a los animales!

Las flores parecían estirarse hacia el cielo, tratando de absorber cada gota. El aire olía fresco y limpio por Tu lluvia limpiadora. Todo brillaba como recién hecho.

Exactamente de la misma manera en que restituyes mi alma con Tus lluvias de limpieza y de purificación. Gracias, Señor, por Tu fiel y restauradora lluvia.

(Así dice el Señor) «Que regaré con agua la tierra sedienta, y con arroyos el suelo seco; derramaré mi Espíritu sobre tu descendencia, y mi bendición sobre tus vástagos, y brotarán como hierba en un prado, como sauces junto a arroyos».
Isaías 44.3–4

19 DE MAYO

Tus ángeles protectores

Señor, gracias por ayudarme a sobrellevar el temor durante el tiempo cuando trabajé en un restaurante de comida rápida. Todos los negocios de este tipo alrededor de nosotros habían sido asaltados. Cada vez que sucedía, los ladrones eran más violentos. ¿Recuerdas cuando estaba trabajando en el mostrador, Señor? Me sentía responsable de las jóvenes que trabajaban allí. Aunque había policías de civil en las calles, todavía estaba preocupada. Mi compañera de trabajo Sherry y yo nos manteníamos orando a Ti para que nos protegieras. Además te pedía que cuidaras de nuestra amiga Patty, que trabajaba dos restaurantes más abajo en la misma calle.

Siempre que me ponía nerviosa, Sherry decía: «Anita, no te preocupes. Le pedimos a Dios que nos protegiera. Hay ángeles alrededor de nosotras y de Patty».

Una noche sentí como si el problema caminara en la puerta cuando entraron dos hombres. Tomé su orden, los observé, y oré mucho. Sentí Tu presencia protectora. Miraron alrededor del restaurante y a cada persona. Luego tomaron su comida y salieron. Yo recordé Tu promesa de protección cuando confiamos en Ti.

La siguiente noche que trabajé, las sirenas de la policía sonaban junto al restaurante de Patty, en la misma calle. Patty había sido robada a punta de pistola. No resultó herida y los ladrones fueron atrapados.

Gracias por Tus ángeles protectores.

«El ángel del Señor acampa en torno a los que le temen;
a su lado está para librarlos.
Prueben y vean que el Señor es bueno;
dichosos los que en él se refugian».
SALMO 34.7–8

Tú eres mi baluarte

Señor, ¿recuerdas la pintura que colgaba de la pared de mi abuela cuando yo era niña? Ese silencioso mensaje me preparó para las futuras tormentas de la vida. Esa pintura al parecer había sido hecha en 1920. Una hermosa joven mujer se aferraba a una enorme roca mientras gigantescas olas azotaban el promontorio.

La marea lanzaba enormes olas que sacudían a la mujer pero nunca la pudieron hundir. Estaba protegida en la grieta de la roca. Su rostro mostraba completa confianza cuando ella miraba en dirección al cielo.

Pregunté a la abuela qué representaba la fotografía. Me explicó que Tú eras la Roca; y que cuando confiamos en Ti, Tú serías nuestro baluarte, nuestro intercesor durante las tormentas de la vida. Como sabes, Señor, la abuela está contigo ahora. La extraño y desearía tener su pintura hoy. Debo haber pasado horas estudiándola. Cada vez que lo hice, Tú grabaste suavemente sus enseñanzas en mi mente.

Cuando las temibles tormentas vienen a mi vida, a menudo me recuerdas sobre el cuadro de la abuela y me das el valor para mantenerme agarrada de Ti. Sin importar lo que enfrente, Tú siempre me proteges con Tus poderosas manos. No importa cuán devastadoras lleguen a ser las cosas, Tú valientemente me escondes en la hendidura de Tu roca. Gracias por protegerme del mal y del daño. Gracias por ser mi baluarte, mi Roca y mi Salvación.

«Y tomaron la misma bebida espiritual, pues bebían de la roca espiritual que los acompañaba, y la roca era Cristo».
1 Corintios 10.4

21 DE MAYO

Tu estímulo

Es el final de un día escolar corriente, Padre. Cuando comenzó afuera, estuve tentada de ser impaciente. Pero Tú me recordaste del momento en que estuvimos juntos en oración esta mañana y cómo me estimulaste a ser gentil, comprensiva y constante.

Estoy contenta por haber prestado atención a Tus signos, especialmente cuando una pareja de mis estudiantes estaba pasando apuros con nuestra lección de lectura.

Enseñar a niños con necesidades especiales requiere mucha paciencia.

No obstante, yo amo a mis pequeños entusiastas estudiantes y no dejaría por nada de enseñarles.

Un niño había estado esforzándose mucho para escribir una carta sin tener que seguir una base. Cada vez que practicaba, yo oraba por él.

De repente, mientras leía largos sonidos de "e" juntos, escuché sus palabras de puro júbilo: «Sra. D. ¡Mire! Sra. D...e».

¡Qué emoción mirar su papel y ver una perfecta "e" escrita, aún con la larga marca encima! Gracias por el pequeño logro de mi alumno, porque eso lo estimula a él y a mí. Estoy agradecida también por las flores que un padre me trajo al final del día. Entiendo que nosotros realmente estamos logrando algo, ¿verdad, Señor?

Gracias por permitirme enseñar a estos niños. Gracias por las maneras diferentes en que Tú me apoyas.

«Así que mi Dios les proveerá de todo lo que necesiten, conforme a las gloriosas riquezas que tiene en Cristo Jesús».
FILIPENSES 4.19

Arrodillada a Tus pies

Heme aquí en Tu santuario, este santo lugar de oración. No en una iglesia sino arrodillada sobre la alfombra, en frente de la mecedora de la sala de estar de mi casa. Siento que estoy a Tus pies, amado Señor. Como una niña, Te cuento todo lo que pasa. Comparto contigo mis alegrías y mis desilusiones. ¡Cuán agradecida estoy que Tú nunca te canses de escucharme! Aquí, yo siento tu paciencia mientras busco las respuestas correctas. Aquí, extraigo las lecciones de sabiduría que Tú me das.

Con cada día y año que pasa, me doy cuenta más y más cuán bondadoso eres conmigo, Señor. Tú eres mi Dios maravilloso. Cuando te busco, estás aquí. Cuando mi vida se pone mustia y estéril y tengo sed de Tu presencia, Tú me llenas hasta el borde de Tu fuente de agua de la vida.

Amo escuchar cada una de Tus palabras. Nosotros hemos compartido muchas cosas frente a esta silla, amado Señor. Elevo mi oración a Ti. A cambio, siento Tu poder y esplendor.

Aquí, Tú me inundas de Tu amorosa bondad, mejor que la vida misma. Debido a este amor, Te obedezco y confío en Ti.

Gracias, Señor, por permitir que me arrodille a Tus pies. Gracias por ser mi Padre Celestial y mi más querido amigo.

> *«Tenía ella una hermana llamada María que, sentada a los pies del Señor, escuchaba lo que él decía. ...pero sólo una es necesaria. María ha escogido la mejor, y nadie se la quitará».*
> LUCAS 10. 39, 42

23 DE MAYO

El sello de un nuevo comienzo

Te alabo, Padre, por Tu invariable amor. Tu paciencia conmigo va más allá de mi comprensión. Gracias por la forma como perdonas mis errores y me muestras Tu compasión invariable. Aun cuando los pecados de mis ancestros pueden afectar la tercera y la cuarta generación, estoy agradecida porque Tú los terminas aquí. Esto solo es posible cuando rindo mi corazón y mi voluntad completamente a Ti.

Gracias por ayudarme a tener el sello de un nuevo nacimiento.

Cada día que camino contigo, experimento Tus cuidados por mis necesidades e inquietudes. Nada es demasiado grande o pequeño para que lo lleve ante Ti. Cuando estoy feliz, conozco Tu amor. Cuando estoy triste y molesta por algo de mi alrededor, nunca me abandonas. Como respuesta, Te alabo por permanecer junto a mí y por consolarme. Estoy agradecida, Señor, por poderme abrirme a Ti tal como me siento. Estoy sorprendida de que nunca me hagas sentirme culpable cuando derramo sobre Ti todas mis preocupaciones.

Gracias porque siempre buscas lo mejor de mí y me ayudas a crecer en la dirección correcta. Te alabo Padre, porque me das el sello de un nuevo comienzo.

«El gran amor del Señor nunca se acaba,
y su compasión jamás se agota.
Cada mañana se renuevan sus bondades;
¡muy grande es su fidelidad!
Por tanto, digo:
"El Señor es todo lo que tengo.
¡En él esperaré!"»
LAMENTACIONES 3.22, 24

Tu compasion

Eres tan cariñoso y compasivo, Señor. Eres un Padre para mí. Me conoces mejor de lo que me conozco a mí misma. Tu ternura y misericordia me siguen cada día. ¡Oh, cómo disfruto la amorosa bondad que me muestras! Nunca olvidaré tus múltiples bendiciones. Te alabo por Tu presencia protectora.

Estoy agradecida por la formas cómo vas delante de mí a lo largo del camino de la vida. Me haces conocer Tus sendas. Mientras sigo Tu dirección, me ayudas para que no tropiece y caiga. Día y noche, Tú cuidas de mí. Cuando estoy despierta, Tú estas cerca. Cuando duermo, me rodeas con Tu presencia. Cuando el mal o el dolor me amenazan, Tú extiendes Tus alas sobre mi ser tembloroso, como un águila cubre a sus polluelos. Cuando estoy en dificultades y clamo a Ti por socorro, me llevas sobre Tus alas y rejuveneces mi alma.

Las meras palabras no pueden expresar mi gratitud por Tu compasión que nunca cesa. Tú, amado Padre querido, eres quien me rescató de la horrible destrucción del pecado. ¡Cuán maravillosa es la forma como Tu presencia está aquí para mí en todo momento! Nunca te cansas de velar y de cuidar de mí. Gracias, querido Padre. Te amo.

«Alaba, alma mía, al Señor,
y no olvides ninguno de sus beneficios.
Tan compasivo es el Señor con los que le temen
como lo es un padre con sus hijos».
SALMO 103.2, 13

25 DE MAYO

Me das una profunda alegría interior

Entro en mi carro y giro la llave. Al instante el motor parte y salgo en reversa de nuestra entrada, mientras la música de gratificantes alabanzas llena mis oídos. Mi mente ya ha estado clasificando las cosas que tengo que hacer en el trabajo hoy. Algunas son estresantes, Padre. Otras son buenas.

Entro al tráfico. Escucho la siguiente canción y siento la unción de Tu Santo Espíritu a través y alrededor de mí, tan fuertemente que el aire está lleno con Tu presencia. Una profunda alegría interior llena mi corazón. Los planes del día toman su lugar. La gloriosa comunión que compartimos hace sombra a todo lo demás.

Las cosas no siempre pueden resultar bien hoy, Padre. Pero Tú me das la paz y el contentamiento que se derrama sobre todos quienes están alrededor mío. Ninguna situación será demasiado compleja para Ti y para mí si la manejamos juntos.

Más canciones llenan mi alma. Tú me ayudas a poner las cosas de este mundo en una perspectiva celestial. Haces que mis sensibles sentimientos se calmen y cambias mi enfoque por la preocupación y comprensión de aquellos cuyos senderos cruzo.

Entro a la playa de estacionamiento. Estoy lista para el trabajo, Señor.

¡Cuánta satisfacción siento! Tú estarás conmigo a lo largo de todo mi día. Gracias, Padre, por llenar mi alma con Tu gozo.

«El Señor es mi fuerza y mi escudo;
mi corazón en él confía; de él recibo ayuda.
Mi corazón salta de alegría,
y con cánticos le daré gracias».
Salmo 28.7

Tu Santo Espíritu me ayuda a hacer
lo correcto

El gozo y la serenidad que recibo de Ti es mi fuente de fortaleza. Oh Señor. Gracias por mezclar benevolencia y paz dentro de mí a través de la presencia de Tu Espíritu Santo.

En el fondo de mi mente, todo el día pienso en Ti.

Las Escrituras y los himnos de alabanza fluyen a través de mis pensamientos y ponen contento a mi corazón. Gracias por cuán maravilloso eres.

Mi alabanza continuamente se eleva a Ti en silenciosa comunión mientras hago mis deberes. «Haz esto; no hagas eso», oigo Tus advertencias. Tú estas en el camino cuidándome y guiándome. ¡Cómo me regocijo en Ti, Señor! ¡Cuán feliz me haces en toda circunstancia! Tú eres el asombroso Dios de mi salvación. Me regocijo cuando suceden cosas buenas. Aun en el dolor, Tú derramas en mi alma bálsamo consolador de paz y alegría. Cuando vienen las pruebas y enfrento problemas, Tú me ayudas a permanecer apta. ¡Cuán maravillosa es la manera cómo aclaras y limpias mi mente!

Tú, Oh Santo Espíritu, eres todo para mí. Tú eres Aquel en quien puedo fijar mi mente. Eres la respuesta a mis inquietudes y necesidades. Una y otra vez, me maravilla como trabajas y me ayudas a hacer las cosas correctas.

«Contarás con el favor de Dios
y tendrás buena fama entre la gente.
Confía en el Señor de todo corazón,
y no en tu propia inteligencia.
Reconócelo en todos tus caminos,
y él allanará tus sendas».
PROVERBIOS 3.5–6

27 DE MAYO

Tu puerta está siempre entreabierta

Tuve un sueño la otra noche. En mi sueño, me levantaba de mi cama y caminaba del salón a una habitación en que sabía que estabas ahí, Padre. A medida que me acercaba, podía ver una luz fluyendo de la puerta que estaba entreabierta. Golpeé suavemente y oí a Tu voz acogedora que decía: «Adelante».

Entré y me senté a Tus pies. Allí hablamos por horas. El tiempo no contaba para nada. Saqué todo lo que pesaba en mi mente. Seguí y seguí descargando mis preocupaciones a Tus pies.

«No importa», dijiste. «Tengo mucho espacio para tomarlas».

Yo continué. Te hablé sobre mi pasado y mis sueños para el futuro. Compartí mis alegrías y cosas graciosas que han sucedido. ¡Tú te reías, Padre! Realmente te reíste conmigo.

Llorabas también. Tú me sostuviste junto a Ti y secaste mis lágrimas con el borde de Tu manto. Te agradecí y me levanté.

Llegó el tiempo de partir. Sonreíste y asentiste con la cabeza.

«La puerta siempre está entreabierta amada hija», me recordaste.

A la mañana siguiente, me sentía renovada y fresca. Las alabanzas a Ti estaban todavía en mis labios. La calidez de Tu amor todavía llenaba mi corazón.

Espero con ansias entrar muy pronto otra vez por esa puerta que siempre está entreabierta.

Jesús dijo: «Vengan a mí todos ustedes que están cansados y agobiados, y yo les daré descanso. Carguen con mi yugo y aprendan de mí, pues yo soy apacible y humilde de corazón, y encontrarán descanso para su alma. Porque mi yugo es suave y mi carga es liviana».
MATEO 11.28–30

Hasta ahora

Padre, escucho a las personas decir que no pueden ser felices a menos que cada circunstancia que los involucra sea perfecta. Sus proyectos tienen que ser impecables. Las excursiones o las vacaciones no pueden ser un tiempo grato si algo no sale bien. Solo la gente intachable hace amigos ideales.

Algunos no son felices a menos que sean perfectos ellos mismos. Escucho por casualidad comentarios derrotistas como: «No puedo estar contenta hasta que nuestras cuentas estén canceladas; hasta que me case; hasta que tenga hijos; hasta que mis niños estén grandes; hasta que llueva; hasta que pare de llover; hasta que tenga educación; hasta que baje o aumente de peso; hasta que tenga ese trabajo soñado o hasta que jubile».

A menos... ¿qué? Gracias, Padre, por el gozo y la satisfacción que me das, por cómo cambias el «hasta» por el «ahora». ¡Cuánta satisfacción me das con garantizarme Tu presencia durante las luchas y las desilusiones, los logros y los fracasos!

Gracias por animarme a apreciar mi vida. Tú me ayudas a valorar la lluvia y el arco iris; el orgullo del trabajo no-tan-perfecto, difícil, con los huesos cansados; la oportunidad de besar rodillas lastimadas o sentarse a la cabecera de un niño enfermo. Te agradezco las largas caminatas y las conversaciones con seres queridos, a menudo acostumbradas a depurar las incertidumbres y las heridas. Estoy agradecida por lo imperfecto de las amistades perfeccionadas por el amor, el perdón, y la aprobación.

Gracias por mi marido y nuestro amor que crece a diario. Gracias por Tu amor perfecto que sobrepasa toda imperfección y me enseña que la verdadera felicidad empieza con un «hasta ahora».

«Dichoso el que tiene en ti su fortaleza,
que sólo piensa en recorrer tus sendas».
Salmo 84.5

Tú me completas

Es un día de trabajo, Señor. Debería estar cumpliendo plenamente mis responsabilidades. En lugar de eso, mi cuerpo entumecido tiembla bajo las mantas tibias en mi sillón reclinable. Bebo a sorbos una taza de té caliente. Es reconfortante, Señor. Pero no tanto como Tú estando aquí conmigo. ¡Cómo siento Tu amor y apoyo! ¡Cuán honrada soy por Tu oferta de orar por mí durante mi tiempo de necesidad!

Aun cuando Tú eres mi Rey, mis peticiones nunca son demasiado insignificantes (o grandes) para que Tú les prestes atención. Tu gracia y poder permanecen dentro de mi débil alcance.

Mis cargas son alivianadas cuando Te las entrego. Tú me ayudas a descansar y a sacar de Tus fuerzas.

Pongo ante Tus pies mi tensión, mis preocupaciones y mi dolor.

Tus manos cariñosas y sanadoras me calman. Apoyo mi febril cabeza contra Tu pecho. Te abro mi insatisfecha y acongojada alma. ¡Cuán maravillosa es la forma en que calmas mis ansiedades y llenas el vacío y el abismo de las insatisfacciones que hay dentro de mí!

El tiempo pasa. Descanso en Tu presencia. Versículos de la Biblia que fortalecen circulan por mi mente. Siento Tu sanidad y me preparo a regresar a mis deberes. Mañana volveré a trabajar. Estoy agradecida por este tiempo contigo, Señor. Gracias por restaurarme, total y completa en Ti.

«El Señor es mi pastor, nada me falta;
en verdes pastos me hace descansar.
Junto a tranquilas aguas me conduce;
me infunde nuevas fuerzas».
Salmo 23.1–3

La palma de Tu mano

Cuando las tormentas de la vida me sacuden, Señor, moviéndome como un corcho en el mar, y oleadas de furia ocultan cualquier refugio para abrigarse, tomo ánimo de estar firmemente plantada en el hueco de Tu mano. Cuando nos amenazan las oscuras nubes del desánimo, los relámpagos del temor nos taladran y nos golpean estruendosas dificultades, encuentro consuelo ocultándome en el hueco de Tu mano fuerte.

Cuando la tentación intenta atraerme y trata de sacarme de Tus caminos, siento Tu firme sostén. Allí, me adhiero a la palma de Tu mano.

Cuando el trabajo interminable deja mi energía en cero y cuando los desafíos se arremolinan haciendo que mi cabeza y mis emociones giren fuera de control, experimento Tu presencia.

Tú envuelves Tus firmes dedos alrededor de los míos y me sostienes en el hueco de Tu mano. Me regocijo, cuando veo la luz al final de mi atribulado túnel y tengo placer en los días soleados. Todavía, anido en el hueco de Tu mano.

Cuando el tiempo pase y el viaje de la vida tome un nuevo giro y mi existencia en la tierra esté próxima al ocaso, miraré hacia atrás y Te alabaré por las muchas veces que me sostuviste en el hueco de Tu mano. Cuando camine por el valle de la muerte a la vida eterna, no temeré porque Tú estarás conmigo, sosteniéndome en el hueco de Tu mano.

«Pero yo siempre estoy contigo,
pues tú me sostienes de la mano derecha.
Me guías con tu consejo,
y más tarde me acogerás en gloria».
SALMO 73.23–24

31 DE MAYO

Tu divina presencia

Aunque adoro esta vida terrenal que Tú me proporcionas, amado Señor, anhelo entrar en el patio de Tu morada celestial. Allí podré conocerte cara a cara. Me pregunto si seré capaz de mirar fijamente Tu belleza y santidad. Solo podré hacerlo a través de Tu amor y Tu gracia redentora. No puedo ni siquiera imaginar cómo será. ¡Oh, cómo miro hacia el futuro cuando esté contigo, mi Señor resucitado y Salvador! Tú, el Cordero de Dios, sentado a la diestra de nuestro Padre celestial.

Cuando algún día despierte en el cielo, mi anhelo por las cosas tuyas será completamente satisfecho. Nunca más tendré hambre ni sed de Tu asombrosa presencia, porque Tú estarás conmigo todo el tiempo, por toda la eternidad. Allí, me darás la bienvenida y me envolverás en Tus amantes brazos. Quitarás mis dolores y mis tristezas. Enjugarás mis lágrimas. Me alimentarás de Tu propia mesa y me darás de beber de Tus ríos de alegría sin fin.

Al mismo tiempo, sé lo que tengo que hacer aquí por Ti. Así gozaré de Tu amada presencia cada día aquí en la tierra.

«Porque el Cordero que está en el trono los pastoreará
y los guiará a fuentes de agua viva; y Dios
les enjugará toda lágrima de sus ojos».
APOCALIPSIS 7.17

Quiero escucharte, Señor

Heme aquí, Señor. Es muy temprano de mañana, un tiempo especial. He dejado todo a un lado. He reservado este momento solo para nosotros. Conduje el auto a un parque que no está lejos de nuestra casa y caminé un corto trecho por un sendero y miré desde lo alto el río. Gracias por Tu presencia maravillosa que está ahí cuando la busco. Puedo oír el plácido toque del silencio. ¡Qué tranquilidad! Aun durante mi comunión contigo en la oración, quiero oírte hablando a mi corazón, Señor. Me siento sobre una gran roca y abro mi Biblia. ¡Estás tan cerca! Es como estar en tierra santa. Me saco los zapatos en señal de reverencia y siento el frío césped debajo de mis pies. Abro mi corazón a Ti. Los vientos del Espíritu Santo deben hablarme y yo escucharé. Como Elías, ¡espero que no haya un terremoto o fuego para que yo Te escuche! Siento Tu presencia mientras leo Tu Palabra, y Te oigo susurrar suavemente a mi corazón.

«Estad quieto, y reconoced que Yo soy Dios», dices.

Habla, Señor, y escucharé.

«Tras el terremoto vino un fuego,
pero el Señor tampoco estaba en el fuego.
Y después del fuego vino un suave murmullo».
1 REYES 19.12

2 DE JUNIO

Meditaré en Ti

Los rayos del sol están un poco más altos, removiendo las sombras del sendero que caminé. El rocío desaparece del césped alrededor de mis pies.

Un petirrojo lleno de energía hace señales a otro. Aunque su canción no significa nada para mí, casi puedo exhortarla, «¡Dios te ama! ¡Dios te ama!»

Durante este tiempo contigo, mi mente divaga en los deberes que me esperan. Me encuentro a mí misma organizando todo. Quiero mantener mi corazón fijo en Ti. Por favor, ayúdame Señor.

Cuando medito en Ti, quiero que todo lo demás se aleje.

¡Cuán rápidamente la hora está pasando! Vuelvo mis pensamientos a Ti y oro porque prestes atención a mis plegarias. Escucha mi voz esta mañana, Oh Señor. Voy a Ti por Tu ayuda y dirección.

Reconozco Tu proximidad, porque Te conozco, mi Dios, mi Rey. No hay ningún otro más grande que Tú.

«Arroja lejos todo lo demás, hija mía. Todo lo que escuchas de mí es sabio y perfecto. Óyeme hablar a tu corazón. Mi testimonio es seguro.

Mi consejo te traerá sabiduría y hará que las dificultades lleguen a ser sencillas. Todo lo que te digo es correcto. Obedéceme y tendrás regocijo en tu corazón».

Puedan mis pensamientos, mis actitudes, mis palabras y mis acciones ser agradables a Ti, ¡Oh Señor!, mi ayudador y mi Salvador.

Meditaré en Tus preceptos y respetaré Tus caminos.

«En tus preceptos medito, y pongo mis ojos en tus sendas.
En tus decretos hallo mi deleite, y jamás olvidaré tu palabra».
SALMO 119.15–16

Esperaré en Ti

Señor, hay muchas cosas en mi vida en las que quiero simplemente participar y hacerme cargo, ahora. Te oigo aconsejándome. Sin embargo, es difícil esperar por Tu programa y dirección.

Ayúdame a ser paciente y a escucharte.

Enséñame a esperar en Ti y a recibir Tu estímulo.

Aquí, permanezco en oración. Aquí, busco Tu ofrecimiento.

Prepárame, Oh, Señor, para lo que sigue más adelante. Fortaléceme.

Sí, Señor, ¡esperaré y obedeceré! Haz que mis pensamientos lleguen a ser Tus pensamientos. Permite que mis pasos se adhieran a los Tuyos.

«Aquellos que permanecen pacientemente esperándome son más grandes que los gobernantes de las naciones poderosas. Cuando tú esperas, Yo reavivo tu fuerza y sabiduría, y te llevo sobre Mis alas como a un aguilucho.

Así que, reprímete de despegar por tu propia cuenta, hija amada.

Mantente cerca. Déjame ayudarte a correr y tú no te cansarás; a caminar y tú no te sentirás débil. En lo que hagas, derramaré Mi misericordia sobre ti. Día tras día, te daré esperanza y seguridad. Permanece en oración y confía en mi».

Señor, aquí me quedo, me entrego y pongo mi confianza en Ti.

> *«...pero los que confían en el Señor renovarán sus fuerzas;*
> *volarán como las águilas: correrán y no se fatigarán,*
> *caminarán y no se cansarán».*
> ISAÍAS 40.31

4 DE JUNIO

Tu poder limpiador

Señor, sé que hay cosas en mi vida que no son aceptables para Ti. ¡Cómo anhelo complacerte en todos los sentidos! Me doy cuenta que solo puedo hacerlo por medio de la fuerza de Tu Espíritu Santo.

Vengo a Ti con un corazón abierto. Aunque mis pecados son como la grana, te ruego que los hagas blancos como la nieve.

Aunque mi vida está sucia igual que carmesí, por favor límpiame.

Hazme pura como lana inmaculada.

Camina a través de cada rincón de mi corazón, Señor. Toma los libros, las películas, incluso mis ideas que son ofensivas. Aquí y ahora, las entrego todas a Ti. Ayúdame a removerlas y reemplazarlas con lo que es bueno, edificante y puro. Aquí y ahora, yo permito que Tú arranques las pelusas escondidas de los resentimientos y los celos y las reemplaces con amor y perdón.

«¡Me das alegría, querida hija, cuando abres tu corazón a mí! Escucha mientras te enseño Mis santos caminos y te ayudo a caminar en Mi verdad. Mi poder limpiador trabajando dentro de ti hará que la culpa y la frustración se vayan. En su lugar, restauraré la delicia de Mi salvación. Mi Espíritu Santo te llenará con verdadera felicidad y paz interior».

Mi corazón lo rindo a Ti, Señor, en gozosa anticipación.

«Crea en mí, oh Dios, un corazón limpio,
y renueva la firmeza de mi espíritu.
Devuélveme la alegría de tu salvación;
que un espíritu obediente me sostenga».
Salmo 51.10, 12

Tiempo de descanso

Es el final de otro día pesado. Aquí estoy sentada junto a un árbol en nuestro jardín de atrás. Concédeme tiempo contigo. Quiero relajarme y disfrutar Tu alentadora presencia, Padre.

He sido demasiado exigente conmigo misma últimamente. Estoy cansada a la noche y cuando despierto por la mañana. Cuánto más difícil es, más hago girar mis ruedas, tratando de mantenerme. Siento que me estoy extinguiendo en mi servicio hacia Ti. Por favor ayúdame, Señor, vengo a Ti para un tiempo de descanso. Tú eres mi Pastor.

Tú me das todo lo que necesito. Me estiro sobre el fresco y suave césped. Contemplo a través de las ramas de los árboles y veo el cielo azul ligero. Siento que velas por mí mientras me provees del tiempo libre que tan desesperadamente necesito.

«Bebe en Mi presencia mientras restituyo tu alma apesadumbrada, hija mía. No te cansarás de servirme mientras obedezcas Mi voluntad. No te preocupes de no satisfacer las expectativas de otros. Ten, en cambio, un apacible y humilde espíritu y que descanse tu alma. Acepta Mi yugo.

Permite que te ayude a llevar tu carga demasiado pesada de manera que se ponga liviana. Te mostraré cómo eliminar cosas innecesarias y haré tus pasos llenos de significado, ordenados por Mí.

Relájate un rato. Ahora descansa».

¡Ah! Gracias, Padre. Descansaré y aprenderé de Ti.

Jesús dijo: «Vengan a mí todos ustedes que están cansados y agobiados, y yo les daré descanso».
MATEO 11.28

6 DE JUNIO

Tu alimento

Heme aquí en un estudio bíblico en casa de un amigo, Señor. Cada uno en nuestro grupo está enfrentando serias luchas. Tú nos conoces muy bien. Aunque ha sido un día de trabajo, siento ahora Tu Santo Espíritu alimentando y satisfaciendo mi hambre espiritual. Te ruego que me ayudes a aprender Tus sabias Palabras. Concédeme energía, y ayúdeme a dar ánimo a mis amigos.

Tú eres mi Dios, querido Señor. ¡Cómo valoro el tiempo que estamos juntos, recibiendo Tus bendiciones y Tu amor! ¡Cuán maravillosas lecciones Tú provees para cubrir nuestras diarias necesidades!

En este pequeño estudio bíblico en un hogar, Tú nos das un santuario santo.

«Reconoce mi poder y mi gloria. Renuévate y experimenta mi amor bondadoso, el cual es mejor que la vida misma. Yo soy el Pan de Vida. Escudriña en la Biblia los versículos de Mi Palabra. Celebra una fiesta con mis enseñanzas que te nutren hasta que estés satisfecho. Anímate y rejuvenece. Sé bendecido. Mira el mañana con entusiasmo, trabajando con todas las fuerzas de tu corazón como haciéndolo para Mí. Cree en mí. Vamos. Deja que mis palabras fluyan dentro y fuera de ti para que otros puedan conocerme y experimentar Mi amor».

Gracias por alimentarme al máximo con Tu palabra que da viva.

«Yo soy el pan de vida, declaró Jesús.
El que a mí viene nunca pasará hambre,
y el que en mí cree nunca más volverá a tener sed».
JUAN 6.35

Quietud y confianza son mi fuerza

Las tensiones de este mundo se agitan constantemente alrededor mío. A menudo soy confrontada con discordias. Algunas de estas situaciones no tienen que ver conmigo directamente, Señor, pero la gente me busca por ayuda. Yo solía involucrarme de lleno en los problemas, pero ahora estoy aprendiendo a detenerme, orar por ellos y colocar mi confianza en Ti.

Ahora mismo estoy siendo confrontada con una de esas situaciones. Una vez más, traigo una preocupación urgente en oración.

Dejo mi petición delante de Ti, Señor. Descanso en las promesas de Tu palabra que cuidarás de mí y de aquellos por quienes ruego.

Entonces regreso y Te observo trabajar; porque a través de la quietud y la confianza en Ti, encuentro fuerza y dirección.

No hay más grande solución para los problemas que ser capaz de traer mis necesidades a Ti en oración. Porque escuchas mis plegarias y desvelos, yo confío.

«No temas, hija mía, y no tiembles. Permanece en calma. Confía en mí. Te guardaré en perfecta paz cuando tu mente permanezca en Mí. Guarda tu corazón recto ante Mí, y produciré frutos de calma, seguridad y paz mental en ti, sin importar las circunstancias que estés enfrentando.

Debes saber que todo es posible conmigo».

Confiaré en Ti, Señor y me quedaré en calma. Estas necesidades las dejo a Tu cuidado.

«Al de carácter firme lo guardarás en perfecta paz, porque en ti confía. Confíen en el Señor para siempre, porque el Señor es una Roca eterna».
Isaías 26.3–4

Nunca demasiado ocupado

Padre, siento que mi vida está atascada. Los términos nuevos proyectos, más clases, y reuniones me acobardan. Doy gracias porque mi programa es más fácil que lo habitual.

Pienso en los días cuando nuestros niños estaban creciendo. Lo disfruté Padre, pero realmente me mantenía saltando.

A veces teníamos niños en cuatro escuelas diferentes. Las actividades extracurriculares hacían que yo me pusiera la capa de «super mamá». Nuestro calendario se veía como si un pequeño pájaro hubiera seguido la pista de cada fecha; tan lleno estaba de eventos programados. Después, cuando tuve dos trabajos, llegué a practicar todos los métodos de ahorrar tiempo que pude. No obstante, en toda etapa de mi vida, Tú dispones de tiempo para mí.

Está cerca el final de otro año escolar con mucho que hacer, Padre. Siento que mi tiempo contigo se desliza. Ayúdame a ponerte a Ti en primer lugar y nunca estar demasiado ocupada para estar contigo.

«Toma tiempo de esperar en Mí cada día, hija mía y permite que te muestre Mis caminos. Yo siempre estoy aquí, listo y esperando encontrarme contigo. Sígueme. Yo puedo dar horas a tus días».

Gracias, Padre, porque nunca estás demasiado ocupado para mí.

Heme aquí. Reunirme contigo supera a todo lo demás.

«Por la mañana hazme saber de tu gran amor,
porque en ti he puesto mi confianza.
Señálame el camino que debo seguir,
porque a ti elevo mi alma».
SALMO 143.8

Te entrego mi corazón

Entrego mi corazón a Ti, Dios y Señor. Confío en Ti. Dejaré que me guíes en Tu verdad. Enséñame. No importa a dónde voy ni quiénes están a mi alrededor, nunca tendré vergüenza de ser Tu hija. Tú eres el Dios de mi salvación. Tú eres quien me ha amado desde antes del comienzo de los tiempos. Tú eres quien me cubre con tierna misericordia y bondad todos los días de mi vida. Tu amor no tiene principio ni fin.

Aquí, vengo a Ti incondicionalmente. Aquí, Tú me das la bienvenida y escuchas mis oraciones. Con toda mi capacidad, seguiré Tus caminos de bondad y rectitud. Con toda mi mente y corazón, escucharé mientras Tú me enseñas eterna sabiduría y sinceridad, porque Tus caminos son firmes y seguros.

«¿Me honrarás siempre, hija mía? ¿Me darás tu corazón para siempre? Vuelve a Mí tu rostro. Si así lo haces, ganarás el secreto de cómo obtener la felicidad verdadera, eterna e incondicional. Sígueme y tu espíritu prosperará. Da mis enseñanzas a tus hijos y a los hijos de tus hijos.

Confía en Mí. Pase lo que pase, ¡sigue confiando! Cuando así lo hagas, tú serás bendecida a través de las generaciones».

Sí, Señor, Te seguiré siempre. Te doy mi corazón, mi ser entero.

> *«A ti, Señor, elevo mi alma;*
> *mi Dios, en ti confío;*
> *no permitas que sea yo humillado,*
> *no dejes que mis enemigos se burlen de mí».*
> SALMO 25.1-2

Cambiando heridas por belleza

Padre, estoy destrozada por las cosas que hubo en mi pasado. Siento como si mi vida hubiera estado hecha añicos en un millón de fragmentos irreparables. Estoy tan inconexa que soy incapaz de ofrecerte nada de valor en mi vida.

¿Cómo puedes ayudar a una causa perdida como yo, Padre? ¿Soy yo irreparable?

«Ven a mí, querida hija. Deja que te envuelva con mis reconfortantes brazos. Permite que Yo acune a la niña pequeña que hay dentro de ti.

Aquí, te sostengo cerca, meciéndote como un padre cariñoso hace con un hijo que llora. Te escucharé mientras tú echas fuera todos tus malos recuerdos. A medida que me cuentas, dámelos y nunca vuelvas a tomarlos. Tengo anchos hombros. Yo puedo cargarlos todos.

Ríndete a Mí mientras sano tus heridas. Déjame tomar los fragmentos de tu vida y cuidadosamente ponerlos juntos en un hermoso nuevo diseño. Será uno que resplandezca de entusiasmo, gozo y esperanza. Incluso las fracturas de la vida brillarán como rayos de oro por Mi victoria gloriosa. Sé sana. Permíteme remplazar cada parte de tu nueva vida con una alegría que nunca será aplastada».

Gracias, Padre, por convertir mis heridas en belleza para Ti.

«El Señor está cerca de los quebrantados de corazón,
y salva a los de espíritu abatido».
«Excelso es nuestro Señor, y grande su poder;
su entendimiento es infinito».
SALMOS 34.18; 147.5

Soltaré mi pasado y seguiré adelante

Señor, pienso en mi vida y tengo mucho pesar. ¿Por qué esperé tanto para seguirte? Si me hubiera vuelto a Ti antes, no habría cometido tantos terribles errores. Lo siento mucho, Señor. En el tiempo que me quede en la tierra, quiero de alguna manera recuperar esos años desperdiciados. ¿Cómo puedo hacerlo?

Enséñame a dejar atrás el pasado para siempre. Me doy cuenta que existe solo una dirección que mirar: ¡Hacia delante! Vengo a Ti, lista para servir cuando Tú lo ordenes. Enséñame a buscar las cosas de Ti que están por adelante. Dame el galardón de una vocación satisfecha por Tu Espíritu, amado Señor, un signo que diga a todos que conozco acerca de Tu amor ilimitado.

«Arroja los pensamientos negativos que dejaste atrás, amada hija. Piensa en lo bueno, porque Yo te concedo una esperanza viva para el futuro. Te doto con una herencia que nunca perece. Pon tu corazón y mente en acción. Crece y madura en Mí. Camina a Mi lado el mismo camino. Ten Mi misma mente. Ejercita el autocontrol. Fija tus esperanzas completamente en Mi gracia.

¡Déjame guiarte, mi amada! ¡Avanza!»

Miro hacia adelante con gran expectación por un futuro contigo.

«Hermanos, no pienso que yo mismo lo haya logrado ya. Más bien, una cosa hago: olvidando lo que queda atrás y esforzándome por alcanzar lo que está delante, sigo avanzando hacia la meta para ganar el premio que Dios ofrece mediante su llamamiento celestial en Cristo Jesús».
FILIPENSES 3.13–14

12 DE JUNIO

No estoy sola

El Día del Padre es para mí una de las fechas favoritas del año, Señor.

Me encanta tomar esta oportunidad para hacer algo especial para mi marido, mi papá y mi suegro. Gracias por tenerlos y por el amor que me demuestran. Cuida de ellos cada día. Concédeles la sabiduría y la fuerza para que sean útiles para Ti.

No conozco nada más desafiante que ser padres y una familia patriarcal. ¿Cómo podemos ser siempre un buen ejemplo?

Esta es una empresa de veinticuatro horas, Señor.

No importa cuánto nos esforcemos, somos incapaces de hacer todo bien.

Por favor, ayúdalos.

Oro por cada uno de estos papás y nuestros hijos que son padres para que busquen Tu dirección y dependan de Ti. Que ellos confíen en Tu ayuda para resolver sus problemas. Que puedan mirarte a Ti, Señor Jesús, a Tu Padre y seguir Tu ejemplo.

«Mi padre en los cielos es un Padre, también, amada hija. Él sabe exactamente cómo siente cada padre humano. Ellos no están solos en sus luchas. Sepan con seguridad que estoy siempre con ellos en cada etapa de los años del desarrollo de sus niños, hasta que llegan a la madurez. Continuaré estando allí con ellos a través de las generaciones».

Gracias, Señor, por comprendernos como padres.

Gracias por ayudarnos y guiar a quienes amo a lo largo de sus vidas.

«Tan compasivo es el Señor con los que le temen
como lo es un padre con sus hijos».
SALMO 103.13

Seré según Tu ejemplo

Quiero vivir según Tu ejemplo, Señor, sin embargo reflejarte a Ti ante mi familia en cada área de mi vida parece imposible. Quiero que mis acciones hablen más alto que mis palabras. Muéstrame cómo ganar el respeto de ellos honrándote a Ti, a tratarlos con justicia para que no se desalienten o se amarguen.

Recuérdame que considere sus necesidades. Ayúdame a ser honesta, y a no recurrir a la manipulación. ¡Cómo anhelo mostrarles Tu amor!

«No temas querida mamá. Yo estoy contigo, aun cuando las cosas salen mal. Déjame revelarte la manera. Escógeme como la cabeza de tu hogar. Estudia y memoriza Mis enseñanzas en la Biblia. Atesóralas en tu corazón. Ponlas sobre tus puertas y muros. Enséñalas a tus descendientes mientras andes por aquí y por allá, cuando te prepares para descansar en la noche y cuando te levantes en la mañana.

Haz de ellas una parte esencial de tu vida diaria. Ama a tu familia sin egoísmos, tal como Yo lo hago. Muéstrales a menudo tu orgullo y aprecio. ¡Mira a estos nuevos brotes llenos de vida alrededor de tu mesa y ve Mis bendiciones!»

Gracias, Señor, por ayudarme a vivir según Tu ejemplo, especialmente con mi familia.

> *«Escríbanlas {estas palabras} en los postes*
> *de su casa y en los portones de sus ciudades.*
> *Así, mientras existan los cielos sobre la tierra,*
> *ustedes y sus descendientes prolongarán su vida*
> *sobre la tierra que el Señor juró a los antepasados*
> *de ustedes que les daría».*
> DEUTERONOMIO 11.20—21

14 DE JUNIO

Mis necesidades

Señor, traigo a Ti una necesidad especial. Esto que pregunto podría no parecer importante para otros, pero significa mucho para mí. Sé que me comprendes muy bien, y reconoces mi corazón. No estoy preguntando por razones egoístas. Necesito Tu ayuda. Pon dentro de mí la serena convicción de Tu amoroso cuidado. No importa cual sea la respuesta a mi pedido, Señor, confiaré en Tu sabiduría y justo punto de vista. Sé que me amas más que nadie. Tú me creaste. Conoces las profundidades de mi corazón. Creo que responderás a mi clamor en vista de mis preocupaciones y de acuerdo a lo que sea mejor para mí.

«No te preocupes por lo que vendrá, hija mía. Simplemente confía en Mí y haz el bien. Deléitate en seguir mis pasos, y Yo responderé a los deseos de tu corazón, de acuerdo a lo que Yo sé que es. Serénate. Espera en Mí. Cuando traes todo ante Mí y confías completamente en Mis sabias decisiones, haré que tu justicia brille como el brillante sol de la mañana. ¡Tu buena voluntad para obedecerme resplandecerá como el verano al mediodía! Busca primero Mi reino y su justicia, y te bendeciré más allá de toda medida».

Sobre todo, Señor, pongo mi corazón en las cosas tuyas.

«Encomienda al Señor tu camino;
confía en él, y él actuará.
Hará que tu justicia resplandezca como el alba;
tu justa causa, como el sol de mediodía».
Salmo 37.5–6

Removiendo el «no»

Señor, estoy emocionada por las magníficas cosas que Tú haces en mi vida. Contigo a mi lado, cada día es una nueva aventura. ¡Cuán sorprendente es sentirte empujándome a hacer eso o aquello para Ti! Cada vez que hablas a mi corazón, siento Tu estimulante presencia. No importa lo que esté pasando en el mundo, Tú tienes una maravillosa manera de cambiar el «no» de mi vida por el «puedo».

Cuando los demás me preguntan cómo encontrar este gozo que me das, trato de explicarles. ¿Cómo puedo ayudarlos para que ellos también puedan experimentar esta positiva vida cristiana?

«Tú ya has dado el primer paso para ayudarlos, amada mía, trayéndolos a Mí en oración. Tendrás respuestas a tus plegarias porque has pedido. Aún más, observa, estoy golpeando a la puerta de sus corazones.

Deja que la luz de tu vida brille ante los demás, para que ellos puedan verme en ti y glorifiquen a Mi Padre que está en los cielos. De esta manera, ellos también encontrarán la alegría y los buenos caminos de salvación».

Gracias, Señor, cuán bueno eres. Gracias por remover el «no» de mi vida y reemplazarlo por el «yo puedo a través de Ti». Rodéame con Tu presencia. Deja que la luz del verdadero cristianismo brille a través de mí para otros.

> *«Ni se enciende una lámpara para cubrirla con un cajón.*
> *Por el contrario, se pone en la repisa para que*
> *alumbre a todos los que están en la casa.*
> *Hagan brillar su luz delante de todos, para que ellos*
> *puedan ver las buenas obras de ustedes y alaben*
> *al Padre que está en el cielo».*
> MATEO 5.15–16

Pienso en Tu bondad

¡Cuán maravillosa es la bondad que derramas sobre mí, Señor! No hay manera de poder llegar a conocer todas las bendiciones que Tú me das. ¡Cuánto Te adoro!

Pienso en Tu bondad y encierro Tus preceptos en lo profundo de mi corazón. Cada día espero en Ti. Tú haces de mí un robusto cedro plantado cerca del agua. Mi amor y confianza en Ti nunca serán removidos, porque yo fijo mis pensamientos en Ti. Permíteme cargar Tu fruto espiritual y permanecer fresca y verde como un huerto bien regado todos los días de mi vida.

«Tu alabanza es música a mis oídos, niña querida. Sigo pensando en el amor que te entrego por la mañana y en la fidelidad que te muestro cada noche. Cuídate de advertir lo que hago por ti por el trabajo de Mis manos. Mi acción es más excelente que la de muchos otros. Mi esperanza y mis sueños para ti van más allá de tu comprensión».

Continuaré buscando Tu misericordia, Señor. ¿Cómo puedo pagarte por todo lo que haces por mí? Solo puedo darte mi amor. A través de Tu bondad, provees para mis necesidades. A través de Tu poder, me das la victoria sobre las tentaciones y los problemas.

Quiero contarles a todos sobre Tu profunda compasión. ¡Para Ti sea toda la gloria y la alabanza!

¿Cómo puedo pagarle al Señor
por tanta bondad que me ha mostrado?
¡Tan sólo brindando con la copa de salvación
e invocando el nombre del Señor!
SALMO 116.12–13

Dejaré que Tú obres

Padre, recién hablé con mi amiga. Tú la conoces.

Cuando comparte sus penas conmigo respecto de su hijo adulto, ella llora. Su hijo está adoptando algunas decisiones desastrosas.

Yo comparto su tristeza. Conozco esta familia desde que su hijo era un niño pequeño. Si Tú no vuelves su corazón a Ti y él cambia, sus acciones pueden causarle mucho sufrimiento para el resto de su vida.

Nosotras oramos juntas y nos abrazamos. Una vez más, ella entregó su hijo a Ti y lo puso a Tu cuidado. Sabemos que nadie lo puede amar como Tú lo amas.

Confiando en Ti, Padre, Te pido que tranquilices a mi amiga por medio de Tu seguridad.

«Yo me haré cargo, hija mía, no solo por ti, sino por tu amiga y su hijo. Escúchame y recibe el consuelo: yo la consolaré a ella también. Tú y tu amiga me pertenecen. De igual modo amo tiernamente a este joven. Manejaré esta situación a Mi propio modo y en Mi propio tiempo. Todo lo que necesitas hacer durante estas pruebas es mantener tu fe en Mí. Obedecerme completamente. Vamos, y déjame a Mí hacer lo demás».

Lo haré, Padre, gracias por ayudar a mi amiga a que siga andando entregada a Ti.

Jesús dijo: «No se angustien. Confíen en
Dios, y confíen también en mí.
La paz les dejo; mi paz les doy. Yo no se la doy a ustedes
como la da el mundo. No se angustien ni se acobarden».
JUAN 14. 1, 27

18 DE JUNIO

En Ti esperaré

Gracias por enseñarme a confiar en Ti, Señor. Cuando lo hago, me ayudas a que mi fe crezca. Te alabo por permanecer conmigo todo el tiempo. Día tras día Tú me rodeas y también a los seres queridos por quienes oro. En cada momento Tú me proteges del mal y del daño. Dependo de Ti por sobre todo lo que existe. Cuando los malhechores se levantan para actuar, Tú reemplazas mi temor con fe. Sé que la preocupación solo produce daño, de modo que yo confiaré y obedeceré. No importa lo que pase, yo alabo Tu santo nombre. Me alimento de Tu Palabra continuamente y me deleito en Tus Caminos.

«Es bueno para ti, mi niña amada, rogar para que tus seres queridos Me sigan. Debido a Tu confianza en Mí, haré que la fe dentro de Ti crezca sin medida. Sí, yo presto atención a los deseos de tu corazón. No temas. Doy respuesta a tus oraciones porque a los que esperan en Mí, Yo los bendigo».

Gracias por mantener Tu mano sobre aquellos por quienes oro y no quitarla, Señor. Gracias por hablar a sus corazones, persuadiéndolos a seguirte. ¡Cómo te alabo! Aquellos que yo amo son tuyos, Señor. Esperaré en Ti y descansaré en Tus cuidados.

«Confía en el Señor de todo corazón,
y no en tu propia inteligencia.
Reconócelo en todos tus caminos,
y él allanará tus sendas».
PROVERBIOS 3.5–6

Victoria sobre derrota

Las cosas que me llamas a hacer son enormes ante mis ojos, Señor.

No sé si puedo hacerlas lo suficientemente bien como para satisfacerte.

¿Qué si fallo? Quiero obedecerte. Quiero que te agrade mi servicio. Quita mi temor a la derrota, Señor. Haré mi mejor esfuerzo, y luego te pediré que Te encargues. Concédeme la habilidad, la sabiduría y la energía para hacer esto para Tu gloria.

Acudo a Ti, Señor. De Ti viene mi socorro. Tú eres quien hizo los cielos y la tierra. No es por mi fuerza o mi poder que estas cosas se logran sino por Tu Espíritu.

«Lo que te llamo a hacer puede no ser alcanzado del modo que tu imaginas o que ni siquiera ves como exitoso; no obstante, estará de acuerdo con Mi voluntad. Cuando te llamo y tú obedeces, no hay tal derrota. Yo bendigo incluso por medio de los fracasos, de modo que no tengas temor. Yo soy el Señor, tu Dios. Yo soy el panorama completo. Confía en Mí porque tú, a quién llamo, eres la niña de Mis ojos».

Te seguiré, Señor. No tendré temor al fracaso o a la derrota.

En Ti encontraré victoria.

«El Espíritu del Señor reposará sobre él:
espíritu de sabiduría y de entendimiento,
espíritu de consejo y de poder,
espíritu de conocimiento y de temor del Señor.
Él se deleitará en el temor del Señor;
no juzgará según las apariencias,
ni decidirá por lo que oiga decir».
Isaías 11.2–3

En peligro

Señor, ¡estoy en peligro! Debo mantener mi cabeza lúcida y no permitir que el miedo nuble mi juicio. Aunque estoy asustada, confío en Ti. Por favor, ayúdame. Vela por mí y mantenme a salvo. Sé con los que amo, Señor, y protégelos.

Porque Tú eres mi refugio, estoy aprendiendo a poner mis temores sobre Ti; Tú eres mi ayuda, siempre presente en tiempos de peligros y problemas. Sé que estás conmigo, por tanto confío y dependo de ti. En Ti, Señor, todas las cosas son posibles.

La Biblia promete que si la tierra tiembla y se agrieta, o las montañas caen en el mar, o los torrentes rugen y forman espuma, Tú estás aquí cuidando de mí. Pudiera el mal intentar agredirme o los peligros cruzar mi sendero, Tú estás aquí, rodeándome.

«Soy tu ayuda, hija mía. Soy quien te sustenta. Soy el que te guarda. Cada vez que acudes a Mí por protección, convoco a mis ángeles para que te rodeen y te guarden. Soy tu escudo y tu fortaleza.No temas a los terrores de la noche y los peligros que puedes enfrentar durante el día. Estoy siempre contigo. No te dejaré ni desampararé».

Confiaré en Ti, amado Señor. Me esconderé bajo Tus alas y no temeré.

«Dios es nuestro amparo y nuestra fortaleza,
nuestra ayuda segura en momentos de angustia.
Por eso, no temeremos aunque se desmorone la tierra
y las montañas se hundan en el fondo del mar».
Salmo 46.1–2

Certeza en un mundo incierto

Las inquietudes oprimen por todos lados en estos días, Padre. Los niños ven y oyen cosas que no deberían. Los adultos son forzados a tratar con problemas abrumadores debido a que nuestro mundo está enfermo de pecado. Hay guerras y rumores de guerras, terremotos e incendios, inundaciones y tornados. Incluso el equilibrio de la naturaleza parece extraño.

Nuestro estilo de vida de alta tecnología hace nuestro mundo diario tan complejo que las personas más brillantes tienen dificultad para mantenerse en alto. ¿Dónde dejar a nuestros inválidos y ancianos? ¿Qué será de nuestros niños y nietos? ¿Cuál será su futuro, Padre? ¿Dónde está la certeza de la vida en este mundo incierto?

«Estoy aquí para aquellos que se vuelven a Mí y siguen mis caminos. No importa qué está ocurriendo en la vida, no es nada nuevo. Siempre he estado aquí para aquellos que Me pertenecen. Así como estuve con Moisés hace siglos, estoy aún a tu lado, guiándote y ayudándote. Ten la seguridad que tú eres Mi hija. También estaré aquí para tus hijos, y con las generaciones que vendrán si confías y obedeces Mis mandamientos. De ninguna manera te abandonaré ni renegaré de ti. No temas, amada mía. Yo soy tu certeza».

Mi corazón está fijo en Ti, Padre. Me niego a ser destruida por la incertidumbre. En lugar de eso, Te seguiré y confiaré en Ti.

«Señor, hazme conocer tus caminos; muéstrame tus sendas.
Encamíname en tu verdad, ¡enséñame!
Tú eres mi Dios y Salvador;
¡en ti pongo mi esperanza todo el día!»
SALMO 25.4–5

Tu estímulo

Hoy fue un día común y corriente, Padre. Pero algo estaba faltando.

Mis pasos se sentían pesados. Ahora estoy en casa y puedo tomarme el tiempo para reflexionar. Me doy cuenta de que he llevado el desaliento conmigo durante todo el día. En Tu Palabra, como siempre, encuentro las respuestas.

Cuando estoy desalentada, puedo traerte mis preocupaciones y arrojarlas a Tus pies. Esta noche fijaré mis pensamientos en Ti y en Tus certeros métodos.

No me permitiré a mí misma agobiarme por las circunstancias de la vida. Gracias, Padre, por prometer que cuidarás de mí y mis necesidades. Estoy contenta de que pueda reclamar esta promesa como para mí. Gracias por ayudarme a que me libere de esta sensación de desaliento. Lo he estado arrastrando como una gastada maleta llena con problemas. Gracias por Tu cálida presencia llena de esperanza.

«Sí, Yo cuidaré de ti. Tú eres Mi hija. Traes el nombre de Mi Hijo, Jesucristo, porque eres una cristiana. Estoy siempre aquí para ayudarte durante los buenos y los malos tiempos. Ten ánimo y no te desalientes. Saca alegría de Mi sustento y amor. Sigue adelante. Sigue haciendo la obra para la que te llamé. Estoy contigo en cada paso del camino».

Te alabo, Padre, por proporcionarme esperanza y aliento. Gracias por darme solo lo suficiente para cada día.

«Así que no temas, porque yo estoy contigo;
no te angusties, porque yo soy tu Dios.
Te fortaleceré y te ayudaré;
te sostendré con mi diestra victoriosa».
Isaías 41.10

Tus cuidados

Señor, tengo algunas necesidades enormes. No solo vengo a clamar por mi bienestar físico, sino por alivio para la cantidad despiadada de tensión a la que he debido hacer frente. No veo cómo es posible superar mis penalidades. Todo parece tan desesperanzador.

¿Nadie se preocupa por lo que estoy pasando? Debe haber alguien. Sé que Tú lo haces, Señor. Pero pregunto para tener la seguridad de que estás aquí, trabajando estas cosas y ayudándome a través de todas estas pruebas. Te ruego que me ayudes. Hazte cargo de mis necesidades. Alienta a mi alma. Háblame, Señor, y cúbreme con Tus caricias.

«Soy tu refugio, amada mía. Yo te proveeré para cada día. Simplemente confía en Mí. Veo tu corazón y oigo tu llanto. Te ayudaré a través de este tiempo de tribulación. Con el fin de hacerlo así, tú debes estar decidida a buscar primero Mi Reino y Mi justicia. ¿Ves las aves afuera de tu ventana? Yo las mantengo. Y ciertamente cuidaré de ti. Entrégame tus preocupaciones y problemas, porque Yo cuidaré de ti».

Confiaré en Ti, Señor. Gracias por amarme y estar atento a mis necesidades.

«Bueno es el Señor;
es refugio en el día de la angustia,
y protector de los que en él confían».
NAHUM 1.7

El comienzo de una buena obra

Padre, la Biblia me dice que Tú empezaste una buena obra en mí antes de que naciera. Toda mi vida he querido hacer lo recto para Ti. ¿Realmente has tenido Tus manos sobre mí todos estos años? ¿Cuál es Tu plan para mi vida?

«Puse en movimiento una bella obra maestra de ti incluso antes de que fueras concebida. Todavía recuerdo tu primer grito. ¡Oh, cuán dulce eras!; tan pequeña, hecha a Mi imagen. Reconocí y amé tu tierno y cariñoso corazón desde la época en que eras joven. A través de los años, he estado guiando tus pasos de modo que cumplas Mi voluntad. Cada vez que extiendes tu mano para ayudar a otros, Yo me regocijo.

Tú eres la niña de mis ojos, hija mía. Te amo con un amor eterno Tú eres Mi realización. Te llamo a servirme. Te estoy guiando de modo que continúes amándome y obedeciéndome. Efectivamente, tengo un propósito para tu vida».

Permite que mi trabajo sea productivo a través de mi fe en Ti, Padre.

Deja que mis acciones sean motivadas por el amor que pusiste en mi corazón. Concédeme paciencia inspirada en la esperanza que tengo en Ti. Continúa Tu trabajo en mí, Oh Dios. En Ti encuentro plenitud y propósito.

«Estoy convencido de esto: el que comenzó tan buena obra en ustedes la irá perfeccionando hasta el día de Cristo Jesús».
FILIPENSES 1.6

Tú me elegiste

Fui a un «shower» hoy, Padre. Era para una niña de ocho años llamada Trisha. Sus nuevos padres son mis amigos. Varios niños fueron dados en adopción en el momento que mis amigos tenían que escoger. Esto no sucede muy a menudo. Ellos podían haber adoptado un bebé. Pero cuando dieron una mirada a Trisha, la pareja inmediatamente sintió amor por ella. Estaban tan emocionados de recibirla como su hija, Padre. Están ya hablando de las esperanzas y sueños que tienen para cuando ella crezca.

¿Es así como Tú me escogiste? ¿Viste algo especial en mí justamente desde el comienzo? ¿Tienes esperanzas y sueños para cuando crezca en ti?

«No solo te escogí a Ti, amada hija, sino que quería que toda la humanidad fuera mía y me siguiera. Todos han sido llamados pero pocos eligen seguirme. Vi algo especial en ti desde el comienzo. Te valoré aún antes de que estuvieras interesada en Mí. Tú, hija mía, me amas porque Yo te amé primero. Camina, entonces, en Mi amor, y mira las maravillosas esperanzas y sueños que tengo para ti».

Gracias por escogerme, amado Padre. Te seguiré.

Jesús dijo: «No me escogieron ustedes a mí,
sino que yo los escogí a ustedes y los comisioné
para que vayan y den fruto, un fruto que perdure.
Así el Padre les dará todo lo que le pidan en mi nombre».
JUAN 15.16

Eres misericordioso

Una estudiante en nuestra aula me dio una lección sobre la misericordia y el perdón verdadero, Señor. Es una dulce y bondadosa niña. Cuando un chico en nuestra sala dijo cosas desagradables acerca de ella, vino a mí llorando y quejándose. Los tres conversamos el problema. Admito que yo estaba frustrada con la conducta del niño. Pero ella era diferente. Cuando el chico estuvo listo para pedir perdón, ella se lo concedió en un segundo y lo aceptó otra vez como amigo.

¡Cuánto más grande que la misericordia de esta niñita es la bondad que Tú me muestras! La primera vez que experimenté esto fue cuando perdonaste mis pecados y me adoptaste como Tu propia hija. Aún ahora en mis luchas, Tú muestras Tu permanente compasión.

«Canta de Mi misericordia, amada hija. Canta siempre sobre mi amor. Deja que tus amigos y la familia conozcan todo acerca de Mi fidelidad y perdón. Mi amor por ti es firme y constante. Cuando cometes una falta, te perdono. Cuando eres misericordiosa, te concedo misericordia. Cuando amas, derramo sobre ti mi amor. Cuando eres generosa, te bendigo abundantemente. Cuando ayudas al débil en sus tiempos de dificultad, Yo estoy, a la vez, siempre allí para ayudarte». Gracias por Tu misericordia, Señor. Permíteme entregarla a otros.

«Más bien, sean bondadosos y compasivos unos con otros,
y perdónense mutuamente, así como Dios
los perdonó a ustedes en Cristo».
EFESIOS 4.32

Amo Tus caminos

Cuanto más tiempo Te conozco, mi Salvador, mi amor por Ti se hace más grande. Tus caminos han llegado a ser una segunda naturaleza para mí.

Creo en Tu Espíritu Santo en mi vida y amo todo sobre Ti por encima de cualquier otra cosa. Tu ternura y firmeza me dan seguridad cada día.

Cuando escucho cuidadosamente Tu dirección y la sigo, siento Tu cálida aprobación. Cuando procedo en forma descuidada y abro mi boca en el momento equivocado, siento Tu silenciosa advertencia para que me detenga en lo que estoy haciendo y cambie mi actitud. Te amo, querido Señor. Te amo por ser mi Mejor Amigo, mi Confidente, mi Consejero y mi Señor.

«Caminamos juntos este trecho en la vida, amada hija. Es llamado el camino de la santidad. Es solo para aquellos que voluntariamente vienen a Mí. Imitan Mis obras. Caminan en mis pasos. Hacen eco de Mis palabras. Muestran Mi compasión. Sostienen firmemente Mi mano, para que no tropiecen y pierdan su equilibrio espiritual. Deja que Mis caminos sean tus caminos. Fielmente te guiaré y nunca dejaré que te pierdas. Yo soy el único Camino, la Verdad y la Vida. Nadie viene al Padre a menos que él o ella me sigan a Mí».

Pondré mis pies en Tus pisadas, Señor. Me sostendré firmemente de Tu mano.

«Enséñame a hacer tu voluntad,
porque tú eres mi Dios.
Que tu buen Espíritu me guíe
por un terreno sin obstáculos».
SALMO 143.10

¿Oras Tú por mí?

La semana pasada fue desalentadora, Señor. Nada salió bien. Derramé muchas lágrimas y me preguntaba si Tú aún estabas cerca. No me rendí, sin embargo. Traje mis necesidades a Ti, pidiendo Tu dirección. Solo podía compartir estos problemas contigo, Señor. Nadie más supo cómo me sentía.

A punto de desesperarme, retiré mis manos de todo y Te pedí que intervinieras.

No pasó mucho tiempo antes de que sintiera una gran paz. Fue como si alguien estuviera orando por mí. No obstante, nadie más conocía mis problemas.

¿Estabas Tú orando por mí, señor? La Biblia dice que Tu Espíritu Santo intercede por nosotros de acuerdo a la voluntad de Dios. Cuando ya no tenía más palabras con las cuales clamar por ayuda y Te entregué mis cargas, ¿las quitaste de mí de todos modos? ¿Las llevaste a mi Padre Celestial y alegaste por mi causa? Esto sobrecoge mi mente.

«Sí, oré por ti, mi niña. Cuando traes tus inquietudes y problemas a Mí, tu Señor, el Espíritu Santo oye tus plegarias e intercede en tu favor ante el Padre celestial con gemidos que no pueden ser pronunciados por nadie más».

¡Cuán agradecida estoy por orar por mí, Señor!

«Así mismo, en nuestra debilidad el Espíritu
acude a ayudarnos. No sabemos qué pedir,
pero el Espíritu mismo intercede por nosotros
con gemidos que no pueden expresarse con palabras.
Y Dios, que examina los corazones, sabe cuál es la
intención del Espíritu, porque el Espíritu intercede
por los creyentes conforme a la voluntad de Dios».
ROMANOS 8.26−27

Te seguiré

Señor, Te oigo hablar a mi corazón para que haga algo nuevo para Ti. Estoy realmente luchando contra esto. Como Tú sabes, yo no manejo bien los cambios. Me gusta la vida planificada en un paquete envuelto prolijamente. Quiero saber qué va a pasar un día del próximo año, incluso en diez años más. Pero más allá de lo que a mí me gusta, debo aceptar este llamado que Tú me haces.

No puedo ir como Simón Pedro y Andrés arrojando sus redes sin vacilación y siguiéndote cuando les dijiste: «Vengan, síganme». Concédeme la misma fuerza y fe que les diste a ellos. Muéstrame cómo adherirme a Ti sin vacilar.

Quiero seguirte, mi Señor. Revela el plan grande y poderoso que tienes para mí. Ayúdame a poner mis esfuerzos enteramente a Tu servicio. Aquí contigo, yo sigo adelante. No anhelaré el pasado.

«Ven, hija. Sueña Mi sueño. Capta la visión de las cosas que pongo delante de ti para llevar a cabo. ¿Ves el hambre espiritual y cómo ellos necesitan conocerme? La cosecha de almas es abundante, pero los obreros son pocos. Del mismo modo que el padre Celestial me ha comisionado a Mí, así te envío a ti».

Sí, mi Señor, Te seguiré.

«Vengan, síganme, les dijo Jesús,
y los haré pescadores de hombres».
MATEO 4.19

¿Permanecerás conmigo?

Señor, Te oigo llamándome a servirte. Es una gigantesca empresa la que me das. A dondequiera que mire, veo las consecuencias del pecado, el dolor, el sufrimiento y la incertidumbre. No tengo respuestas para esta gente a quienes Tú me llamas a compartir Tu amor. ¿Qué pasa si no hago las cosas bien? ¿Qué si me debilito bajo la carga? Me siento como Josué justo a punto de cruzar el Jordán. ¿Permanecerás conmigo, sin importar cuán difíciles se pongan las cosas? Por favor, permanece junto a mí. Por favor, anda delante de mí.

«Yo, el Señor tu Dios, cruzaré antes de ti en esta responsabilidad que te he asignado, amada hija. Saca de mi fuerza y mi coraje, porque tu ayuda viene de Mí. No temas. No te aterrorices por la destrucción causada por el mal. No te desanimes. Siempre estoy contigo. Soy más grande que cualquiera a quien te enfrentarás. Ten la certeza que sin importar las circunstancias, nunca te abandonaré ni te volveré la espalda. Como estuve una vez con Moisés y con Josué, así estaré contigo ahora». Gracias por ser mi Dios.

Gracias por sostenerme firmemente en Tu mano y recordarme siempre que no debo temer. ¡Cuán agradecida estoy de que Tú estés aquí conmigo! en Ti confío y obedezco.

«Sean fuertes y valientes. No teman ni se asusten
ante esas naciones, pues el Señor su Dios siempre
los acompañará; nunca los dejará ni los abandonará».
Deuteronomio 31.6

Nuestra familia en crecimiento

Heme aquí en nuestro jardín de atrás, Señor. El sol de la mañana se asoma por sobre los árboles, entibiando suavemente mi cara y mis brazos. La gente en el vecindario está dormida o saliendo silenciosamente a sus trabajos. Adoro este tiempo de paz plena contigo. Nuestro patio me recuerda cosas de Ti.

Un abeto y un árbol de pino estiran sus ramas hacia el cielo. Más de veinte años atrás, nuestros hijos Jonathan, David y yo plantamos el abeto de un pie para el proyecto de los cachorros Scout de David. ¡Ahora tiene cerca de 45 pies de altura! ¿Recuerdas cuando mis padres nos dieron el árbol de pino en un pequeño macetero, cubierto con ornamentos de Navidad en miniatura, Señor? Nuestra familia lo cuidó y regó. Con el tiempo, los árboles crecieron más que nuestros hijos. La tormenta de hielo que tuvimos hace algunos años quebró enormes ganchos y seis pies de la punta del pino. Se veía como una esmeralda gigante yaciendo en nuestro patio. Puse sellador en las partes quebradas y rogué porque sobreviviera. El árbol todavía vive. Un mocho aparece ahora en el lugar donde falta el gancho.

Nobles cicatrices y nudos a lo largo del tronco me recuerdan las tormentas en que Tú nos has ayudado a sobrevivir.

Gracias por colmar a nuestra familia con Tu fidelidad y cuidados a través de todos estos años, Señor. Gracias por continuar enviando bendiciones a nuestras futuras generaciones y por siempre.

«Oh Señor, por siempre cantaré la grandeza de tu amor; por todas las generaciones proclamará mi boca tu fidelidad».
SALMO 89.1

2 DE JULIO

Rosa de Sarón

Miro las rosas trepando a lo largo de nuestra cerca, Señor. Su belleza me hace pensar en ti, la Rosa de Sarón, el Lirio del Valle, el Brillante Lucero de la Mañana. El arbusto del centro se llama Abrigo de José. Esto trae a mi mente la fidelidad, humildad y perdón que José mostró a través de todo tipo de pruebas. Ayúdame a ser así. Otro rosal tiene flores rojas. Cuando las tomo y huelo su suave fragancia, pienso cuando eras torturado y humillado en espíritu. No obstante, nunca dejaste de amar. Yo me he pinchado de vez en cuando mientras cuido estas rosas. Cuando lo hago, recuerdo la corona de espinas aplastada sobre Tu frente y el precio que pagaste por mí.

Nuestras rosas amarillas hacen que recuerde Tu gozo sin fin y Tu paz. A pesar de las fuertes lluvias y el sol abrasador que descolora los capullos, ellas todavía florecen una buena parte del año.

Gracias por estar conmigo en todos los tipos de clima.

Cuando Bob me compró lirios, los planté junto a la casa donde ellos estuvieran protegidos. A menudo pienso en Tu pureza cuando sus fragantes trompetas se abren en una flor plena.

Algunas veces salgo afuera cuando no puedo dormir y miro a las estrellas del alba. Ellas pueden marchitarse un día. Pero, Tú, mi Estrella de la Mañana, estás siempre aquí conmigo.

«Yo soy una rosa de Sarón,
una azucena de los valles.
Como azucena entre las espinas
es mi amada entre las mujeres».
CANTARES 2.1–2

Las ardillas previsoras

Aquí vienen las laboriosas ardillas, Señor. Son como unas primorosas mascotitas. Arrojaré unas pocas nueces para ellas. ¿Ves como tiemblan sus colas peludas? Sus ojos negros brillan como minúsculos pedazos de carbón. Rápidamente echan un vistazo alrededor del jardín, alertas a un potencial peligro. Devoran dos nueces más. Estos animales deben estar hambrientos. ¡Pero mira cuán rápidamente entierran el resto!

Aunque son bonitas, ¡me gustaría que estuvieran fuera de nuestras macetas!

¿Recuerdan las ardillas donde entierran las cosas, Señor? No importa cuántas nueces ellas obtengan, se mantienen encontrando sitio donde esconderlas. Es casi como si fueran avaras.

Me recuerda la historia del rico necio en Lucas 12.

Sin considerar cuán grande era la cosecha que producía el hombre rico, nunca parecía ser suficiente. Más que compartir con otros, él se mantenía ocupado construyendo graneros más grandes para almacenar su producto. Me pregunto si alguna vez prestó atención a lo que tenía o dónde él lo ocultó todo.

Ayúdame para que aprecie las bendiciones que Tú me das, Señor.

Mi abuela me enseñó a dar la décima parte de mis ganancias y de todo lo que tengo a aquellos que están alrededor mío. Recuérdame de hacerlo así.

Hoy cortaré algunas rosas y las llevaré a mi amiga que necesita aliento.

Gracias, Señor, por todo lo que me das.

Jesús dijo: «Den, y se les dará: se les echará en el regazo una medida llena, apretada, sacudida y desbordante. Porque con la medida que midan a otros, se les medirá a ustedes».
LUCAS 6.38

4 DE JULIO

Tiempo para valorar

¡Qué día tan especial es este, Señor! Estamos celebrando nuestra independencia como nación. Gracias por aquellos que ayudaron a formar nuestro país. Estoy agradecida por los muchos que, a través de los años, murieron para que yo pudiera ser libre. Te ruego que nos bendigas para que podamos seguir siendo una nación dirigida por Dios.

Ayúdanos a valorar nuestra libertad y nunca considerarla garantizada. Gracias por la oportunidad que Tú nos das para alabarte por morir en la cruz por nuestros pecados. No importa donde vivamos, si somos mujeres u hombres, comprometidos o libres, Tú nos das la libertad de corazón para venir a Ti en oración. Gracias por ser nuestro Señor y Salvador. Bendice a nuestros hermanos y hermanas alrededor del mundo cuando ellos, también, Te alaban, Señor y Dios.

Al término de este día especial, mi marido y yo vamos al antejardín. Allí, nuestros vecinos, sus familiares y amigos están tirando fuegos artificiales. Miramos fijamente en la oscuridad, enmudecidos con el impresionante despliegue. Bob y yo nos sentamos en nuestras sillas de plástico, tomados de la mano y ¡ocasionalmente corriendo a echar agua con la manguera sobre nuestro techo!

Finalmente entramos. Escuchamos las canciones patrióticas en la radio. Una vez más nos tomamos de las manos y Te agradecemos por estos tiempos tan preciados, y por nuestra libertad.

Jesús dijo: «El Espíritu del Señor está sobre mí, porque me ha ungido para anunciar buenas nuevas a los pobres. Me ha enviado para proclamar libertad a los presos y dar vista a los ciegos, para poner en libertad a los oprimidos, para proclamar el año del favor del Señor».
Lucas 4.18–19

El juego de columpio

Es tan silenciosa esta mañana, Señor. Los fuegos artificiales de anoche estallaron hasta el amanecer. Me pregunto si soy la única despierta. Una bruma gris de humo cubre todo. Camino por el patio, recogiendo los restos de los fuegos artificiales. Ahora es tiempo de instalarme para mi conversación contigo.

La estructura de un columpio se alza silenciosa en nuestro patio de atrás como si esperara que nuestros nietos y amigos vengan a jugar sus barras y asientos. ¿Recuerdas cuando nuestros hijos estaban creciendo, Señor? Decidimos que queríamos un aparato para columpiarlos. Buscamos el mejor, hecho de acero galvanizado. Bob y nuestro hijo mayor gastaron horas anclándolo a una firme base de concreto en el suelo. Recientemente lo repinté. El trabajo de estructura hizo la diferencia.

Aunque tenemos fallas, nuestra nación también fue construida sobre una sólida fundación. Esto, también, todavía está en pie. Mucho más importante es el firme fundamento sobre el cual Tú me ayudas a construir mi vida. Ese fundamento eres Tú. Mi Cristo, mi sólida Roca. Tú eres mi apreciada Piedra Angular. Gracias porque en cada época tormentosa, cuando cae aguanieve y el granizo me golpea o la tierra se sacude, Tú me ayudas a asirme de Ti y de Tu seguro fundamento.

> *«El Señor es mi roca, mi amparo, mi libertador;*
> *es mi Dios, el peñasco en que me refugio.*
> *Es mi escudo, el poder que me salva, ¡mi más alto escondite!*
> *Invoco al Señor, que es digno de alabanza,*
> *y quedo a salvo de mis enemigos».*
> SALMO 18.2–3

Poniéndose al día

Señor, gracias por la visita de mis suegros. Ellos viven lejos. Había pasado un largo tiempo desde que nos habíamos podido ver. Aunque ellos tienen más de ochenta años, Papá es una torre de fortaleza espiritual y Mamá está llena de bocados de sabiduría para compartir. Por cierto, teníamos que ponernos al día en un montón de cosas.

Desde temprano en la mañana hasta tarde en la noche, conversamos y conversamos, y seguimos conversando. El amor y el interés constantemente fluían entre nosotros. Gracias, Señor, por cómo ambos Te aman y Te sirven. El tiempo de partir llegó demasiado pronto. Estaremos esperando con ansias para cuando estemos juntos otra vez.

Así pasa contigo y conmigo, Señor. Estamos juntos, yo hablo y Tú escuchas. Entonces me recuerdas hacer una pausa y yo escucho mientras Tu hablas. ¡Cómo desearía que todo se detuviera cuando nosotros estamos compartiendo! Tú siempre comprendes lo que siento. Cuantas veces Te diga lo que hay en mi corazón, Tú nunca te fastidias conmigo.

En medio del ir y venir de cada día, a menudo me encuentro a mí misma esperando con ansias para más adelante, cuando estemos juntos y nos pongamos al día. Gracias, señor, porque siempre tienes tiempo para mí.

«Dichosos los que me escuchan
y a mis puertas están atentos cada día,
esperando a la entrada de mi casa.
En verdad, quien me encuentra, halla la vida
y recibe el favor del Señor».
PROVERBIOS 8.34–35

Simplemente divertido

Señor, gracias por mi papá. Poppy y yo nos reunimos, reímos mucho y solo planeamos pasarlo bien. Como sabes, algunas veces vamos al mar y nos quedamos en el remolque por algún tiempo. Durante el día, damos algunas vueltas en auto mirando el paisaje o caminamos a lo largo de la playa. En la noche, abrimos la ventana para escuchar el rugido del océano mientras las ranas cantan en «ronca» armonía. Encendemos la lámpara de propano y nos damos tiempo para el juego de los diez mil. Jugamos y nos reímos hasta que sentimos que se nos cierran los ojos. El otro día mi papá vino a casa. Bob, Poppy y yo disfrutamos un maravilloso salmón en la barbacoa. ¡Qué gran cocinero es Bob! Después que terminamos de comer y limpiamos la mesa, Poppy sacó el juego de los diez mil. Otra vez, nuestra tarde estuvo llena de risa y diversión. Sé que trabajo demasiado duro, Señor. Pongo metas delante de mí misma y me obligo a cumplirlas. Algunas veces amontono trabajo que no es necesario sobre mí. Mi familia está siempre recordándome gentilmente esto y tratando de que me relaje más. Gracias por mi papá y cuánto significa él para mí. Gracias por recordarme que saque tiempo de mis deberes y simplemente pase un momento divertido.

«Gran remedio es el corazón alegre,
pero el ánimo decaído seca los huesos».
PROVERBIOS 17.22

8 DE JULIO

Mi amiga incondicional

Señor, quiero hablarte sobre mi amiga, Sharon. Me doy cuenta que Tú ya la conoces. Ella es muy especial. Sharon es más que una amiga común y corriente. Ella es mi amiga de tiempo completo. Aún estoy sorprendida de cómo hemos sido tan compinches desde que ella tenía siete y yo ocho años. Después de graduarnos de la secundaria, seguimos distintos caminos. Sin embargo, Tú tenías una manera de hacer que nuestras rutas se cruzaran.

Ahora somos parte de la misma iglesia. Sharon ama al Señor con todo su corazón. Nosotras no solo somos amigas: somos hermanas en Tu familia. Como la Biblia dice acerca de la iglesia: una se regocija cuando la otra está feliz y llora cuando la otra está triste. Yo puedo contar con mi amiga incondicional en cualquier momento, día y noche. No tengo que pedirle que se preocupe o que esté allí. Ella siempre está.

Estoy agradecida por Tu amistad, Señor. Sé que cuando pido en Tu nombre y en Tu voluntad puedo confiar que responderás.

Cuando llamo y busco Tu consejo, Tú estas cerca, listo para guiarme.

¡Cuán bendecida soy al gozar de Tu amistad de tiempo completo contigo y Tu familia! Ayúdame a ser una amiga permanente.

Jesús dijo: «Así que yo les digo: Pidan, y se les dará; busquen, y encontrarán; llamen, y se les abrirá la puerta. Porque todo el que pide, recibe; el que busca, encuentra; y al que llama, se le abre».
LUCAS 11.9–10

Mi buena samaritana

Durante unos años difíciles tuve un segundo trabajo en un restaurante de comida rápida. Aquellos fueron tiempos duros, Señor. Mis compañeras y yo a menudo nos íbamos a casa muertas de cansancio. Trabajar allí sacó a la superficie lo mejor y lo peor de nosotras.

Una querida jovencita llamada Sherry llegó a ser mi amiga.

Algunas veces nos volvíamos locas juntas, Señor ¡qué asombrosa la manera cómo Tú reúnes a dos personas completamente diferentes y haces que se desarrolle una amistad tan duradera!

Nunca ella enredó las palabras. Decía las cosas tal como eran. El mayor rasgo de su carácter era, y todavía es, la honestidad.

Sherry siempre ha sabido escuchar. Ella se preocupa y trata de ayudar a los demás en todo lo que pueda. Nunca olvidaré cómo ella me ayudó. Yo conducía un auto muy viejo. Aunque no era gran cosa, estaba agradecida por tenerlo. Un día me lo robaron. No sabía qué hacer. Bob y yo reunimos algo de dinero para comprar otro. No podíamos encontrar uno confiable en el precio que queríamos. Pero Sherry lo hizo.

Lamentablemente, la abuela de Sherry ya no podía conducir más, así que ellas dos decidieron venderme su pequeño Toyota plateado a la mitad de su valor. Gracias, Señor, por Sherry y su abuela. Ambas fueron verdaderas buenas samaritanas.

Jesús dijo: «¿Cuál de estos tres piensas que demostró
ser el prójimo del que cayó en manos de los ladrones?
El que se compadeció de él, contestó el experto en la ley.
Anda entonces y haz tú lo mismo, concluyó Jesús».
LUCAS 10.36–37

Flores con acuarela

Señor, hoy vi a Jerry, mi ex alumno. Me recordó la lección que aprendí de él un año en la escuela. Durante días había estado preguntándome si podíamos pintar flores con acuarela.

Cada vez que preguntó, lo desanimé, Él se encogía de hombros y salía. Estábamos muy ocupadas con las exigencias académicas, Señor. No teníamos tiempo suficiente para arte esa semana. Además de nuestras rutinas diarias de estudio, estábamos entrenando a los niños para correr en las Olimpíadas Especiales.

Una tarde durante la práctica de las Olimpíadas, tuvimos una carrera de relevos. Los niños se dividieron en dos equipos. Mi alumno estaba al final de una línea. Él debería ser quien terminara la carrera. Estaba ansioso, Señor. Entonces llegó su turno. A mitad de camino, se detuvo. Le rogué que siguiera. En lugar de eso, él se inclinó, recogió una flor del césped, caminó hacia mí y me entregó la flor en la mano. Sus grandes ojos marrones y su cálida sonrisa conmovieron mi corazón. Todo lo que pude hacer fue abrazarlo y acariciar su pelo negro rizado.

Gracias por ayudar a Jerry para que no se rindiera y por enseñarme a mí a escuchar y a entender. Gracias por darte tiempo para oír mi plegaria y ayudarme cuando vengo a Ti.

A propósito, Señor, al día siguiente nos dimos el tiempo de pintar flores con acuarela.

Jesús dijo: «¿Acaso Dios no hará justicia a sus escogidos, que claman a él día y noche? ¿Se tardará mucho en responderles? Les digo que sí les hará justicia, y sin demora. No obstante, cuando venga el Hijo del hombre, ¿encontrará fe en la tierra?»
Lucas 18.7−8

Relación de parches

Hubo un tiempo, Padre, cuando pensé que la manera de agradarte era aprender los frutos del Espíritu Santo, grabarlos dentro de mi vida, y practicar fervientemente cada uno a la perfección: amor, gozo, paz, paciencia, benignidad. No debería ser demasiado difícil. Sin embargo, a pesar de lo mucho que yo lo intentaba, resultaba un desastre y una desilusión.

Recuerdo mi primer intento de reparar los pantalones de pana de nuestro hijo Bobby de dos años. ¡Cuán orgullosa me sentí pegando lindos parchecitos sobre las rodillas y ahorrando algo de dinero! Encontré los retazos rojos brillantes por prácticamente nada en la tienda de una fábrica. Estaba muy contenta. Medí y cuidadosamente los cosí encima. ¡Los pequeños pantalones de Bobby se veían tan bonitos, eso es, hasta que los lavé!

Quedé traumatizada por la forma cómo los parches se habían encogido y despegado de las piernas del pantalón. Aquí es donde Tu lección de Mateo 9 cobra sentido. No podía hacer aparecer réplicas de los frutos de Tu Espíritu. En lugar de eso, yo tenía que volver de mis viejos hábitos y permitir que Tú me hicieras nueva.

Recuérdame, Padre, nunca poner un parche en la relación contigo. Quiero que nuestra ligazón permanezca fuerte cada día y acepto mantenerme limpia, pura y veraz.

«Por lo tanto, si alguno está en Cristo, es una nueva creación. ¡Lo viejo ha pasado, ha llegado ya lo nuevo!»
2 CORINTIOS 5.17

La cartera perdida

Esta mañana planeaba hacer algunas diligencias con mi papá, Señor.

Había hecho los arreglos para encontrarme con él a cierta hora.

Cuando estaba lista para salir, no pude encontrar mi cartera. Comenzó la búsqueda. Por más que miraba, mi frustración iba creciendo.

Casi hice pedazos el lugar tratando de encontrarla. Esto fue horrible, porque todo lo importante que yo podía necesitar estaba en mi cartera.

No podía conducir sin licencia y era ya la hora de encontrarme con mi papá y ahí estaba yo parada. Respiré hondo y Te pedí ayuda. Entonces llamó mi padre y le conté acerca de mi problema. Bob, papá y yo habíamos estado en un estudio bíblico en el hogar de unos amigos la noche anterior. Papá me preguntó si no la habría dejado allí. Hice memoria. Sin lugar a dudas, eso fue lo que pasó. Te doy gracias por mi padre. Él me recogió en su auto; recuperé mi cartera y entonces fuimos a nuestras diligencias.

Estoy segura, Señor, que soy más importante para Ti que una cartera o una moneda perdida. Fue cuando estuve perdida espiritualmente. Tú y Tus ángeles deben haberse regocijado cuando finalmente entregué mi corazón a Ti.

Gracias por tenerme siempre ante Tu mirada y por cuidar de mí.

Jesús dijo: «Y cuando la encuentra, reúne a sus amigas y vecinas, y les dice: Alégrense conmigo; ya encontré la moneda que se me había perdido. Les digo que así mismo se alegra Dios con sus ángeles por un pecador que se arrepiente».
LUCAS 15.9–10

Tú me encontraste

Cuando Danny tenía dos años, Padre, él y nuestro perro Pretzel eran inseparables. Dondequiera que estaba uno, se podía descubrir al otro.

Puesto que vivíamos en un departamento en una calle de mucho movimiento, tenía que mantener una vigilancia extra sobre nuestros niños. Creía que allí podía haber solo una vía de escape, pero estaba en un error. Danny desapareció ante casi mis propios ojos.

Con nuestro hijo Bobby de cuatro años a remolque, mi vecina y yo comenzamos a buscarlo frenéticamente. Sabía que no se había ido hacia la calle congestionada, así que nos dirigimos en dirección a la reja de detrás de los apartamentos. Allí encontramos un hoyo bajo la cerca justo lo suficientemente grande para que Danny siguiera al perro.

En cuestión de minutos, rastreamos la pista de Danny hasta el bloque detrás del edificio. Lo tomé de la mano inmediatamente y los llevé a salvo a él y a Pretzel a casa.

Una vez, seguí a líderes equivocados en mi vida, Padre, y tuve malas experiencias. Estoy agradecida por la forma en que Tú me alcanzaste como la oveja descarriada de Lucas 15 y me trajiste a salvo a Tu amparo. Gracias por amarme y llevarme a Ti. No quiero apartarme más de Tus cuidados. Ahora solo quiero permanecer a salvo junto a Ti.

Jesús dijo: «Y cuando la encuentra, lleno de alegría la carga en los hombros y vuelve a la casa. Al llegar, reúne a sus amigos y vecinos, y les dice: Alégrense conmigo; ya encontré la oveja que se me había perdido».
LUCAS 15.5–6

Ayúdame a orar y a perdonar

Estaba casi sin respiración y con el corazón destrozado, Señor, cuando descubrí lo que le habían hecho a una persona a quien amo. Me preguntaba cómo alguien podía ser tan inhumano. Odiaba a ese malhechor.

Hasta pensar en esa horrible persona me hacía encogerme.

Quería hacer algo para que las cosas fueran correctas, pero no podía ver la manera. Entonces vine a Ti en oración y Te pedí ayuda y orientación.

Tú me mostraste la historia del criado sin misericordia de Mateo 18. Me ayudaste a comprender que aún cuando el delincuente no lo lamentara, yo igual debía perdonarlo y dejar todo en Tus manos justas y capaces.

Si me hubiera negado a perdonar, el horrible odio me consumiría como un mortal cáncer espiritual.

Aunque no sentía perdón dentro de mí, Te pedí ayuda. No obstante, me exigiste más, Señor. Me pediste que orara por aquel que había maltratado a mi ser querido. Me arrodillé delante de Ti, entregándotelo y también mi ira. No pedí Tu bendición para este delincuente, pero supliqué que esa persona se arrepintiera y viniera a Ti.

Sigo hablando al corazón de esa persona para que deje su vida de pecado. Junto con esto, mantengo mi corazón liviano y flexible.

Ayúdame para que siempre esté dispuesta a orar y perdonar.

Jesús dijo: «Pero yo les digo: Amen a sus enemigos y oren por quienes los persiguen, para que sean hijos de su Padre que está en el cielo. Él hace que salga el sol sobre malos y buenos, y que llueva sobre justos e injustos».
MATEO 5.44–45

El proceso de la mariposa

Cuando nuestros hijos eran pequeños, presenciamos algunos milagros de la naturaleza que nos dejaron atónitos. Una vez, descubrimos una pequeña oruga verde que subía arrastrándose sobre la hoja de un árbol. ¿Recuerdas, Señor, cuán emocionados estaban los niños cuando tomamos el animalito verde junto con la rama por dónde iba, para ponerlo cuidadosamente en un pote de boca ancha? Le hicimos agujeros en la cubierta y lo dejamos a la entrada de la casa, rociándole agua todos los días.

Los niños esperaron ansiosamente. En unos pocos días, lo observamos muy ocupado dar vueltas en su capullo. Nadie le dijo qué hacer. Tú debes haberle dado una mano en eso.

Permanecimos cerca durante ese tiempo. El capullo gris sin vida comenzó a romperse dejando a la vista una mariposa fuertemente plegada.

Todavía me emociono cuando recuerdo haber levantado la rama del envase, con la mariposa sujeta. La criatura húmeda y exhausta lentamente hizo funcionar sus alas hasta que estuvo lista para volar.

Cuando primero Te encontré, Señor, mi vida no parecía importar mucho. Yo carecía de objetivos. No estaba yendo a ninguna parte. Entonces dejé atrás mi desperdiciado pasado. Tú te hiciste cargo y lentamente comenzaste a hacer cambios en mí. Me envolviste en Tus tiernos cuidados y me diste el sello de una nueva vida. De algún modo hiciste algo hermoso a través de Tu poder y Tu amor.

Gracias por el proceso de mariposa que hiciste en mi interior.

«Porque somos hechura de Dios, creados en Cristo Jesús para buenas obras, las cuales Dios dispuso de antemano a fin de que las pongamos en práctica».
EFESIOS 2.10

Recuerdo azul celeste

Gracias querido Señor, por las muchas veces que provees a Bob y a mí con algún alivio sencillo para el estrés. Todavía valoro esa tarde cuándo nos diste un recuerdo azul celeste de Tus milagros y bendiciones.

Estábamos conduciendo a casa desde un pueblo ubicado a diez millas. Sugerí que tomáramos la ruta «liberadora de tensiones», un quieto camino a la orilla del río. Era un día fresco y nublado, la clase de día que las aves aman. Llevábamos los vidrios bajos, de modo que podíamos escuchar sus gorjeos mientras el auto rodaba.

Cuando doblamos una curva, Señor, Tus rayos de sol traspasaron las nubes e hicieron brillar las hojas de los árboles. Todavía puedo ver la siguiente gloriosa visión. Una garza azul celeste parada al lado del camino, apenas a una corta distancia. Su cuerpo, de unos cuatro pies de altura, estaba erguido indiferente y con una elegancia total. Le observamos desplegar sus alas y sobrevolar el río sin esfuerzo.

Ante nuestro asombro, planeó en paralelo a la ventana del auto por varios minutos. ¡Estaba tan emocionada! ¡Bob temió que me saliera del camino! La garza azul al parecer cambió de dirección y descendió, probablemente detrás de un pez.

Nuestro cansancio había desaparecido; nuestro día estaba completo. Gracias por Tu inesperado recuerdo azul celeste de Tus bendiciones e increíble creación.

«Las aves del cielo anidan junto a las aguas
y cantan entre el follaje».
SALMO 104.12

Fe como semilla de mostaza

Tengo un amigo que tiene la fe como semilla de mostaza más productiva que jamás he visto. Mi amigo solía estar sin hogar. Las cosas no iban bien en su vida. Estuvo largo tiempo alejado de mí, de modo que era poco lo que podía hacer por ayudarlo, excepto orar.

Aunque la vida era muy difícil para él, mi amigo no se rindió. Él mantuvo una tremenda fe en Ti, y puso esta fe en acción. No se quedó allí sin hacer nada, sintiendo lástima de sí mismo. Por el contrario, mi amigo trabajó con tesón, mano a mano contigo, para volver a ponerse de pie. Con una pala fue moviendo una a una sus montañas.

Ahora está felizmente casado con una dama estupenda, tiene un buen trabajo y está en las etapas iniciales de una empresa en expansión de la cual es el dueño. Él y su esposa están a punto de comprar su primera casa. ¡Qué maravilloso es cómo Te aman y sirven en la iglesia! Gracias, Señor, por ayudar a que mi amigo se ayudara a sí mismo. Gracias por protegerlo y aún cuidar de él y su esposa.

Estoy orgullosa de ellos, Señor, y de todo lo que ellos están logrando.

Estoy agradecida y honrada de tenerlos como amigos, amigos con una abundante y productiva fe como una semilla de mostaza.

Jesús respondió: «Porque ustedes tienen tan poca fe, les respondió. Les aseguro que si tienen fe tan pequeña como un grano de mostaza, podrán decirle a esta montaña: Trasládate de aquí para allá».
MATEO 17.20

La astilla

Recuerdo haber enfrentado un desafío hace muchos años, Señor, cuando nuestra vecina de seis años, Ginger, vino a nuestra casa con una enorme astilla en la planta de su pie. Debe haber tenido aproximadamente unas tres pulgadas de largo. Me miró con sus ojos llenos de lágrimas y me preguntó si podía sacarla.

Su madre había tratado pero no fue capaz de removerla.

La familia de Ginger era muy numerosa y rara vez iban al doctor. Aunque me dio temor hacerlo, dije una oración y empecé. Debes haber sido Tú quien me dio la sabiduría y fuerza que necesitaba.

Las pinzas no la movieron. Finalmente, le pregunté si ella podía confiar en que yo trabajara con un pequeño alicate. Ginger sorbió su nariz, se mostró esperanzada, y se relajó.

Esterilicé rápidamente el utensilio y oré por ayuda.

Las lágrimas se agolparon en mis ojos, por lo que me las arreglé para sujetar firmemente la punta de la astilla y tirar con fuerza. Salió. Ayudé a Ginger a irse cojeando hasta su casa. Su madre remojó el pie lastimado por largo rato en una solución de sal para aliviarla. Afortunadamente, sanó bien.

Aprecio que ayudaste a Ginger a confiar en mí. Gracias por darme la fuerza que necesitaba y ayudarme en otras difíciles tareas que enfrento a través de los años.

«Pero él me dijo: "Te basta con mi gracia, pues mi poder se perfecciona en la debilidad." Por lo tanto, gustosamente haré más bien alarde de mis debilidades, para que permanezca sobre mí el poder de Cristo».

2 CORINTIOS 12.9

Otra espina

Este era un día frustrante, Señor. Después de lidiar con problemas y con aquellos que hacen mal las cosas a mi alrededor, me puse impaciente y no tuve una actitud amorosa. Ignoré las palabras de advertencia que Tú susurraste a mi corazón. En vez de eso, apreté el acelerador a fondo sin importarme quién estuviera en mi camino. ¿Por qué fui tan desconsiderada?

En poco tiempo, convertí todo en discordia y en desastre. El resultado fueron sentimientos heridos y represalias. Creo que mi estilo no fue tan bueno, después de todo. Estoy confundida y avergonzada.

Por favor, perdona mi impaciencia y arrogancia.

Mis crueles acciones deben haberte entristecido. Como la astilla de Ginger, aquí estoy yo dándote un monstruoso tablón para remover de mi vida y un enredo para que me ayudes a enderezarlo.

Concédeme la humildad que necesito para pedir perdón. Sé que estoy llena de defectos. Ciertamente no es difícil encontrarlos, especialmente para Ti. ¿Quién soy yo para poner a otra persona en el camino correcto, cuando me estoy arrodillando aquí suplicando por Tu misericordia y perdón? Ayúdame para que me concentre en el trabajo que estás haciendo conmigo, de modo que pueda ayudar más bien que molestar.

Cuando enfrento circunstancias desagradables con los demás, recuérdame orar por ellos y amarlos. Y por favor dime a menudo, Señor, que deje la crítica en Tus manos.

«No juzguen a nadie, para que nadie los juzgue a ustedes.
¿Cómo puedes decirle a tu hermano: Déjame sacarte
la astilla del ojo? ¡Hipócrita!, saca primero la viga
de tu propio ojo, y entonces verás con claridad para
sacar la astilla del ojo de tu hermano».
MATEO 7.1, 4–5

Crítica destructiva versus solución

Un grupo que conocí acostumbraba a reunirse y trabajar en proyectos de manualidades para las misiones. Disfrutaba estando con ellos, Señor, excepto por una cosa. Varias aprovechaban cada oportunidad para criticar a los líderes de la iglesia. Las damas decidieron que si una persona era dirigente, no debería tener fallas.

En cualquier momento en que el líder aparecía, se señalaban sus malas actitudes. Quienes criticaban entornaban sus ojos, intercambian miradas de complicidad y hacían comentarios incisivos.

Oré realmente a Ti por estas acciones hirientes, Señor. Llegó el momento de asistir a la próxima reunión. Tuve que arrastrarme a mí misma para estar allí. Estuve agradablemente sorprendida que viniera una misionera.

Al poco rato, sin embargo, las críticas pequeñas comenzaron. La misionera irrumpió la conversación. Ella estaba bordando un hermoso tapiz y comenzó a deshacerlo por un par de «pequeños» errores en el centro.

Pedacitos y pedazos cayeron por todas partes. Las demás damas miraban impactadas. La misionera les dijo que pensaba que ellas querían perfección. Explicó que eso era lo que le estaban haciendo a la vida del líder de la iglesia. ¡Lo estaban despedazando!

Gracias, Señor, para el hermoso ejemplo de cómo cambiar una situación sin crítica. El grupo aprendió en cambio cómo reconstruir y arreglar las vidas de otros. Ayúdame a cambiar, Señor, y estar dispuesta a ponerme de pie para lo correcto.

«El amor es paciente, es bondadoso. El amor no es envidioso ni jactancioso ni orgulloso. No se comporta con rudeza, no es egoísta, no se enoja fácilmente, no guarda rencor».
1 CORINTIOS 13.4–5

Cambiando malezas por flores

Gracias por todos nuestros vecinos, Señor. Somos una pequeña comunidad en una ciudad muy animada. Nos cuidamos y nos preocupamos unos de otros. Esta noche estaba visitando a Thomas, nuestro vecino del lado mientras él estaba cuidando sus flores. El jardín de Thomas y Claudia despliega un llamativo diseño de flores de toda clase. Thomas señaló con el dedo algunas plantas que no ha podido identificar. Para mi sorpresa y la suya, una mezcla de flores silvestres ha crecido, mezclando sus colores con las cultivadas. Es hermoso contemplarlo. Algunas personas llaman malezas a estas plantas. Las vemos bordear autopistas y caminos, pero las flores son encantadoras y añaden luminosidad al paso del tráfico. Gracias por mis amigos y vecinos, Señor. Ellos son como las flores.

De vez en cuando encuentro a personas que no me parecen muy hermosas. Cuando lo hago, estoy aprendiendo a ser menos crítica en nuestra primera reunión. Si son desagradables, ayúdame a orar por cada uno más bien que desear evitarlos. Ayúdame a mirar por lo bueno que hay en la gente como Thomas lo hace con las flores silvestres. Muéstrame cómo cuidarlos y cómo conducirlos a Ti. Del mismo modo que Tú trabajas en mi vida y en la de ellos, yo me deleito en observar a cada uno de los que amas cambiar de maleza a flores silvestres.

«Porque todo mortal es como hierba, y toda su gloria como flor del campo; se seca la hierba y se cae la flor, pero la palabra del Señor permanece para siempre».
1 PEDRO 1.24-25

Tesoros escondidos

Mientras visitaba en Montana, encontré algunas piedras de pirita, más conocida como «el oro de los tontos». Las compré, Señor, y las traje para compartir con mis nietos y mis alumnos de la escuela de la iglesia. A los chicos les encanta como centellean.

Se están haciendo planes para llevar a algunos de los jóvenes de la iglesia a las colinas, donde probarán lavar el oro con sus manos. Me pregunto qué tesoros escondidos encontrarán. El «oro del tonto» que encontré no tiene valor. Pero estos nietos míos y mis estudiantes en la iglesia son nuestro futuro de un valor incalculable. Ellos son brillantes y curiosos. Sus ojos centellean con entusiasmo cuando aprenden cosas nuevas. Los miro y veo en ellos aparecer talentos que salen a flote. Usa sus habilidades para Ti, Señor.

¿Qué tienes planeado para ellos? Te ruego que prepares su futuro y los protejas. A través de los años de su crecimiento, separa las cosas sin valor que podrían perjudicarlos. Trabaja con Tus manos a los que amo, Señor, y desarrolla los asombrosos tesoros ocultos que ellos tienen para ofrecer. Ayuda a estos jovencitos a aprender a usar sus talentos para Ti. Vela por ellos y mantenlos cerca de Ti cada día.

«Mándales que hagan el bien, que sean ricos en buenas obras, y generosos, dispuestos a compartir lo que tienen. De este modo atesorarán para sí un seguro caudal para el futuro y obtendrán la vida verdadera».
1 TIMOTEO 6.18–19

Pan casero

Todo había estado saliendo mal para mí últimamente, Señor. Me sentía como si estuviera viajando en contramano en una calle de un sentido o encontrando todos los semáforos rojos. Los obstáculos de la vida mantenían bloqueado mi camino. Cuanto más cosas no salían bien, más frustrada me ponía. Y cuánto más corría tratando de llegar a la meta, más difícil se hacía encontrar tiempo contigo, Señor.

La organización diaria comenzó a abandonarme. Me puse irritable y me preguntaba si yo todavía Te importaba.

Por esos días, nuestra iglesia organizó una venta de comida horneada. Yo decidí hacer pan casero. Eso no debería tomarme mucho tiempo. A la gente le gustaba. Esperé impacientemente que leudara la masa. Quería hornearlo temprano. Entonces recordé lo que sucedió la última vez que hice eso. El pan quedó pesado, duro como una piedra, y crudo en el centro.

Fue entonces que me ayudaste a ver que tenía mis prioridades equivocadas. Yo quería todo al estilo microondas, ¡de inmediato!, sin dejar tiempo para que Tú me ministraras. Yo no estaba espiritualmente preparada en el centro. Gracias por recordarme que debo ponerte a Ti primero y buscar Tu dirección. Gracias por amasar la vida de nuevo dentro de mí y llenarme de Ti, así puedo ser bien elaborada desde lo profundo.

«Yo soy el pan de vida, declaró Jesús. El que a mí viene nunca pasará hambre, y el que en mí cree nunca más volverá a tener sed».
Juan 6.35

24 DE JULIO

El árbol de durazno

Señor, éste es nuestro pequeño árbol de durazno enano. Ha producido tantos duraznos, que apoyamos las ramas inferiores con tablas para que no se quebraran. Siempre lo podé, regué, y rocié spray para hojas retorcidas.

Los duraznos eran grandes, dulces, y jugosos, hasta este año.

A principios de la primavera lo fumigué, pero sus hojas empezaron a rizarse.

Lo rocié otra vez. Sin embargo el árbol se puso peor. Las hojas cayeron. Sus ramas lucían sin vida. Solo algunas flores aparecieron.

Mi amiga Grace miró el árbol y supo inmediatamente lo que estaba mal. Estaba afectado por un hongo. Si no hacíamos nada, el árbol se secaría. Su condición podía extenderse al jardín entero. Podamos rigurosamente las ramas muertas y lo fertilizamos. Llevé una muestra a un negocio de jardinería y se me recomendó un desinfectante apropiado para terminar con la enfermedad.

Yo estuve una vez como ese árbol enfermo, Señor. Fui negligente en alimentarme de Tu Palabra y beber de Tu agua de la vida. Mi vida estaba espiritualmente enferma y muriendo por dentro hasta que clamé a Ti por ayuda. Fue doloroso mientras podabas lo innecesario, mi mala conducta, pero Tú quitaste mi enfermedad espiritual. Tú me alimentaste y me diste agua de Tu Palabra. Como el árbol de duraznos, comencé a sentirme mejor. Gracias por la forma como mi vida está renovada, y porque soy capaz de producir abundante fruto espiritual a través de Ti.

«Yo soy la vid y ustedes son las ramas. El que permanece en mí, como yo en él, dará mucho fruto; separados de mí no pueden ustedes hacer nada».
Juan 15.5

Sábanas en el cordel

Es media tarde, Padre. Recién terminé algunos quehaceres domésticos y el lavado. Ahora me estoy sentando en el patio de atrás, tomando un descanso y disfrutando el tiempo contigo. Las sábanas cuelgan en el cordel.

Son tan blancas, relucen y reflejan el sol.

¿Recuerdas, Padre, cuando nuestros hijos eran bebés? Antes no se usaban mucho los pañales desechables, excepto para viajes. En su lugar, teníamos pañales de algodón. Casi todas las mañanas me enorgullecía dejarlos muy blancos lavándolos primero, luego remojándolos en una solución de bórax, enjuagándolos de nuevo y colgándolos en la cuerda. Podían verse ondear al aire desde una milla del camino en nuestra vieja casa de campo.

También ellos, los pañales, relucían como nuevos y reflejaban el sol. Sentía que esto era algo que simbolizaba mi amor por mis bebés. Aunque el nuevo sistema es agradable, todavía me gusta el algodón.

Padre Dios, quiero que mi vida sea como eso para Ti. ¡Te amo tanto!

Te pido que me laves todos los días y hagas que llegue a ser tan blanca como la nieve. Hazme pura sin nada ofensivo para Ti; entonces lávame de nuevo con Tu restauradora agua de la vida. Cada día que Tú buscas y lavas mi corazón, clamo para que otros puedan reconocer mi amor por Ti y que sea capaz de reflejar a Tu Hijo Jesucristo.

Jesús dijo: «Ni se enciende una lámpara para cubrirla con un cajón. Por el contrario, se pone en la repisa para que alumbre a todos los que están en la casa. Hagan brillar su luz delante de todos, para que ellos puedan ver las buenas obras de ustedes y alaben al Padre que está en el cielo».
MATEO 5.15–16

Un corito

Gracias, Padre, para la abuelita que enseñó diariamente a nuestro hijo Danny de cuatro años en la Escuela bíblica de vacaciones.

Apenas se debe haber dado cuenta que una canción y un versículo de la Biblia sería tan importante para él y para el resto de la familia.

Danny llegó de la Escuela Bíblica cantando el mensaje atemporal: «Jesús está conmigo todo el día y cada noche. No temeré porque dormiré sin peligro a Su cuidado». El versículo modificado de la Biblia (Isaías 12.2) es uno que todavía repito: «¡Dios es mi salvación! Confiaré en él y no temeré».

La canción capturó a nuestra familia. En poco tiempo, Padre, todos la cantábamos mientras se hacían las tareas, yendo a comprar y, especialmente, a la hora de acostarse. Continuamos cantándolo a través de los años y lo enseñamos a nuestros niños más pequeños.

¿Recuerdas cuando Dan tenía dieciséis años, Padre? Estuvo terriblemente enfermo por la ruptura de su apéndice e intestino. Ciertamente Tú estabas allí con nosotros. Por un momento. Dan estuvo demasiado grave para estar consciente de lo que estaba pasando. Cuando se sintió mejor y miró alrededor de su pieza de hospital, leyó una placa sobre la pared. Su voz era apenas un susurro. «Mira, mamá». Palabras reconfortantes aliviaron nuestras mentes y corazones: «¡Dios es mi salvación! Confiaré en él y no temeré». (Isaías 12.2)

Gracias, Padre, por Tus promesas verdaderas a lo largo de nuestras vidas.

«¡Dios es mi salvación! Confiaré en él y no temeré.
El Señor es mi fuerza, el Señor es mi canción;
¡él es mi salvación!»
ISAÍAS 12.2

Usa mis dones

Padre, desde que era una niña, me encanta cantar. Mi amiga de la infancia, Sharon y yo cantábamos dondequiera que estuviéramos. Ella canturreaba la melodía y yo aprendí a armonizar. Incluso ahora, a menudo nos sentamos juntas en la iglesia y cantamos alabanzas a Ti.

Después de la escuela secundaria, me mudé de casa y conocí a Shirley, la esposa de mi nuevo pastor. Gracias por cómo Shirley y su marido, Buzz, entrenaron a nuestro próspero grupo de jóvenes para el futuro liderazgo de la iglesia. Shirley me enseñó a cantar solos musicales. Estaba asustada al principio, pero con oración y práctica pude hacerlo. Cantar llegó a ser mi gozo.

Mientras nuestros niños estaban creciendo, tenía música para practicar las canciones mientras lavaba los platos. (Todavía lo hago a veces.) Hubo algunas tristes experiencias después, que apagaron mi espíritu. Durante ese tiempo, me negué a cantar en la iglesia, Padre. No tenía motivos para cantar. Eso fue durante casi un año. Debo haberte entristecido.

Logré sobrevivir ese tiempo. Gracias por ayudarme a reconstruir mi vida y por tener a alguien que me pidiera que empiece a cantar otra vez. Fue como volver a empezar. Me di cuenta de que había casi perdido mi talento. Con Tu ayuda, pude hacerlo una vez más.

Gracias, Padre, por los dones que me das. No importa lo que ocurra, ayúdame a que siempre los use para Ti.

> *«Canten al Señor un cántico nuevo,*
> *porque ha hecho maravillas.*
> *Su diestra, su santo brazo,*
> *ha alcanzado la victoria».*
> Salmo 98.1

Toda la familia de Dios

Ayer en la iglesia, experimentamos algo tan impresionante, Señor.

Diferentes personas habían preparado cuidadosamente el servicio de adoración. Y Tú nos reuniste. Nuestro grupo de adoración consta de un adolescente, una madre joven y una pareja de abuelas que conducen hermosas canciones de alabanza. Un varón de ochenta años toca el piano. Bob, la guitarra; una joven madre, los tambores. La congregación se unió a nosotros con unas pocas maracas y panderos. Nuestros estudiantes de sexto grado recogieron la ofrenda.

Más adelante un hombre de edad madura condujo los himnos mientras su esposa tocaba el piano. Luego le dio un momento para que participaran los niños.

Una dama de ochenta años cantó una canción especial acerca del cielo. De todas las edades vinieron los testimonios. Entonces Bob y yo cantamos otra canción especial: «Cuanto más Te sirvo, más dulce eres».

¿Cómo ocurrió todo eso, Señor? Por medio de esto, Tú nos ayudaste a darnos cuenta que cuando Tú vienes a Tu familia, no haces acepción de personas ni de edad. Espero que todavía pueda cantar cuando tenga ochenta años, entusiasmarme con las cosas emocionantes y darte la gloria a Ti. Veo en los niños que tomaron parte hoy, cuando hayan crecido, a los líderes de Tu iglesia.

Gracias por nuestra familia de Dios, que disfruta compartiendo tu amor.

«Pues así como cada uno de nosotros tiene un solo cuerpo con muchos miembros, y no todos estos miembros desempeñan la misma función, también nosotros, siendo muchos, formamos un solo cuerpo en Cristo, y cada miembro está unido a todos los demás».
Romanos 12.4–5

Aves sobre un cable telefónico

Buenos días, Señor. Salgo afuera para recoger el periódico.

El aire es inusualmente vivificante. Las nubes se deslizan a través del oscuro cielo, llevadas por el frío viento del norte. Después de experimentar recientemente varios días de calor, yo tiemblo. Estoy ansiosa por volver a entrar. Esta clase de tiempo ha invadido mi zona de comodidad.

Irritantes chillidos provenientes del tendido de líneas telefónicas sobre el camino rompen el silencio. Echo un vistazo y veo cuervos alineados en una recta línea de ébano. Las aves actúan como si prefirieran acurrucarse juntas, buscando reconfortarse unos a otros.

Soy un poco así, Señor. Disfruto de la compañía de los cristianos firmes que conozco. Me recuerdan a los pájaros del cable telefónico. Es bueno disfrutar la fuerza que brota de nuestra amistad.No obstante, sé que me quieres fuera de mi zona de confort y que permita que aquellos que aún no Te conocen, sean parte de mi vida.

Me meto adentro de un buzo y zapatos para caminar y vuelvo a salir. El viento fustiga mi pelo. El aire aclara mis pulmones y mi mente. Camina conmigo, Señor. Habla a mi corazón sobre a quién debo compartir Tu amor hoy.

Cuando me siento incómoda, estoy agradecida porque Tu presencia está conmigo.

*Jesús dijo: «Pero cuando venga el Espíritu Santo
sobre ustedes, recibirán poder y serán mis testigos
tanto en Jerusalén como en toda Judea y Samaria,
y hasta los confines de la tierra».*
HECHOS 1.8

30 DE JULIO

Seguiré adelante

Señor, cuando visité a mi tío Russell este verano, estuve feliz de ver cuán bien está. Tú sabes que Russell cumplirá noventa años en septiembre próximo. Todavía está muy activo.

Él corta el césped y riega cinco yardas para los vecinos del área. En invierno toma su pequeño quitanieves y limpia los caminos de acceso. ¡La mayoría de las personas a las que ayuda son más jóvenes que él! Al mismo tiempo, alimenta y cuida a los animales de la granja.

Durante sus horas libres, Russell va a una estación de enfermería cercana donde está mi tía Dorothy. Después de un rato de disfrutar de su compañía, lleva a alguna de las ancianas del hogar a las tiendas o a la peluquería. Algunos de sus comentarios y conversaciones le resultan muy divertidas. Muchas de estas damas son también más jóvenes que mi tío.

Russell y yo hemos discutido, muchas veces, sobre lo que lo mantiene. Sencillamente él quiere seguir adelante. Ayúdame a ser así también, Señor. Cualquier tarea que pongas delante de mí, ayúdame a no rendirme. Recuérdame que piense como joven, que atrape la vida y que disfrute cada bocado de ella. Incluso cuando estoy tan cansada que difícilmente puedo poner un pie delante del otro, quiero ayudar a los demás. Ayúdame Señor, a seguir adelante.

«No nos cansemos de hacer el bien, porque a su debido tiempo cosecharemos si no nos damos por vencidos».
Gálatas 6.9

Herencia eterna

Heme aquí, Señor, sobre mis rodillas. Con mi pequeña pala de jardín en la mano, arranco las malezas del suelo húmedo para hacer espacio a las flores. He pasado incontables horas aquí en el jardín. Recuerdo haber plantado diferentes tipos y ver crecer brotes diminutos en hermosos despliegues, llenos de color.

Buenos recuerdos vienen de este jardín, Señor, los niños al jugar y los ramos obsequiados a la familia, los vecinos y los amigos.

Trabajo una huella a través de las hileras. Mi pala golpea algo duro. Tiro el objeto de la tierra y encuentro un viejo hueso, probablemente enterrado por un perro muy querido que tuvimos.

Ya lo había sacado antes. Qué divertido, echo tanto de menos a ese perro que de inmediato lo dejo caer en el suelo y lo cubro con tierra. Me parece que fue la manera en que él dejó su tesoro para nosotros.

Me reclino sobre mis tacones y pienso en todas las reliquias de familia que planeamos traspasar a nuestros niños y nietos algún día.

Igual que este hueso, se oxidarán y se consumirán, Señor. Hay solo un legado que puedo dejarles que será importante. Eso es plantar en los corazones de quienes me rodean el mensaje de Tu amor.

Ayúdame a compartir una herencia creciente en Ti con todos quienes la oigan.

«Porque el Señor es bueno y su gran amor es eterno;
su fidelidad permanece para siempre».
Salmo 100.5

1 DE AGOSTO

Cristianos palomitas de maíz

Quiero compartirte con todos alrededor mío, amado Padre. Algunas veces me atemoriza decir cosas equivocadas o ser rechazada, pero ahora lo hago mejor que lo habitual. Cuando estaba en la escuela primaria, la oportunidad que teníamos de dar testimonio de Tu amor era en la iglesia. Anhelaba hacerlo pero cuando crecí lo suficiente para estar en el grupo joven, podía pararme, soltar un «Jesús me ama» y sentarme. Nuestro joven líder tenía una descripción perfecta de la gente como yo. Nos llamaba cristianos palomitas de maíz. Decía que aparecíamos, nos poníamos blancos y nos sentábamos.

Mi testimonio no era demasiado impactante, pero fue el comienzo de mi aprendizaje sobre compartir.

Cuando más camino contigo, Padre, más cosas fantásticas tengo que decir. Ahora anhelo hacer que otros sepan de Tu maravilloso amor que da vida. Incluso todavía hay ocasiones cuando estoy indecisa. Es entonces cuando respiro, Tú me guías. Tu respuesta puede ser «sí»; «espera por el tiempo justo»; o «guarda silencio y ora».

Gracias por cada vez que Tú me guías y me ayudas, a través de Tu poderosa santa presencia para hablar a otros sobre Ti.

«El Señor omnipotente me ha concedido
tener una lengua instruida,
para sostener con mi palabra al fatigado.
Todas las mañanas me despierta,
y también me despierta el oído,
para que escuche como los discípulos».
Isaías 50.4

Burbujear desde lo alto

Dondequiera que vaya mi amigo Riker, Señor, bulle de entusiasmo y amor por Ti. No sé cómo lo hace. No teme hablar las palabras que necesita decir en el momento. Cuando habla, es muy fácil escucharlo, porque tiene algo útil que compartir. Él es como un imán que hace que la gente lo siga.

No es de mucha edad, Señor, pero sus habilidades van más allá de sus años. Veo propósito y talentos entusiastas en él. Gracias por que Te ama. Gracias por darle la habilidad para conducir. Usa sus talentos, te ruego, para que sea una bendición para Ti a lo largo de toda su vida.

Me gustaría ser así, Señor. Solo me mantengo poniendo un pie delante del otro y compartiendo Tu amor de cada manera que puedo. Me emociona todo lo que haces por mí, pero en una manera más quieta. Me doy cuenta que me haz hecho del modo que soy, y Tú me usas de la forma que Tú eliges.

Gracias por bendecir a Riker y a mí con las habilidades para hablar a otros acerca de Ti. Ayúdanos a ser obedientes en las cosas que Tú nos instas a hacer. Todo lo que haces por mis amigos y por mí nos llena de gozo y hace que compartamos con otros sobre Tu grande y poderoso amor.

«Las palabras del hombre son aguas profundas,
arroyo de aguas vivas, fuente de sabiduría».
PROVERBIOS 18.4

Consuelo en forma de osito de peluche

Mis estudiantes menores de la iglesia se han ido ahora al campamento, Señor. Por favor, sé con ellos. Ayúdalos a aprender de la cercanía contigo. Para algunos, esta es la primera oportunidad. Confórtalos para que no tengan temor. Guía a sus consejeros de modo que ellos también disfruten y orienten a estos niños.

Todavía recuerdo cuando nuestro hijo Jonathan fue al campamento de la iglesia por primera vez. Se veía un poco atemorizado, Señor. Le ayudó mucho orar juntos antes de que dejara el auto. Al final de la semana, creció su aprecio por el consejero de cabaña.

¿Recuerdas cómo las casas rodantes se reunieron en la cabaña con sus consejeros esa primera tarde, Señor? Lo más probable, es que ellos no tenían ninguna gana de admitir cuán ansiosos y nostálgicos estaban.

Cada campista joven se encaramó en su litera mientras el líder les explicaba que se sentía tan intranquilo como ellos por dejar la casa. Les dijo que había una cosa que tuvo que traer. Entonces sacó un oso de peluche de su bolso de lona... y otro y otro. A medida que hablaba, le lanzaba ositos de peluche a cada uno de los campistas.

Señor, ayúdame a estar consciente de aquellos que están ansiosos. Ayúdame a entregarles Tu consuelo y amor de osito de peluche con mis palabras y mis actos.

«Por eso, anímense y edifíquense unos a otros,
tal como lo vienen haciendo».
1 TESALONICENSES 5.11

Margaritas llenas de alegría

Heme aquí, Señor, parada contigo en nuestro jardín. Esta mañana cuidé las margaritas. Algunas de las flores se estaban secando, así que las corte y esparcí la mayoría de las semillas deshidratadas sobre la tierra húmeda. La próxima primavera producirá más margaritas. Recojo el excedente de semillas y lo guardo en un sobre.

Recuerdo cuando hace algunos años visité a mi amiga Joi mientras cuidaba las margaritas en su patio. La observé tijeretear las flores muertas, romperlas y esparcir las semillas sobre el suelo. Ese día cortó algunas para mí. Gracias a Ti por la forma en que ella extendió su alegría a mi jardín y a mi vida.

Aunque se ha cambiado a cientos de millas de aquí, Joi todavía tiene una manera de entregar afecto y felicidad a cada persona con la cual tiene contacto. Gracias a Ti que soy una de ellas. Gracias por las ilimitadas delicias que Tú me das.

¿Cómo puedo pasar Tu felicidad a otros hoy, Señor?

Para empezar, escribiré algunas notas de estímulo. Una de ellas será para mi amiga Joi. Le haré llegar una pequeña tarjeta con un poema lleno de esperanza y luminosidad. Y, Señor, creo que deslizaré un pequeño sobre con semillas de margarita.

«Pero que se alegren todos los que en ti buscan refugio;
¡que canten siempre jubilosos!
Extiende tu protección, y que en ti se regocijen
todos los que aman tu nombre».
SALMO 5.11

5 DE AGOSTO

Mueve Tu Espíritu dentro de mí

Buenos días, Señor. Ayer Bob y yo nos encontramos con nuestro hijo y nuera, Jonathan y Cynthia, en un hotel cerca de nuestra casa.

No pude evitar despertarme hoy temprano.

La piscina me hacía señas. No había nadie más.

¿Soy yo la única loca a la que le gusta nadar tan temprano, Señor?

Me metí al sauna primero. Ah, ¡qué bien se siente! El agua caliente gira alrededor mío. Me alivia y relaja mis músculos rígidos.

El vapor llena mis fosas nasales. Ahora, Señor, a la piscina. Nado una tras otra vuelta. Mi respiración se acelera. Mis músculos hormiguean y se reaviban. Mi mente somnolienta y brumosa se aclara. El vigor llena mi ser.

Gracias por este tiempo a solas contigo, Señor.

Termino mi chapoteo. Mi pulso disminuye. El agua vuelve a estar quieta.

Siempre muy suavemente, agito el agua azul y miro el círculo que se abre brillando al sol matutino. Salgo despacio de la piscina y voy a una mesa cercana. Los círculos siguen extendiéndose. Suaves olas golpean contra las orillas.

Señor, como estas ondas, mueve a Tu Santo Espíritu dentro de mí. Permite que la calidez de Tu amor bendiga a nuestra familia y a aquellos alrededor de nosotros hoy. Úsanos para Tu gloria. Te ruego que dejes que Tus olas se extiendan y se extiendan y extiendan en Tu nombre. Amén.

«Entonces el Espíritu del Señor vendrá sobre ti con poder, y tú profetizarás con ellos y serás una nueva persona. Cuando se cumplan estas señales que has recibido, podrás hacer todo lo que esté a tu alcance, pues Dios estará contigo».
1 Samuel 10.6–7

Ventanas del alma

Gracias por mi amigo Skyler. Aunque solamente tiene once años, veo algo especial en él. Tiene una manera de comprender cómo una persona se siente acerca de algo sin siquiera necesitar preguntar. Él observa, escucha mucho y se interesa.

El otro día su hermana tenía un problema. Nadie parecía estar consciente de su dilema excepto Skyler. Él inmediatamente comprendió que estaba sufriendo por algo sin decir una palabra, y me metió de un salto en el asunto y vino en su ayuda.

Me asombra, Señor, cómo Skyler nota cosas que a nosotras se nos pasan por alto. Parece que mirara más allá de lo trivial y con los ojos entornados viera por las ventanas de nuestra alma. Su espíritu compasivo le hace preocuparse profundamente por otros. También está aprendiendo a pedirte ayuda. Gracias por Skyler. Anímalo a él y a otros a usar sus habilidades y maneras sensibles como una bendición para Ti.

Enséñame a mirar más allá de las cosas triviales y ver la necesidad de las personas. Concédeme Tu discernimiento, amado Señor, de modo que yo pueda entender mejor a aquellos que están alrededor mío. Ayúdame a estar consciente de sus necesidades. Recuérdame mostrarles amor de un modo práctico. Recuérdame que no me entrometa, pero que esté allí para cuidar y ayudar a quienes lo necesitan. Sobre todo, permíteme guiarlos a Ti, su Señor y Salvador.

«Trata a tu siervo conforme a tu gran amor;
enséñame tus decretos.
Tu siervo soy: dame entendimiento
y llegaré a conocer tus estatutos».
SALMO 119.124-125

7 DE AGOSTO

De acuerdo a Tu conveniencia

Padre, estoy emocionado por la manera en que Tú estás trabajando con las vidas de Bill y Kari. Kari me dijo que su familia salió a dar una vuelta por el vecindario donde Bill creció. Por supuesto, Bill no pudo resistirse de llegar hasta la casa donde vivió cuando era niño. Pero, Padre, él además decidió ir hasta la puerta de entrada y ¡preguntar si podía ver la casa!

Kari me dijo cómo esto realmente puso a prueba su paciencia. Los niños estaban poniéndose intranquilos, listos para irse a casa. Ella quería bajarse del automóvil y preguntar si ya podían partir, cuando Tú hablaste a su corazón y la instaste a ser paciente. En vez de presionar, ella y los niños ocuparon el tiempo haciendo juegos de palabras.

Más tarde Bill regresó al auto. En el camino a casa, le explicó cómo había llegado a la puerta justo cuando el dueño de casa estaba planeando terminar con su vida. Gracias Padre por guiar a Bill y Kari. A través de esto, el dueño de casa cambió su decisión. Con la asistencia de Bill, el hombre decidió rendir su vida a Ti, llamar al pastor por ayuda y retornar a la iglesia a la que él había dejado de asistir.

Gracias por la buena voluntad de Bill y Kari para seguir Tu orientación.

Recuérdame que siempre proceda así, de acuerdo a Tu conveniencia.

«En presencia de Dios y de Cristo Jesús, que ha de venir
en su reino y que juzgará a los vivos y a los muertos,
te doy este solemne encargo: Predica la Palabra; persiste en
hacerlo, sea o no sea oportuno; corrige reprende y anima
con mucha paciencia, sin dejar de enseñar».
2 TIMOTEO 4.1–2

La aventura

Parecía ser un viaje rutinario en autobús desde la casa de mi tío en Montana. Estaba lista para acomodarme en el asiento y escribir algo. Pero Tú tenías planes diferentes, Señor.

En Missoula miré a un joven de aproximadamente veinte años, abordar el autobús. Se sentó frente a mí, en la otra fila. Parecía tranquilo, sin pretensiones, con una larga cola de caballo castaño marrón.

Abrió su bolso y sacó un libro. Yo volví a mis escritos.

El parloteo ocioso flotó alrededor de nosotros. No tenía ganas de hablar.

El joven fue cortés con los otros pasajeros, pero sin muchas palabras.

Me preguntaba a dónde iría. Pero, no obstante, seguí escribiendo.

Después de algunas millas de ir viajando, sentí que empujabas a mi corazón para que iniciara una conversación con él. Todavía él estaba leyendo. Yo me levanté de hombros ante Tu codazo.

Varias millas más adelante, dejé el bloc. Sabía que tenía que obedecerte, así que inicié una conversación.

Como sabes, su nombre era Brady. Había estado buscando aventuras y fortuna en Missoula. No le había ido muy bien fuera de casa. Ahora estaba viajando para Ellensburg, Washington, a ver a sus padres y a sus abuelos.

Sentí que tenía importantes decisiones que hacer mientras iba viajando a casa.

Gracias, Señor, por recordarme que me detenga y me preocupe.

«Todos andábamos perdidos, como ovejas; cada uno seguía su propio camino, pero el Señor hizo recaer sobre él la iniquidad de todos nosotros».
ISAÍAS 53.6

9 DE AGOSTO

Los remordimientos

Recuerdo el zumbido de las ruedas del autobús cuando escuché la historia de Brady. No entró en detalles, pero era la vida obvia para quien las cosas no han sido fáciles. Podía ver el costo tanto espiritual y económico que esto le había significado. Sentí ternura por él, Señor. ¿Podía deberse a cómo había sido criado?

Él tenía una familia cristiana que lo esperaba en Ellensburg. Sus ojos se iluminaban cuando hablaba de su padre, su madre y su abuelo. Quizás su estadía sería más larga que un fin de semana.

Me alegro de que Tú me apuraras para que dijera una oración silenciosa antes de proseguir con la conversación. Podía sentir a Tu Espíritu Santo bendiciendo esta plegaria.

Gracias por guiarme para que dijera a Brady algo acerca de mí misma, como yo, también, había luchado durante mi juventud. Estaba determinada a hacer mi propio camino. Entonces Tú me ayudaste. Gracias por darme la libertad de hablar sobre mi esposo, mi familia, y mi amor por los demás, y cómo yo oro por mis hijos ya mayores y mis nietos diariamente. Gracias porque Brady abrió su corazón. Gracias, Señor, por ponerme en el lugar preciso en el tiempo correcto, y empujarme a mí a escuchar y a compartir.

«Hermanos míos, si alguno de ustedes se extravía
de la verdad, y otro lo hace volver a ella, recuerden
que quien hace volver a un pecador de su extravío,
lo salvará de la muerte y cubrirá muchísimos pecados».
SANTIAGO 5.19–20

El largo viaje a casa

Tu Espíritu Santo continuó trabajando en silencio cuando Brady volvió a la lectura de su libro y yo volví a mis escritos. Unos pocos minutos más tarde, Brady levantó la vista. Me miró con una tímida sonrisa. Dejé mis apuntes, lista para escuchar otra vez. Disfruté oyéndolo contar sobre su padre y su madre.

Por años ellos habían cultivado un área fuera del pueblo. El abuelo de Brady había trabajado en alguna zona cercana. Sus parientes no solo hacían trabajos agrícolas sino que estaban también involucrados en un ministerio en la cárcel. Sus padres tenían una manera maravillosa de bendecir a todos con quienes entraban en contacto. ¿Recuerdas cómo Brady resplandecía a la sola mención de sus padres y abuelo?

Su abuelo enseñaba en una clase para adolescentes en la iglesia.

¿Para adolescentes? Me maravilló la idea. Brady pasó a describir cómo su abuelo contaba las historias de la Biblia a los niños, incluyéndolo a él, sentado al borde de la silla.

Me alegro de haberle preguntado cuáles eran sus planes para cuando regresara a casa. Quería ser paramédico. Paso a paso, él también se sentía atraído para estar más cerca de Ti. Gracias una vez más, Señor, por darme el valor y la orientación para hablar con este joven.

«Tengo que volver a mi padre y decirle: Papá,
he pecado contra el cielo y contra ti».
Lucas 15.18

Bienvenido a casa

Cuando cayó la noche, todos tratamos por conseguir algún descanso. El zumbido del autobús se mezclaba con silenciosas canciones de alabanza dando vueltas en mi mente adormecida: «Tú eres digno, oh Señor, de recibir la gloria, el honor y la alabanza» y «Ven a casa, es tiempo de cenar».

Los rayos rojo-naranja del sol matutino se deslizaban a través de la ventana. Desperté cuando el conductor anunciaba una parada.

Extendí la mano en mi cartera y saqué un libro que Tú y yo habíamos trabajado por mucho tiempo Cuando estoy sobre mis rodillas. Apresuradamente escribí una dedicatoria y se lo pasé a Brady como regalo para su madre.

Me agradeció afectuosamente y lo puso en su bolsa.

De nuevo en ruta, noté la mirada de expectación de Brady.

Señaló la colina cerca de la granja de sus padres. «Faltan unas pocas millas más», anunció.

¡Qué sentimiento tan magnífico, Señor, al poner a dos personas juntas ante el sol matutino! Cuando Brady dijo adiós y saltó del autobús el júbilo total brotó dentro de mí. ¿Te acuerdas cómo él corría por el campo con sus brazos abiertos de par en par? ¿Cómo bolsos y brazos los envolvieron a los tres? Sé que lo sabes, Señor. Porque él Te pertenece.

Podía oírlos decir: «Bienvenido a casa, hijo», del mismo modo que una vez me diste la bienvenida a mí.

Jesús dijo: «Así que emprendió el viaje y se fue a su padre. Todavía estaba lejos cuando su padre lo vio y se compadeció de él; salió corriendo a su encuentro, lo abrazó y lo besó».
Lucas 15.20

Dinero en una lata de café

Quiero hablarte de Homer, Señor. Desde que lo conocí, Homer llevó una vida sencilla en una casa pequeña y muy modesta en el mismo pueblo durante los últimos cincuenta años. Conocía prácticamente a todos. Fue a la iglesia fielmente, le encantaba cantar, orar con la congregación y, especialmente, disfrutar con la gente joven. Aunque era más viejo, Homer trataba de relacionarse con los niños.

Los rumores decían que tenía mucho dinero escondido. Pero nadie excepto Tú y otra persona sabían realmente qué había hecho con él. Me preguntaba si lo habría escondido en una lata de café, enterrado en alguna parte o cocido en el forro de su ropa.

Entonces, a la edad de noventa y ocho, se fue a casa para estar contigo, Señor. Casi todos en el pueblo fueron al funeral. Al final del servicio, el pastor nos compartió cómo Homer había donado anónimamente una enorme suma de dinero al centro juvenil, al fondo de becas para niños y a muchas otras actividades a beneficio de los jóvenes.

Puesto que su esposa había fallecido y él no tenía hijos, la iglesia pasó a ser «la niña favorita» de Homer. Él no quiso que nadie supiera acerca de su donación.

Gracias por Homer, Señor. Ayúdame para que nunca oculte mis obsequios de dinero en una lata de café, sino que los use voluntariamente como ayuda para ganar almas.

«Con mi ejemplo les he mostrado que es preciso trabajar duro para ayudar a los necesitados, recordando las palabras del Señor Jesús: Hay más dicha en dar que en recibir».
HECHOS 20.35

Presencia de popurrí

Señor Jesús, el ardor de la tensión nerviosa me llega de todos lados.

Hay que tomar rápidamente decisiones muy difíciles. Insuperables problemas, presiones que son insoportables y riñas sin fin. Aquellos que me rodean y que no Te conocen están mirándome como un ejemplo de cristiana. Me vuelvo a Ti ahora, Señor, para que todo esto no traiga a flote lo peor de mí. Por favor, Te ruego que me ayudes.

Me doy cuenta de que la tensión y la ansiedad no son nada nuevo. Tú debes haber experimentado una enorme cantidad de tensiones cuando estuviste en la tierra. La Biblia nos cuenta cómo fuiste ridiculizado, arrojado al suelo, presionado, golpeado y, finalmente, crucificado. Me sobrecoge pensar en cómo pudiste continuar amándolos, sin importarte quiénes eran o qué hicieron.

Cuando fuiste molido, Señor Jesús, seguiste adelante con un Espíritu puro, dulce como una rosa. Lléname y envuélveme con Tu presencia, Señor. Ayúdame a cambiar esta presión por un espíritu con presencia de popurrí, de modo que los demás Te reconozcan en mí y deseen conocerte como su Salvador.

Gracias Señor, por ayudarnos. Te agradezco, también, por la persona que me preguntó después cómo yo permanecía bondadosa y calmada. Habla a su corazón mientras le digo que todo viene de Ti.

«Así pues, los que sufren según la voluntad de Dios, entréguense a su fiel Creador y sigan practicando el bien».
1 PEDRO 4.19

Quiero captar Tu visión

Señor, veo personas por todas partes a mi alrededor sufriendo por los devastadores golpes del pecado. Algunos conflictos son traídos por sus propias acciones rebeldes e irresponsables. Otros están sufriendo porque aún no Te conocen como su Salvador personal.

Pero hay cristianos que están apesadumbrados por pecados que están cometiendo aquellos a quienes ellos aman.

Seguramente Tú amas a cada persona mucho más de lo que yo soy capaz de hacerlo, Señor. Quiero captar Tu visión. ¿Cómo puedo alcanzar para Ti esas almas perdidas y en conflicto? Me doy cuenta de que nunca podré percibir todo esto sino a través de Tu mirada. Si lo hiciera, no sería capaz de asimilarlo. Con mi limitada comprensión, lucho al conocer las noticias tristes, las experiencias dolorosas y los comentarios.

Soy solo una persona en este vasto mundo. Por favor, muéstrame lo que puedo hacer para ayudar a que otros Te acepten. Permíteme llorar con ellos. Te ruego que los consueles. Déjame guiarlos a Ti.

Que Tu Santo Espíritu tome control y los lleve a Tus brazos amantes.

Ayúdalos a aceptarte. Entonces celebraré con los ángeles. Permite que sean llenos de gozo y yo me regocijaré con ellos.

Gracias por este atisbo de Tu visión, Señor Dios. Abro mis ojos y mi corazón a ella.

«Después de esto, derramaré mi Espíritu sobre todo el género humano. Los hijos y las hijas de ustedes profetizarán, tendrán sueños los ancianos y visiones los jóvenes. En esos días derramaré mi Espíritu aun sobre los siervos y las siervas».
JOEL 2.28–29

Visión de oro

Estoy mirando hacia fuera desde la ventana de nuestra cocina, lavando los platos del almuerzo.

¡Qué adorables bendiciones Tú me das! El sol de la tarde besa las flores y árboles de nuestro patio, y a los dorados dientes de león.

También está besando las pecas de la nariz de mi Liza pelirroja. Ella está visitándonos con su quitasol. ¡Qué alegre es!

Mira cómo están apareciendo por todos lados las malas hierbas amarillas,

Señor. Nunca puedo librarme totalmente de ellas. Aunque sin embargo es divertido cómo han llegado a ser mis flores favoritas. Eso se debe a la felicidad que experimento cada vez que un niño me trae un ramo, acompañado de una amplia sonrisa y un «te quiero».

Por supuesto que les digo a estos pequeños ¡que saquen todas las que quieran!

Mira a Liza, Señor. Está en su propio pequeño mundo. Suavemente levanta una flor diente de león hacia el cielo, da un largo y suave soplido y convierte la atmósfera en un mundo mágico. ¿Cómo puedo quejarme e interrumpir su felicidad?

En poco tiempo tendremos una nueva cosecha completa de robustas flores amarillas.

De igual manera que dientes de león, visualizo cantidades de almas ahí afuera a la espera de ser cosechadas para Ti. No tengo ni siquiera que buscarlas. Están dondequiera que voy. Concédeme, por favor, la perseverancia, la fuerza y el poder de Tu Santo Espíritu para conducirlas a Ti.

Jesús dijo: «La cosecha es abundante, pero son
pocos los obreros, les dijo a sus discípulos».
MATEO 9.37

Semillas de salvación

Gracias por darme una parte de Tu visión, Señor. Puedo verme a mí misma como Tu sierva esparciendo Tus semillas de salvación por dondequiera que voy. Rápido. Despacio. Segura. Constante. ¡Estoy actualmente plantando Tu próxima iglesia! El Cuerpo de Cristo. Como las semillas de diente de león, algunas germinarán; otras no.

Del mismo modo que las semillas de flor caen en tierra fértil, oro por aquellos que oyendo de Tu amor y salvación, escucharán y Te aceptarán como su Salvador. Recuérdame que no los abandone después que ellos Te acepten, sino que alimente sus almas con Tu pan espiritual y el agua viva. Concédeme fidelidad y tiempo para orar con ellos, buscar los versículos de la Biblia juntos. En el proceso, permíteme crecer con aquellos que cuido.

Ayúdame a creer en los que alcanzo para Ti a medida que ellos se embarcan en su nuevo caminar contigo, Señor. Cuando den pasos de bebés espirituales, y tropiecen y caigan, concédeme paciencia de modo que Tú y yo nos inclinemos juntos y los ayudemos a levantarse, una y otra vez.

Nunca cesaré de hablar de Ti a la gente. Ni siquiera cuando se nieguen o posterguen recibirte, oraré por ellos.

Señor Jesús, me mantendré esparciendo Tus semillas de salvación a cada alma dispuesta durante el resto de mi vida.

Jesús dijo: «El sembrador siembra la palabra...
Pero otros son como lo sembrado en buen terreno:
oyen la palabra, la aceptan y producen una cosecha que
rinde el treinta, el sesenta y hasta el ciento por uno».
MARCOS 4.14, 20

17 DE AGOSTO

Asunto de vida o muerte

Cuando Tú y yo caminamos a la orilla del mar esta mañana, tuve un tiempo maravilloso de adoración y alabanza a Ti, Señor. Eran recién las siete. No había nadie a la vista. Solo Tú y yo. La neblina se levantaba de la arena húmeda. El sol silenciosamente atravesó las nubes bajas que pasaban.

Mientras caminaba contigo a lo largo de la playa, pisé algunos erizos de mar aplastados. La mayoría estaban quebrados, pero algunos permanecían enteros. Recogí uno. Me di cuenta por el movimiento de la parte posterior que todavía estaba vivo. Quise conservarlo, Señor, pero decidí perdonarle la vida.

Cuidadosamente lo puse en un charco pequeño cerca de una ola que se aproximaba.

Me acordé de cuánto esfuerzo hacemos a menudo para salvar a una ballena varada o a un animal lastimado. «Es un tema de vida o muerte», decimos. Amo a los animales y quiero cuidar de su seguridad.

¿Y qué de las almas de la humanidad? ¿No es un tema de vida o muerte? ¿Vida eterna o muerte? Todo en Tu creación es un regalo precioso. Sin embargo es más importante la eterna vida espiritual ofrecida a aquellos con quienes nos encontramos todos los días.

Tan regular como el cambio de las mareas el tiempo está haciendo tic tac para que las personas Te acepten. Ayúdame para traer a Ti tantas almas que perecen como me sea posible.

Jesús dijo: «Porque el Hijo del hombre vino a buscar
y a salvar lo que se había perdido».
Lucas 19.10

Cerrando el trato

Se está poniendo un poco más fácil hablar de Ti a las personas con quienes tengo contacto diario, Señor. Cuando más me rodeo de gente, más espero y oro para que ellos me reconozcan como una cristiana.

Te ruego que me concedas oportunidades para compartir Tu amor con ellos, y hazme alerta a la apertura cuando vienen. La parte que atemoriza al llevar a alguien a Ti es ayudarle a dar el paso final de aceptarte como su Salvador personal. En palabras de un vendedor, es la etapa de «cerrar el trato».

Ayúdame en ser entusiastamente alerta cuando llega este momento, Señor. Recuérdame que respire profundo, envíe una oración como flecha para Tu ayuda, e invite a esta persona a entregarte su vida. Estoy tan contenta que ahí es cuando yo puedo confiar en Ti y permitir al Espíritu Santo que intervenga, trabaje y cambie vidas. Puedo conducir a las personas a Ti pero soy incapaz de salvar almas. Solo Tú puedes hacer eso, Señor.

Gracias por ayudarme a conducir a cada persona a ese paso final de aceptarte y «cerrar el trato». Te alabo por Tu asombroso poder. Gracias por salvar a cada preciado ser y hacerlos Tu propiedad.

«Mas a cuantos lo recibieron, a los que creen en su nombre, les dio el derecho de ser hijos de Dios».
JUAN 1.12

El producir ganadores de almas

Padre, visualizó que me estás llevando a que sea una ganadora de almas, pero nunca soñé que estuvieras tirando de mi corazón para ir un paso más allá, producir ganadores de almas para Ti.

Me emociono cada vez que pienso en los alumnos de la iglesia que Tú has puesto a mi cuidado. Algunos, por medio de las lecciones regulares de Biblia, han ido en pos de Tu llamado para llegar a ser maestros, predicadores y activos líderes cristianos en todos los caminos de la vida.

Me emociona enseñarles a mis estudiantes cómo llevar a sus amigos a Ti. Paso a paso, hemos marcado los versículos en nuestras Biblia: Todos han pecado (Romanos 3.23). La paga del pecado es la muerte y la destrucción (Romanos 6.23). Tú sacrificaste a Tu Hijo por nosotros (Juan 3.16). La única manera de llegar a Ti, Padre, es a través de Tu Hijo Jesucristo (Juan 14.6). Jesús murió por nuestros pecados (1 Corintios 15.3). Cuando creemos en Jesús, somos salvos (Hechos 16.31). Cualquiera que recibe a Jesús en su corazón, tiene el derecho de ser llamado Su hijo (Juan 1.12). Si confesamos nuestros pecados, Tú eres fiel y justo para perdonarnos y limpiarnos de todo mal (1 Juan 1.9).

Gracias por enseñarme estos pasos, Padre. Te agradezco por ayudarme a levantar ganadores de almas para Ti.

Jesús dijo: «Pero la parte que cayó en buen terreno son los que oyen la palabra con corazón noble y bueno, y la retienen; y como perseveran, producen una buena cosecha».
Lucas 8.15

Relación de faldón

Padre, quiero hablar contigo sobre mis amigos en el trabajo. He estado hablándoles de Ti y cómo Tú me ayudas. Una es una buena persona. Ella ha ido a la iglesia toda su vida y se crió en un hogar cristiano. No obstante, dice que no recuerda haberte pedido que entres en su corazón. Cree que, puesto que tiene padres cristianos, automáticamente es una cristiana. Es cómo si ella estuviera montada en la relación de sus padres contigo.

Otro amigo me dijo que su iglesia enseñaba que Tú no eras el Hijo de Dios, que Te llaman por otros nombres. Dijo que ir a cualquier iglesia igual lo llevará al cielo.

Estoy preocupada por ellos, Señor. Leo en la Biblia que Tú eres el Camino de salvación. Los capítulos 3 y 6 de Romanos explican cómo todos hemos pecado y cómo la consecuencia del pecado es la muerte espiritual. Eso pasa por decir que el regalo de salvación y de eterna vida espiritual es a través de Ti, Jesucristo.

No quiero discutir con ellos. Ayúdame a ser un buen ejemplo de Ti. Ayúdame a decirles cuán maravilloso eres, sin ser arrogante. Te ruego que hables a sus corazones. Que sientan hambre y sed de Ti. Mantente detrás de ellos y ayúdalos de la manera como me ayudaste a mí.

«Jesucristo es la piedra que desecharon ustedes los constructores, y que ha llegado a ser piedra angular. De hecho, en ningún otro hay salvación, porque no hay bajo el cielo otro nombre dado a los hombres mediante el cual podamos ser salvos».
HECHOS 4.11-12

Abriendo la puerta de par en par

Padre, estoy emocionada por la forma en que me estás usando para alcanzar a otros para Ti. Muchos se están comprometiendo. Almas están siendo salvadas en nuestra iglesia. El crecimiento espiritual se está produciendo en bebés cristianos. Es tan maravillosa la manera en que nos has bendecido, pero estoy tan involucrada en las necesidades de otros que estoy desatendiendo mis propias necesidades. Mi ocupada agenda hace que yo me sobrecargue; que le saque el jugo a cada hora de vigilia y que ayude a todos a lo largo del camino. Incluso estoy robándome el sueño necesario para hacer más y más. Me siento a mí misma cometiendo un error, Padre. Una vez más, mi vida está volviéndose una confusión total. Estoy asegurándome que todos los demás estén bien. De alguna manera, simplemente me olvidé de mí misma, especialmente del tiempo que necesito estar contigo.

Así que aquí estoy otra vez, Señor. Perdóname por ser tan descuidada.

Te estoy abriendo de par en par mi puerta. Entra por favor y cena conmigo para que podamos alimentarnos con las sabias y fortalecedoras palabras de la Biblia. Ayúdame a traer de vuelta un estilo de vida en equilibrio con Tu voluntad. ¡Cuán feliz soy de venir y disfrutar de Tu compañerismo! Una vez más, Tú me das fuerza de modo que puedo pasar Tu amor a otros.

Jesús dijo: «Mira que estoy a la puerta y llamo.
Si alguno oye mi voz y abre la puerta, entraré,
y cenaré con él, y él conmigo».
APOCALIPSIS 3.20

¿Hay alguien en casa?

Vengo a Ti hoy, Señor, pidiéndote que ayudes a una nueva amiga. Está pasándolo muy mal y estoy preocupada por ella. Ha hechos grandes progresos en su vida, pero aún tiene un largo camino por andar.

Una vez, estuvo sin hogar, metida con alcohol y drogas. En ese entonces, todo debe haberle parecido imposible. Entonces comenzó a asistir a una iglesia. Tú llamaste a la puerta de su corazón y ella respondió. Paso a paso comenzó a hacer grandes cambios en su vida.

¡Cómo Te agradezco y alabo por ayudarla a salir de las drogas y el alcohol! Estoy tan agradecida por la manera en cómo Tú le has provisto trabajo y un pequeño departamento que ella llama hogar.

Sin embargo, puedo ver que la batalla aún no termina. Sé que ella sufre terriblemente de depresión. Ahora no puedo contactarla por teléfono o llamando a su puerta. Me pregunto si aún está en casa.

Realmente la aprecio. No me rendiré, Señor. Continuaré llamando y preocupándome del mismo modo que Tú lo haces fielmente por mí cuando me siento deprimida. Sé que Te ama. Cuando esté depresiva por favor, mantén la puerta de su corazón abierta para Ti. Borra su dolor y alíviala, Señor. Gracias por decirle que la amas, aún cuando ella no pueda oírme.

Jesús dijo: «Mira que estoy a la puerta y llamo.
Si alguno oye mi voz y abre la puerta, entraré,
y cenaré con él, y él conmigo».
APOCALIPSIS 3.20

23 DE AGOSTO

Cuando el pecado sujeta

Padre, estoy pidiendo Tu ayuda para otra amiga.

Ella a menudo me cuenta sus problemas. Cuando habla, yo escucho. Le cuento cómo Tú puedes hacer una diferencia en su vida.

Muchas veces ha estado a punto de rendirse. Entonces, de pronto cierra la puerta de su corazón y vuelve atrás. Esto es porque el pecado tiene una terrible garra sobre ella.

No puedo arrancarla de la sujeción del pecado. ¿No estoy consiguiendo nada hablando con ella acerca de Ti, Padre? ¿Están mis palabras cayendo en oídos que no quieren oír? No quiero parar de tratar de alcanzarla. ¿Se perderá por toda la eternidad? Por favor, no permitas que eso pase. Sé que mis oraciones tienen poder. La Biblia dice que el mismo poder que levantó a Tu Hijo, Jesucristo, de la muerte y me libró del pecado está hoy vigente en mis oraciones.

Oye mis ruegos. Dirige lo que digo. Háblale, Padre Dios. Tú puedes alcanzarla cuando nadie más puede. Tienes el poder para salvarla. Rompe las cadenas de la esclavitud del pecado y hazla espiritualmente libre, en el nombre de Tu Hijo Jesucristo.

Gracias por amarla. Gracias por hablar a su corazón y comenzar el proceso de lograr victoria sobre la sujeción del pecado, ¡victoria en Ti!

«Ustedes, queridos hijos, son de Dios y han vencido
a esos falsos profetas, porque el que está en ustedes
es más poderoso que el que está en el mundo».
1 JUAN 4.4

Aceptando Tu amor

Te traigo esta alma querida, Padre. Ella Te ama con todo su corazón, pero siente que no merece Tu amor. Mi amiga me dijo que no importa cuán arduamente trata, ella no hace lo correcto. Es de las que caminan dos pasos para adelante y uno para atrás. Está desalentada y quiere rendirse. A veces me dice que hasta se ha preguntado si vale la pena vivir.

Concédeme sabiduría cuando la escucho hablar de sus preocupaciones y necesidades, y que yo, a cambio, comparta de Tu amor.

Ayuda a esta persona querida para que se dé cuenta de que Tú no sacrificaste a Tu Hijo por ninguno de nosotros porque lo meciéramos. Jesús murió y se levantó otra vez porque Tú nos amas y quieres librarnos de la culpa, del remordimiento y del dolor.

Saca las capas de odio y vergüenza de su alma. Ayúdala a aceptar Tu perdón y amor. Alivia sus heridas emocionales y espirituales con el bálsamo de Tu Santo Espíritu. Sana sus daños, Padre. Reemplázalos con esperanza y propósito para el futuro. Báñala con el amor de Tu fuente de limpieza. Llénala con Tu vivificante y victorioso Santo Espíritu. No una vez. Sino otra, y otra y otra vez.

«Puedan [ustedes] comprender, junto con todos los santos, cuán ancho y largo, alto y profundo es el amor de Cristo; en fin, que conozcan ese amor que sobrepasa nuestro conocimiento, para que sean llenos de la plenitud de Dios».
EFESIOS 3.18–19

Los que están más cerca

Hoy siento Tu empujoncito para compartirte con alguien cercano. ¿Cómo, Señor? Esta persona me comprende bien. Creo que ella me conoce casi mejor que yo misma. Hemos hablado acerca de Ti antes. Pero cada vez que yo traigo Tu nombre, ella me hace a un lado.

Está experimentando grandes cambios en su vida, Señor. Estoy muy preocupada por ella. Malas elecciones en el pasado la han atrapado. Ahora no ve ninguna escapatoria.

No tengo las respuestas. Pero Tú sí.

Vamos a reunirnos para el almuerzo. Crea una apertura de modo que podamos realmente comunicarnos acerca de lo que Tu amor puede hacer. Tú has cuidado tanto de mí, Señor. Si no fuera porque eres mi Salvador, mi vida sería un desastre. En lugar de eso, me has amado gentilmente y guiado cada paso en el camino.

Hazme recordar que no me entremeta en su privacidad sino simplemente contarle a ella lo que Tú haces por mí. Saca mi temor. Reemplázalo con Tu amor, poder y discernimiento. Guíame para saber cuándo hablar, qué decir y cuándo dejar de hablar y escuchar y orar.

¿Has estado ya hablando a su corazón, Señor?

Debes haberlo hecho, puesto que me estás guiando para que comparta Tu amor ahora. Bien, aquí vamos. Ayúdame, por favor. Conversemos con ella juntos.

«Escucha mis súplicas, rey mío y Dios mío,
porque a ti elevo mi plegaria.
Por la mañana, Señor, escuchas mi clamor;
por la mañana te presento mis ruegos,
y quedo a la espera de tu respuesta».
Salmo 5.2–3

Evaluada

Señor, no puedo pensar en ningún otro momento en que mi ejemplo cristiano fue más evaluado que cuando nuestros hijos estaban en sus años adolescentes.

En ese tiempo, cuando trataba de compartir de Ti con ellos en palabras o acciones, me desafiaban y me cuestionaban. Antes de darme cuenta, me estaba defendiendo. Mi más grande aliento vino de Ti y de amigos cristianos que habían sobrevivido a los desarmadores años adolescentes.

Mis niños conocían mis fortalezas, defectos y debilidades. Quizás sólo querían ver si el amor que yo sentía por Ti era genuino. Lamentablemente, mi esfuerzo para compartirte con ellos se transformó algunas veces en manipulación. ¡Cómo lamento no confiar más en Ti cuando oraba por ellos! Tú estabas trabajando en sus vidas. ¿Mi responsabilidad? Permanecer fiel a Ti, amarlos sin variación y creer en ellos. Cuando rebotaban de un lado a otro en sus maneras descuidadas, Tú querías que yo fuera un ejemplo constante y consistente que pudieran ver. Aprendí a darles testimonio de acciones y de una firme vida de oración, más bien que con meras palabras.

Ahora miro hacia atrás, Señor, y me admiro por lo que haya hecho bien. Gracias por responder a mis muchas oraciones. Gracias una y otra vez por Tu gracia y por cómo cada uno de mis hijos adultos Te ama.

> *«No se inquieten por nada; más bien, en toda ocasión, con oración y ruego, presenten sus peticiones a Dios y denle gracias. Y la paz de Dios, que sobrepasa todo entendimiento, cuidará sus corazones y sus pensamientos en Cristo Jesús».*
> FILIPENSES 4.6–7

Permíteme reflejar a Tu hijo

Es tarde en la noche, Padre. Un emocionante evento está sucediendo, uno que será recordado en la historia. Mira al sudeste conmigo. ¿Ves eso que se ve como una brillante estrella? Cerca de la luna, es el objeto más brillante en el cielo. Los astrónomos nos dicen que ese es el planeta Marte. De acuerdo a sus estudios, el año 2003 es la primera vez que Marte ha estado tan cerca de la Tierra en los últimos sesenta mil años. Se supone que está a treinta y cinco millones de millas de nosotros.

Permanezco mirando fijamente hacia el cielo de la noche, asombrada de que pueda ser testigo de tan milagroso suceso. ¡No será visto otra vez hasta el año 2287! ¡Qué poder, qué magnitud envuelta en esta brillante expansión! Más que eso es la energía y la luz que refleja el sol.

Gracias por crear esto, Padre. Más grande que Marte, la luna o el sol es cómo Tú nos bendices con Tu Hijo Unigénito, Jesús. Él es la Luz del Mundo. En él no hay ninguna oscuridad (1 Juan 1.5). Él es la Luz de todas las luces.

Permite que refleje a Tu Hijo, la luz y el mensaje más imponente que cualquier otra cosa en toda Tu creación. Déjame compartir Tu mensaje de vida eterna que está aquí con nosotros cada hora, cada día. Déjame hablar a todos los que escucharán sobre Tu constante, perdurable presencia y amor.

Jesús dijo: «Hagan brillar su luz delante de todos,
para que ellos puedan ver las buenas obras de ustedes
y alaben al Padre que está en el cielo».
MATEO 5.16

Una nueva canción

Este día empezó de la misma manera que cualquier otro. Trabajo. Encargos. Lo que lo hace especial, Señor es cómo Tú pones una nueva canción en mi corazón.

Hay una que he estado escuchando en la radio recientemente. Su melodía y su mensaje conectan mi corazón y mi mente. La canción ofrece alabanza y gloria a Ti, Señor. No solo para los creyentes de aquí, sino de aquellos que Te aman en todos los países, alrededor del mundo.

La canción dio vueltas en mi cerebro en suave repetición toda la mañana. Por la tarde, me encontré a mí misma entonándola quietamente durante mi trabajo. Aquellos que estaban cerca solo me miraban y se sonreían. Alguien preguntó qué estaba cantando. Le compartí palabras de la canción y de Tu amor por nosotros.

Siguió conmigo en la estación de gasolina, el banco y la tienda de comestibles. Vinieron más sonrisas y algunas preguntas. Una dama se acercó mientras esperaba pagar mi leche y tomates, y compartió cómo reconoció la melodía. Recitó las palabras en voz alta, acompañándolas con una gran sonrisa.

Dijo al frente de todos cuánto Te ama y cómo Tú eres el Rey de reyes, Señor de señores. Sostuvo que reinas sobre todos los cielos y la tierra. Gracias, Señor, por la bendición de compartir una nueva canción.

«Puso en mis labios un cántico nuevo,
un himno de alabanza a nuestro Dios.
Al ver esto, muchos tuvieron miedo
y pusieron su confianza en el Señor».
SALMO 40.3

Lo mejor del estudio bíblico

Comenzó de la misma manera que cualquier otro estudio de Biblia, Señor. Éramos solo un grupo pequeño de personas reunidas para estudiar Tu Palabra y orar. Entonces algo sorprendente ocurrió. Tu Espíritu comenzó a moverse en cada una de nuestras vidas. Los oídos se animaron con lo que estábamos aprendiendo. Los ojos brillaban emocionados a medida que encontrábamos cómo podíamos aplicar estas lecciones a los sucesos cotidianos de nuestras vidas. Las oraciones estaban (y todavía lo están) siendo respondidas. Como sabes, muchas veces Bob conduce este estudio.

Ocasionalmente Kristina toma el turno. Kristina describió acertadamente lo que estaba pasando. «¡Hey! algo está ocurriendo realmente aquí». Nuestro grupo empezó a concentrarse no solamente en nuestras propias necesidades, sino en la necesidad de aquellos que están a nuestro alrededor. El incentivo de compartir Tu maravilloso amor con otros es tan intenso, que nadie estuvo sorprendido cuando oímos de los milagros que han tenido lugar diaria y semanalmente en la vida de aquellos por quienes hemos estado orando. A través de este proceso, Te agradezco por cómo las actitudes desanimadas o lánguidas se transforman en vibrantes y entusiastas puntos de vista sobre la vida.

Te doy gracias por nuestro grupo de estudio bíblico. Estoy agradecida por la forma cómo nos enseñas a ayudarnos el uno al otro. A medida que crecemos en Ti, oro para que compartamos Tu amor con más y más gente cada día.

«Así, todos nosotros, que con el rostro descubierto reflejamos como en un espejo la gloria del Señor, somos transformados a su semejanza con más y más gloria por la acción del Señor, que es el Espíritu».
2 Corintios 3.18

Que mi país se vuelva a Ti

¿Cómo era nuestro país espiritualmente cuando recién fue fundado, Señor?

¿Era tan excelente y noble como los historiadores lo retratan? ¿O nuestros antepasados también tienen un testimonio de luchas con lo correcto y lo incorrecto?

Leí cómo las personas en este país repetidamente cometieron serios errores. Ellas se alejaron de Ti por un tiempo, luego experimentaron Tu sagrada presencia y un gran despertar espiritual. Gracias por los valientes líderes cristianos quienes fueron dondequiera que Tú los enviaste y obedecieron Tu voluntad.

Gracias, también, por aquellos que mecieron cunas y moldearon vidas jóvenes que llegaron a ser aquellos líderes.

¿Y que de nuestras iglesias, Señor? Te agradezco por el comienzo de las escuelas, los hospitales, las organizaciones de ayuda a los huérfanos y a los necesitados. Ayúdanos a continuar haciendo el bien y a sostenernos en los principios cristianos sobre los que fue fundada nuestra nación. Ayúdanos como cuerpo cristiano a amar y cuidar uno del otro, y dar la espalda al pecado, a la difamación y a la destrucción interior en nuestro país.

Quizás no puedo ser tan grande como los líderes cristianos de antes, Señor, pero puedo mecer la cuna, enseñar a los niños y adultos, y traer a mis seres queridos a Tu trono de gracia. Ayúdame para que ayune y ore durante la noche para que un alma más perdida venga a Ti.

Así, heme aquí, Señor, pidiendo, suplicando. Por favor trae a nuestro país de regreso a Ti.

«Permítenos volver a ti, Señor, y volveremos;
devuélvenos la gloria de antaño».
LAMENTACIONES 5.21

Oraciones alrededor del mundo

Recién miré las noticias del mundo, Señor. Las nuevas tecnologías hacen que todo nos parezca más cercano que antes. Malas noticias: guerras. Terremotos. Tornados. Inundaciones. Buenas noticias: gente construyendo la paz. Gente ayudando a la gente. Nuevos comienzos. Misiones mundiales. Despertar religioso. Sacrificios por otros. Muestras de generosidad. Valoro estos buenos informes, Señor. Cuando escucho malas noticias siento el llamado a ayudar como sea posible.

Señor, ayúdanos cuando nos golpea la tragedia. Sé con los líderes de todas partes.

Reúnelos para que Te sigan. Vela por Tus ministros, misioneros y obreros cristianos. Concédele protección, fuerza, sabiduría y plenitud de amor a cada uno. Cúbrelos con Tu santa armadura. Permite que toda la gente conozca Tu amor.

Muéstrame la manera en que puedo hacer la diferencia. Señor, me doy cuenta que hay cristianos alrededor del mundo que Te aman y sirven. Están orando fervientemente unos por otros. ¡Algunos oran por nosotros! Gracias por ellos.

Ayúdanos como Tus seguidores a unir nuestras oraciones. Vuelve los corazones a Ti. Por aquellos en esclavitud o libres, Tú pagaste el precio para libertar realmente sus almas. Ayuda a nuestro mundo herido a buscar y a obedecer Tu voluntad. Sánanos. Restáuranos. Danos la paz de corazón que viene solo de Ti.

Jesús dijo: «No ruego sólo por éstos. Ruego también
por los que han de creer en mí por el mensaje de ellos,
para que todos sean uno. Padre, así como tú estás en mí
y yo en ti, permite que ellos también estén en nosotros,
para que el mundo crea que tú me has enviado».
Juan 17.20—21

¿Por qué yo?

Si pudiera verte cara a cara ahora mismo, Señor, tendría muchas preguntas que hacer. Cuando trato de responderlas yo misma, me parece que estuviera mirando cada cosa a través de anteojos oscuros. Nada está muy claro. No puedo verte Señor, pero Tu presencia está aquí, conmigo. Apóyame para que Tú y yo busquemos juntos en las Escrituras. Por favor, dame la perspicacia, la tranquilidad y la seguridad. Quiero saber «¿Por qué yo?» ¿Por qué soy una de las afortunadas en ser salvada cuando tantos otros están perdidos por la eternidad? El día más grande de mi vida fue cuando Te acepté en mi corazón y Te hiciste mi Salvador. En realidad Tú me adoptaste como Tu hija, Señor. ¡Qué bendita y afortunada me siento!

¿Fui yo quien Te pidió primero, que seas mi Salvador o Tú golpeaste antes la puerta de mi corazón? ¿Tú me escogiste? ¿Y los otros? Tu Palabra dice que Tú amas al mundo entero, tanto que todo el que cree en Ti será llamado Tu hijo y alcanzará la vida eterna.

«Mi niña, cualquiera que venga a Mí con humildad y se arrepienta de corazón será salvado y tomará parte del reino de los cielos».

Gracias Señor, por llamarnos a todos.

Jesús dijo: «Para que todo el que crea en él tenga vida eterna».
JUAN 3.15

2 DE SEPTIEMBRE

¿Me aceptas como tuya?

Te amo con todo mi corazón, con toda mi alma, y con toda mi mente, Padre. Te amo más que a todo lo demás. Sé que Tú me amas. Pero ¿Por qué no me siento digna de Tu reconocimiento? ¿Me aceptas realmente como Tu hija? Porque Tú me creaste y Te pertenezco.

Yo adoro a mis niños. Todavía recuerdo sus primeros llantos.

Los amé desde que estaban en mi útero. ¡Qué emoción cuando cada pequeño cuerpo se movía dentro de mí! Y, ¡oh, cuando los vi! Ante mis ojos, mis bebés eran los niños más hermosos del mundo entero. Los amo porque ellos son míos, no porque tuvieran que ganarse mi amor.

¿Tú recuerdas mi primer llanto, Padre? ¿Sabes todo sobre mí? ¿Me conocías y tenías un plan para mí aun antes de que fuera concebida? Fuiste Tú quien me tejió en el útero de mi madre ¿verdad? ¿Tú me amaste y cuidaste tal como soy? Así que, ¿puedo confiar en Tu amor y aceptarte como mi Padre Celestial?

«Te amo, mi niña, con amor eterno. Me perteneces».

¡Cómo Te alabo y agradezco! Aunque no soy digna de Tu amor, estoy segura de que soy Tuya.

«¡Fíjense qué gran amor nos ha dado el Padre,
que se nos llame hijos de Dios! ¡Y lo somos!
El mundo no nos conoce, precisamente
porque no lo conoció a él».
1 Juan 3.1

¿Por qué se mueren nuestros seres queridos?

Cuando mis seres queridos se van, siento un abismo inmenso dentro de mí. ¿Por qué ellos tienen que ser afectados por la tragedia, la enfermedad o el envejecimiento y dejarme? Algunos Te sirven activamente hasta el día de su muerte. ¿Por qué no los mantienes sanos y salvos? ¿Por qué tienen que morirse? ¿Hay algo bueno que provenga de esto, Señor? Yo no lo comprendo, pero Tú sí, y yo confío en Ti.

Ocasionalmente desearía hablar con diferentes seres queridos, en especial con mi abuela. Ella y yo fuimos muy cercanas. Aún cuando tengo una pregunta que le haría ahora, ya sé lo que diría ella.

Las lecciones sobre Tu fidelidad y las esperanzas para el futuro que me dieron mis seres queridos se han puesto atemporales y ¡todavía viven en mí! Es como si la llama de Tu sabiduría y del amor Tuyo que me fue dado, pudiera proyectarlo hacia las futuras generaciones. Ayúdame a ser fuerte para hacerlo, Señor. Muéstrame cómo mantener vivas en mí Tus verdades benditas, para contárselas a mis hijos, a mis nietos y a mis bisnietos. Permite que cada generación aprenda de ellas, incluso la de aquellos que aún no han nacido.

Gracias Señor por confortarme. Te agradezco por mantener en mí la invaluable sabiduría que diste a mis seres queridos. Gracias porque el Espíritu Santo que los guió a ellos, ahora me conduce a mí.

«No las esconderemos de sus descendientes; hablaremos a la generación venidera del poder del Señor, de sus proezas, y de las maravillas que ha realizado. Para que los conocieran las generaciones venideras y los hijos que habrían de nacer, que a su vez los enseñarían a sus hijos. Así ellos pondrían su confianza en Dios y no se olvidarían de sus proezas, sino que cumplirían sus mandamientos».
SALMO 78.4, 6–7

4 DE SEPTIEMBRE

¿Por qué los cristianos se divorcian?

Otra amiga está en la mitad del divorcio, Señor. Está destrozada y casi muerta de pena. Ella pregunta: «¿Por qué está sucediendo esto?»

Yo también estoy preguntándome por qué. Yo pensaba que los cristianos no tendrían que pasar por estas cosas. Nuestras vidas, suponía, debían estar en perfecta concordancia con Tu voluntad. Sin embargo, cada vez veo a más y más personas queridas que Te aman, sufriendo el golpe desgarrador del divorcio. Algunas me dicen que eso es como destrozar una parte de sus vidas o como experimentar una cirugía con una afilada cuchara de té. ¡Qué triste y devastador!

Señor, ¿podría estar incrementándose esta situación debido a las duras luchas espirituales y a la tensión que enfrentamos todos los días?

¿Podría ser que nosotros mismos, como cristianos, estamos permitiendo que estas cosas ocurran por caminar alejados de Ti?

Pero, ¡Señor!, algunos Te siguen realmente y a pesar de ello sufren por las acciones de sus compañeros. ¡Cómo ruego porque sus corazones cambien y los matrimonios puedan ser restituidos! Pido por un nuevo despertar espiritual que comience dentro de nosotros. Ayúdanos a evitar las tensiones y presiones innecesarias que a menudo afectan nuestras vidas y que amenazan con empujarnos hacia la separación. Reemplaza esto con Tu paz y Tu amor incondicional.

Permíteme recordar que no debo tomar partido por mis amigos, sino amar, apoyar y cuidar a los demás. Bendice y conforta a esos seres queridos, Señor, y guárdalos cerca de Ti.

«El Señor te llamará como a esposa abandonada; como a mujer angustiada de espíritu, como a esposa que se casó joven tan sólo para ser rechazada dice tu Dios». «Por un momento, en un arrebato de enojo, escondí mi rostro de ti; pero con amor eterno te tendré compasión dice el Señor, tu Redentor».
Isaías 54.6–8

5 DE SEPTIEMBRE

¿Por qué nací en esta época?

En estos días, todo es apretar un botón o dar un golpecito a un interruptor, Señor. Yo disfruto de los mecanismos útiles y la tecnología que tenemos a nuestra disposición. Todavía queda mucho camino por recorrer. Mientras se producen estos cambios, con frecuencia escucho frases como «antes la vida era más sencilla». Abundante campiña. La naturaleza cercana para disfrutar. Pocas restricciones. Menos tráfico, indudablemente. Siento como si hubiera sido puesta en el tiempo equivocado. ¿Por qué nací en esta época? ¿Tú tienes algún propósito para que yo esté aquí ahora? La Biblia dice que Tú me escogiste al planear la creación y mis días están registrados en el Libro de la Vida. Estoy asombrada sobre cómo Tú determinaste exactamente cuándo y cómo viviría.

Tú me has puesto aquí por alguna razón. En Segunda de Corintios, versículo 6, me dices que ésta es la época en que me mostrarás Tu favor. Ahora es el tiempo de mi salvación, para que yo Te adore y Te sirva. Gracias por darme el derecho a elegir. A causa de Tu amor por mí y del mío por Ti, amado Señor, opto por seguirte en todo momento, a cualquier lugar. Gracias por ofrecerme un futuro especial para mí, lleno de esperanza y de gozo.

Supongo que no estoy perdida en el tiempo después de todo, Señor. En efecto, tengo confianza que Tú me quieres exactamente donde estoy ahora para glorificarte.

«Porque yo sé muy bien los planes que tengo para ustedes afirma el Señor, planes de bienestar y no de calamidad, a fin de darles un futuro y una esperanza. Entonces ustedes me invocarán, y vendrán a suplicarme, y yo los escucharé».
JEREMÍAS 29.11–12

6 DE SEPTIEMBRE

¿Es importante mi vida para Ti?

Padre, por todas partes a mi alrededor veo personas empeñadas en lograr cosas para Ti y la especie humana. Mucha gente se esfuerza por tener mejor presencia física, ser más lista, más educada y más adinerada que yo.

La parte «riqueza» no me molesta, pero me siento limitada en mis posibilidades para servirte en otras áreas.

¿Es importante mi vida para Ti, Padre? ¿Tiene sentido mi lucha contra estas inseguridades? Aunque es poco lo que tengo para darte, Te amo y anhelo servirte con cada parte de mi ser. Quizás me estoy subestimando. Incrementa mi fe, Te lo imploro, y ayúdame.

«Mi querida criatura, deléitate en el ser que Yo hice de ti. Porque te di tus expresiones, tus talentos. Tú eres mi hermosa creación a la que colmé de regalos para compartir. Me regocijo contigo en el canto. Eres Mi niña de gran valor, Mi pertenencia preciada. Amo hacer el bien para ti. Te inspiraré, así como te pongo en este lugar, aquí y ahora, para servirme. Todo lo que tú dices y haces es importante para Mí, y así como las ondas del agua de una laguna, afectan a otros que están alrededor tuyo. Confía en Mí. Yo puedo hacer con tu vida mucho más de lo que imaginas».

Gracias, Padre. ¡Qué digno eres de mi amor y servicio!

«Que nuestro Señor Jesucristo mismo y Dios nuestro Padre, que nos amó y por su gracia nos dio consuelo eterno y una buena esperanza, los anime y les fortalezca el corazón, para que tanto en palabra como en obra hagan todo lo que sea bueno».
2 TESALONICENSES 2.16–17

¿Por qué se nos dio a elegir?

Señor, hay muchas actitudes nobles y acciones provenientes de personas que generan paz y felicidad en este mundo. Hay otros, sin embargo, que están causando mucho dolor y tensiones a causa de la indiferencia y el odio que manifiestan. Si esto me entristece a mí, a Ti debe causarte un tremendo dolor. ¿Cómo puedes soportarnos cuando somos tan egoístas y arrogantes? ¿Por qué nos fue dada la posibilidad de elegir cómo queríamos vivir?

Tu amor es más grande de lo que puedo comprender. Tú miras más allá de nuestros defectos y ves las posibilidades que tenemos para llegar a ser dignos de Ti. ¿Quiere decir que mi elección en el sentido de seguirte y adorarte, es mucho más que las acciones de un tipo de robot, al que se le ordena que haga esto o aquello? Pienso que sí. Señor, perdóname cuando tambaleo y me pongo egocéntrica y egoísta. Gracias por hacer que no me centre en mí. Gracias por ayudarme a retomar el rumbo junto a Ti.

Solo deseo que el pecado desaparezca. Pero mientras me vea obligada a lidiar con él, lo haré. Con todo el poder que me has dado me esforzaré para hacer la diferencia. Te amo, Señor. Elijo vivir para Ti.

«Pero si a ustedes les parece mal servir al Señor, elijan ustedes mismos a quiénes van a servir: a los dioses que sirvieron sus antepasados al otro lado del río Éufrates, o a los dioses de los amorreos, en cuya tierra ustedes ahora habitan. Por mi parte, mi familia y yo serviremos al Señor».
Josué 24.15

8 DE SEPTIEMBRE

¿Por qué Satanás tiene tanto poder?

Me sobrecoge el temor de que el mal se produzca en torno mío. La Biblia describe a Satanás como un merodeador, un león rugiente, en busca de alguien a quien devorar. Quiero evitar a este tentador a toda costa, Señor. Los sucesos pasados hacen que nosotros cerremos con llave nuestras puertas. Dondequiera que vayamos, estamos a la defensiva. La confianza en los demás es gradualmente disminuida en nuestras vidas a causa de las fuerzas destructoras del mal. ¿Cómo podemos triunfar sobre la fuerza terrible de Satanás? ¿Por qué le es permitido tanto poder? ¿Tiene que estar en nuestro entorno? Los cristianos que Te aman y Te sirven no están bajo su regla. Tú, Señor, eres más grande que la fuerza de Satanás. ¡Cuán impresionante fortaleza y victoria hay en la simple mención de Tu nombre! Las personas son liberadas del pecado original autodestructivo, sanadas de la enfermedad, y hasta rescatadas de la muerte gracias a Tu oración ferviente. Tú no nos das el espíritu de cobardía, sino el de adoración a Ti, del poder sobre el mal y nos provees de un alma robusta.

¿Puede ser que Satanás no tenga más poder que el que nosotros le damos a él? Me adhiero a Ti, Señor. Desde lo alto, Tú provees la victoria sobre Satanás. No tendré nada que ver con él. Tú eres mi Dios, mi Todopoderoso. Ayúdame a compartirte con todos quienes viven alrededor mío para que puedan experimentar la liberación del pecado y la alegría de una vida triunfante.

«Ustedes, queridos hijos, son de Dios y han vencido
a esos falsos profetas, porque el que está en ustedes
es más poderoso que el que está en el mundo».
1 JUAN 4.4

¿Cómo puedo perdonar e ir más allá de mis heridas?

¿Cuántas cosas de mi pasado me han causado dolor, Señor? Son más de las que puedo contar. Algunas eran ciertamente muy malas y me empujaron al límite de la resistencia. Si no hubiera sido por Ti, Señor amado, pienso que no habría sobrevivido a ellas. Gracias por sacarme adelante.

Aunque he intentado dejar atrás estas horribles experiencias y perdonar a aquellos que me han lastimado, el recuerdo regresa y me persigue. Ahora, otra vez, el dolor es abrumador. Las lágrimas brotan y se desbordan. ¿Cómo puedo perdonar e ir más allá de todo esto, Señor? Por favor, ayúdame.

«Ven a mis brazos abiertos hija mía. No temas llorar. Deja todo en mis manos. Cada vez que hagas esto la carga se alivianará; el dolor disminuirá. Te ayudaré a perdonar, aún a aquellos que no lo lamentan. Te ayudaré a olvidar el pasado. Aquello que no fue bien hecho. Yo, el Médico de médicos, estoy aquí ahora. Toca el borde de Mi manto y deja que Yo quite tu dolor y te haga de nuevo. Hazte dependiente de Mí. Apóyate en Mi fuerza. Camina hacia adelante. Mis bendiciones son para ti».

Gracias, Señor, por ayudarme a perdonar y seguir adelante. Espero con ansias una vida restituida en Ti.

«Ciertamente él cargó con nuestras enfermedades y soportó nuestros dolores, pero nosotros lo consideramos herido, golpeado por Dios, y humillado. Él fue traspasado por nuestras rebeliones, y molido por nuestras iniquidades; sobre él recayó el castigo, precio de nuestra paz».
ISAÍAS 53.4–5

10 DE SEPTIEMBRE

¿Cómo pudiste dejar el cielo por mí?

Antes de que Tú vinieras aquí, Señor, lo tenías todo. Un trono. Sin pecado, tristeza ni dolor. ¿Cómo pudiste dejar el cielo y la diestra de Tu Padre para venir a un mundo que sabías que Te odiaría? ¿Por qué me salvaste y me hiciste Tu hija? Yo no me lo merecía. ¡Cuán arrepentida estoy por haberte entristecido por medio de mis años malgastados en otras acciones antes de que entraras en mi vida! No importa lo que hice, nunca debí hacerlo. Te amo, Señor. Estoy agradecida por Tu amor y perdón.

Tú dejaste el cielo sabiendo lo que ocurriría. Tu amor hacia mí y toda la especie humana fue la razón para que vinieras. Dejaste la riqueza para nacer en un establo. Aceptaste el ridículo y la tortura. Y moriste por mí. ¿Por qué, Señor?

«Tu eres mi único y amado propósito. Vine para que tú pudieras conocer mi amor y depender de él. Vine a perdonar el pecado. No porque tú lo merezcas, sino porque te amo por la eternidad. Mi deseo es prodigarte amor y darte una vida plena de paz interior y felicidad. Acéptalo. Valóralo y vive para Mí».

Gracias, Señor, por dejar el cielo y venir a salvarme. Realmente, Tu amor gratuito es suficiente. Deja que mi alma Te ensalce en todo lo que diga y haga.

«Pero él me dijo: Te basta con mi gracia, pues mi poder se perfecciona en la debilidad. Por lo tanto, gustosamente haré más bien alarde de mis debilidades, para que permanezca sobre mí el poder de Cristo».
2 Corintios 12.9

¿Cómo Te sientes en relación al mal?

Muchas veces, las acciones terroristas, la maldad, causan la devastación hasta extremos indescriptibles. Corro a Ti como una niña y grito: «¡Mira, Padre! ¿Ves lo que hicieron?»

Odio la forma en que la perversidad engaña a personas perdidas. ¿Cómo te sientes Tú acerca del mal y los malhechores? ¿Y Tu Hijo?

¿Le abandonaste cuando asumió mis pecados?

La Biblia dice que hay que huir del mal. Afirma que el pecado arruina nuestras vidas y causa muerte eterna. Yo creo que Tú desprecias el mal, Padre. Pero, ¿y las personas? Tú suplicas constantemente que todos Te reciban.

No puedo comprender qué ocurrió cuando Tu Hijo murió. Sé que Jesús tomó mi pecado y mi angustia y los puso sobre Sus hombros. Rechazado por muchos, pagó el precio. Tu poder liberó a todos del pecado. Tú no interferiste, Padre. Todavía estabas ahí cuando el velo del templo se rompió de arriba a abajo, cuando la tierra tembló, cuando las rocas se partieron, las tumbas se abrieron y los muertos resucitaron. Tú estabas ahí cuando los enfermos sanaron, cuando el centurión exclamó: «Realmente éste era el Hijo de Dios». Y Tú estabas ahí, Padre, ¡Cuando Tu Hijo, victoriosamente, se levantó de la tumba!

Las victorias sobre las injusticias todavía suceden. Tú iluminas a las personas cariñosas, afectuosas a través de ellas. El amor conquista a todos. Realmente Tú eres mi Padre justo. ¡Jesús es el verdadero Hijo de Dios!

«Sométanlo todo a prueba, aférrense a lo bueno, eviten toda clase de mal».
1 TESALONICENSES 5.21–22

12 DE SEPTIEMBRE

¿Por qué la gente no puede mostrar más amor?

Señor, gracias por aquellos que me aman. Ellos me dan gozo. Me hacen reír. Me llenan de entusiasmo y ganas de vivir. Pero hay uno que parece no tener amor para dar. No importa cuán fuerte sean mis demostraciones de afecto o generosidad, esta persona no responde.

Esto me hace sentir vacía. ¡Qué triste! No por mí, sino por alguien que carece de la habilidad para demostrar amor. Tú debes conocer a otras personas que experimentan esto, Señor. ¿Tienen parientes o amigos que muestran un exterior frío, rígido, tanto que nadie puede traspasar ni con la calidez y la estima sincera? ¿Qué hace que ellos sean tan fríos? Cuando algunos ya no están vivos no hay nada más que hacer que dejártelos a Ti. Los otros, que todavía están aquí, sin embargo, pueden experimentar el amor legítimo.

Yo te imploro que encuentres una manera de atravesar su coraza de indiferencia. No importa la causa de su proceder, satura y suaviza sus endurecidos corazones con Tu ternura inagotable. Dales un destello de todo lo relacionado con el amor verdadero.

Recuérdame que debo orar cada vez que vea a la persona desagradable que me preocupa. Dale Tu amor constante a través mío.

«El amor jamás se extingue, mientras que el don de profecía cesará, el de lenguas será silenciado y el de conocimiento desaparecerá».
1 CORINTIOS 13.8

¿Qué Te hace feliz?

Tú eres mi amigo más apreciado, Señor. Adoro caminar contigo y disfrutar Tu creación. Aprecio hablarte y compartir mis gozos, mis logros y mis secretos. Cuando estoy en reposo vengo a Ti, mi escondite y mi deleite. Tú eres mi refugio y mi fuerza. Tú me ayudas a resolver los problemas. No tengo ningún otro amigo como Tú, Señor.

No quiero desaprovechar las ocasiones en que estamos juntos. Cuando lo hago, el vacío crece dentro de mí, y pierdo Tu dirección. Esto debe entristecerte. Por favor, guárdame cerca.

¿Qué Te trae gozo, Señor? Muéstrame Tus caminos.

«Ven otra vez hija querida. Dame tu adoración y tu alabanza. Abre tu corazón y comparte tu vida conmigo. Oh, ¡cómo Me deleito contigo cuando tus días están llenos de rectitud y brillan como el amanecer! Me alegro cuando el gozo de tu salvación resplandece de la misma manera que una antorcha resplandeciente. Haz el bien, porque ésta es Mi voluntad. Me complace. Sigue mostrándome tu amor a Mí y a los otros. Cuando haces esto Mi gozo permanece en ti y tu gozo se hace pleno en Mí».

Te alabo, oh Señor, con todo mi ser, Te amo y deseo disfrutar de Tu amor con otras personas. Enséñame la forma de compartir para que el gozo que compartimos sea más completo.

Jesús dijo: «Les he dicho esto para que tengan mi alegría y así su alegría sea completa. Y este es mi mandamiento: que se amen los unos a los otros, como yo los he amado».
JUAN 15.11-12

14 DE SEPTIEMBRE

¿Por qué las respuestas a los problemas
son tan difíciles de encontrar?

Está ocurriendo otra vez, Señor. Los conflictos a mi alrededor me azotan como huracanes llevándome de un lado al otro. Piel delicada. Temperamento ligero. Sentimientos heridos. ¿Sobreviviremos? ¿Por qué soy llamada a ser la pacificadora? ¿Por qué tengo que estar atrapada en medio de todo? ¿Por qué cuesta tanto encontrar respuestas para los problemas? No puedo con esto sola.

Quizás me veo envuelta en lo que otros dicen, y olvido la dependencia de Ti. Enséñame a esperar en Ti. Cuando las cosas empeoran, déjame buscar Tu rostro. Ayúdame para no ceder ante la presión, y para defender lo correcto. Cuando los otros me buscan, yo Te busco a Ti, mi fuente de la sabiduría. Muéstrame cuándo ayudar y cuándo retroceder. Dependo de Ti, Señor, en vez de confiar en mi propio conocimiento. Dirígeme ahora, Te ruego. Renueva mi fuerza, porque mi esperanza está puesta en Ti.

«Ven a Mí, si estás fatigada. Deja que Yo te dé el descanso y la dirección. Pon tus hombros bajo Mi yugo. Sométete a Mi guía. Haré tu carga ligera. Sé paciente. Las respuestas requieren tiempo, a veces muchos años. Confía en Mí. Yo te instruiré en Mi camino».

No puedo solucionar estos problemas, Señor. Pero Tú puedes. Confío en que Tú proveerás las respuestas.

«Pon tu esperanza en el Señor; ten valor, cobra ánimo;
¡Pon tu esperanza en el Señor!»
Salmo 27.14

¿Por qué tienen que sufrir los niños?

Padre, gracias por los niños que pones alrededor mío. Su energía y entusiasmo son increíblemente contagiosos. Sus personalidades transparentes son preciosas. Cuando un niño describe un suceso en todos sus detalles; con ademanes, gestos y un ceceo constante por los dientes que faltan, conmueven mi corazón.

Gracias, Señor por permitir que yo enseñe a niños discapacitados.

Adoro estar con ellos. En nuestro primer encuentro por lo general capto sus principales dificultades. Luego miro más allá y logro conocer a ese pequeño niño o niña. Pero, Señor, los jóvenes que son obligados a traficar droga rompen mi corazón. Muchas veces son los adultos los que causan los problemas. Desgraciadamente, algunos son inflingidos a niños pequeños. Otras veces, las cosas solo ocurren. ¿Por qué tienen que sufrir los niños? ¿Por qué Tú no haces que esto se corrija?

Felizmente, algunos se las arreglan para estar bien. Otros, milagrosamente superan obstáculos todos los días. A través de estos niños, las vidas son renovadas y bendecidas. Sé que la mía lo es. No tengo respuestas, Señor. Pero Tú sí. En el cielo, Tú me mostrarás el cuadro completo. Niños a quienes he enseñado estarán ahí con sus cuerpos y mentes completamente nuevas. Espero que me conozcan.

Sé que Tú valoras a estos jóvenes y los tienes en un lugar especial de Tu corazón, Señor. Seguramente Tus ángeles de la guarda están cerca.

Gracias por amar y valorar a los niños que sufren. Gracias por traer a cada uno de ellos a mi vida, para que yo los ame.

Jesús dijo: «Por tanto, el que se humilla como este niño será el más grande en el reino de los cielos. Y el que recibe en mi nombre a un niño como éste, me recibe a mí».
MATEO 18.4–5

¿Por qué algunos cristianos llegan a ser mártires?

Señor, esta noche en las noticias hablaron sobre otro misionero cautivo, torturado y asesinado. Esto ocurre con los cristianos en todo el mundo y en los más diversos sectores sociales. Afortunadamente, algunos son liberados de su cautividad. Otros, sin embargo, mueren. Incluso adolescentes están siendo abatidos a tiros por ser seguidores Tuyos.

¿Por qué, Señor? ¿Por qué muchos cristianos deben sufrir como mártires? ¿Qué beneficio viene de tales actos horribles y violentos? Haz que su sufrimiento no sea en vano. Tú fuiste traspasado y aplastado, despreciado y afligido, y llevado a la muerte como un criminal. Tu castigo nos trajo la paz y la vida eterna. En muchas oportunidades las tragedias hacen que otros se ofrezcan y sigan afanosamente tras Tu amor y perdón. En última instancia, más personas encuentran el gozo y la paz de la vida eterna.

¿Podría yo sufrir o morir por Ti, Señor? Ni siquiera un poco de crítica hará que yo renuncie. La Biblia dice que mi vida Te pertenece. Tú me ayudas a superar los pecados de este mundo en todo tipo de circunstancias, vida o muerte, presente o futuro.

Ayúdame para aceptar mi cruz voluntariamente, sin renunciar a Tu llamado. Nunca me avergonzaré de tomar una postura firme por Ti y por lo que es correcto.

Gracias, Señor, por los cristianos que son martirizados por seguirte.

¡Sus sacrificios serán recompensados completamente con Tu victoria!

Jesús dijo: «Dichosos serán ustedes cuando por mi causa la gente los insulte, los persiga y levante contra ustedes toda clase de calumnias. Alégrense y llénense de júbilo, porque les espera una gran recompensa en el cielo. Así también persiguieron a los profetas que los precedieron a ustedes».
MATEO 5.11-12

¿Estás agradado conmigo?

¿Cómo será el día en que me encuentre cara a cara contigo, Señor?

Algunos de mis amigos dicen que estarán de pie con reverencia y alabándote. Pero yo me siento indigna. ¿Estaré de rodillas, con mi cabeza inclinada? ¿Merezco comparecer ante Ti?

¿Estás agradado conmigo? Te amo con todo mi corazón. Mi fe es, todavía, como una pequeña semilla. Con frecuencia me equivoco y me desaliento. ¿Superaré la pruebas de la vida? Tú eres mi Salvador, mi única esperanza.

«Tus pecados ya han sido perdonados, querida niña. Tu arrepentimiento de corazón hace que Yo no los recuerde más. Han sido retirados tan lejos como el este está del oeste. Mi gracia lo ha hecho todo en ti. Tú eres limpia y has recibido una vida nueva en Mi nombre. Antes tus pecados eran como la escarlata. Ahora estás limpia y brillante, blanca como la nieve. Conserva Mi amor y obedece Mis preceptos. Busca en primer lugar lo recto. Cuando caigas te ayudaré para que vuelvas a empezar. Cuando vengas ante mi trono, te daré la bienvenida con los brazos abiertos. Enjugaré tus lágrimas y resolveré tus conflictos. Te conduciré a mis manantiales de agua viviente, donde experimentarás el júbilo ilimitado para siempre».

Oh, ¡qué profunda emoción siento cuando Tú estás satisfecho conmigo!

Jesús dijo: «Mas bien busquen primeramente el reino de Dios y su justicia, y todas estas cosas les serán añadidas».
MATEO 6.33

¿Cómo puedes usarme?

Quiero ser valiosa para Ti, Señor. Todos los días, Tú derramas bendiciones sobre mí. ¿Cómo me puedes usar para glorificarte?

La Biblia dice que el primero y más grande mandamiento para mí es amarte con todo mi corazón, con toda mi alma y con toda mi mente. El segundo es amar a mi prójimo como a mí mismo. ¿Es ésta la mejor manera en que Tú puedes usarme? ¿Mostrar el amor? Algunas personas son fáciles de querer. ¡Pero hay otras muy difíciles de amar! Aún más, Tú me dices que si no tengo amor, mis palabras y acciones son vanas. No puedo hacer esto por mis propias fuerzas. Por favor, ayúdame Señor. Muéstrame en Tu Palabra cómo hacerlo.

También leí cómo es este amor que Tú quieres que yo dé, también proviene de Ti. Dice que cuando Tu Espíritu llena mi vida, Tú me concedes un amor puro, solidario, sin niñerías. Tu amor es paciente y bondadoso, no busca solo lo suyo. Durante mis frustraciones diarias, ayúdame a recordar que Tu amor no se irrita ni se enoja fácilmente. Ayúdame a no ser rencorosa, sino a tener la voluntad para perdonar. Enséñame a buscar lo positivo en los demás y no ser tan rápida para criticar. Úsame Señor. Ayúdame a tener un espíritu amable y consecuente en todo lo que digo y hago.

«Ama al Señor tu Dios con todo tu corazón, con todo tu ser y con toda tu mente, le respondió Jesús. Este es el primero y el más importante de los mandamientos».
Mateo 22.37–38

¿Por qué ocurren las cosas?

¿Recuerdas esa noche, Señor, cuando estaba trabajando en mi segunda ocupación? Eran las tres y media de la mañana, al final de mi jornada. Tammy y yo caminábamos a nuestros automóviles, pero el mío no arrancó. Estaba tan cansada, Señor. Gracias a Ti porque Tammy estaba allí y pudo ayudarme a poner el auto en marcha. Nos tomó aproximadamente unos 10 minutos que parecieron eternos. Condujimos hacia casa en la misma dirección. Al acercarnos a un cruce de calles vimos patrulleros de la policía por todas partes. Tuvimos que tomar un desvío. Más tarde nos enteramos que diez minutos antes de que pasáramos por allí había ocurrido un doble asesinato en el sector y el fugitivo escapó a pie. La falla de mi automóvil evitó el encuentro con el delincuente y nos mantuvo seguras.

Muchas experiencias nos hacen sentir que las cosas inexplicables ocurren por alguna razón. ¿Permites Tú que ciertos eventos sucedan con el propósito de lograr otro objetivo? ¿Utilizas experiencias difíciles para ayudarme a ser tratada y refinada para que pueda crecer más fuerte y resplandecer como el oro? ¿Ocurren algunos percances para que otros puedan ser bendecidos?

Tú prometiste que nunca me dejarías ni me abandonarías. En la primera carta a los filipenses, la Biblia dice que cuando se presentan problemas, Tú das la ayuda por medio de las oraciones de otros y del Santo Espíritu.

Gracias por velar por mí, Señor, por ser mi refugio y mi fuerza.

«Porque sé que, gracias a las oraciones de ustedes y a la ayuda que da el Espíritu de Jesucristo, todo esto resultará en mi liberación».
FILIPENSES 1.19

20 DE SEPTIEMBRE

¿Cómo es el cielo?

Padre, disfruto mi vida aquí en la tierra. Valoro a mi familia, a mis amigos, y la posibilidad de servirte en la iglesia. Y, por cierto, ¡las bendiciones de las reuniones al aire libre! Es como tener un pedacito de cielo aquí en la tierra.

Pensar en el cielo me hace poner nostálgica. ¿Estaba mi alma contigo antes de que naciera? ¿Cómo es el cielo? ¿Lograré verte realmente, Padre? ¿Conoceré a los seres queridos que se fueron antes de mí? ¿Mi esposo seguirá siendo mi esposo? ¿O seremos todos uno en el cuerpo de Cristo? ¿Me podré sentar, como María, a Tus pies sin que importe el paso del tiempo? Quiero disfrutar de Tu presencia y adorarte por toda la eternidad. Quiero presentarte mis dudas y confiar en que me ayudarás a resolverlas una a una.

Tu Palabra me dice que dejaré este cuerpo terrenal. No habrá pecado, enfermedad, dolor, tristeza ni duelo. No más preocupaciones ni conflicto. Pero lo mejor de todo es que veré la Trinidad gloriosa, Dios Padre, Hijo y Espíritu Santo. Lograré encontrarme contigo cara a cara. Cuando me arrodille ante Ti en el cielo, imagino a Tu Hijo tomando mi mano y diciéndome: «Pagué el precio para que tú vengas aquí. Bienvenida a casa».

«Oí una potente voz que provenía del trono y decía:
¡Aquí, entre los seres humanos, está la morada de Dios!
Él acampará en medio de ellos, y ellos serán su pueblo;
Dios mismo estará con ellos y será su Dios.
Él les enjugará toda lágrima de los ojos. Ya no habrá
muerte, ni llanto, ni lamento ni dolor, porque las
primeras cosas han dejado de existir».
APOCALIPSIS 21.3–4

¿Cómo puedo escucharte mejor?

Heme aquí, Señor. Me las arreglé para tener un tiempo silencioso junto a Ti. ¡Qué placer tan grande es compartir contigo todas las cosas que ocurren en mi vida! Gracias por escuchar y preocuparte de mí. Termino de hablar ahora. Sé que tengo que disponer de más tiempo para pasar contigo, Señor, pero Te he dicho todo lo que me ocurre. Las responsabilidades que tengo por delante inundan mi mente. ¿Cómo me las arreglaré para terminar todo?

Cuando pienso en cerrar la Biblia y continuar con mis tareas, siento que me tratas de persuadir para que me quede. ¿Podría ser que Tú quieras que yo Te escuche ahora, Señor? Enséñame a abrir mi corazón y mi mente para oír lo que tienes que decirme. Ayúdame a ordenar mis numerosas necesidades y tareas rutinarias. Haz que mis ideas se vayan aclarando. Reenfoca mi atención hacia las cosas Tuyas. Ayúdame a meditar sobre Tus caminos. ¿Qué desearías que yo haga por Ti? Cúbreme y dirígeme. ¡Cómo Te adoro, Señor, cuando hablas a mi corazón! Cuando respondes a mis oraciones con un «no» o «espera un momento» me calmo y confío en Ti.

Escudriña mi corazón. Haz que Tu voluntad y la mía sean una. Heme aquí presta para oírte y mantener mi mente puesta en Ti hasta el final.

«Confía en el Señor de todo corazón, y no en tu propia inteligencia. Reconócelo en todos tus caminos, y él allanará tus sendas».
PROVERBIOS 3.5–6

¿Cómo puedo fortalecer mi fe?

Padre, estoy frustrada. Traigo esta aparentemente imposible situación a Ti otra vez, pidiendo Tu ayuda. Nada mejora todavía. No comprendo. ¿Por qué las cosas no salen bien? ¿Es mi fe demasiado pequeña?

Sé que Tú me cuidas. Me alegro porque puedo presentarte mis preocupaciones y dudas. Te agradezco porque eres paciente conmigo. Sin embargo me pregunto si cuestionando «¿por qué?» puedo ahora hacer prevalecer mi voluntad en lugar de la Tuya. Cuando lo hago, ¿estoy expresando mi falta de fe en Tu habilidad para manejar mejor las cosas? ¿Pienso que puedo hacerlo mejor que Tú, el Señor Dios, el Creador de todo?

Así como ejercito mi cuerpo, ayúdame a ejercitar mi fe confiando en Tu voluntad. Mientras más pongo mi fe en Ti, más fuerte crecerá. A menudo me pregunto si debo cambiar mi pregunta «¿por qué?» a «¿cómo?» ¿Cómo tendría que orar? ¿Cómo me usarías en palabra y acción? Creo que estoy entendiendo, Padre. Me estoy dando cuenta que debo poner más bien mi confianza en Tu respuesta afirmativa a mis oraciones, y afianzar mi fe totalmente en Tu voluntad y Tu propósito para mi vida.

Gracias, Padre, por ayudarme a confiar activamente en Ti, aprendiendo a preguntar «cómo» más a menudo, en lugar de «por qué».

«Encomienda al Señor tu camino; confía en él,
y él actuará. Hará que tu justicia resplandezca
como el alba; tu justa causa, como el sol de mediodía».
Salmo 37.5–6

*¿Cómo puedo ayudar a otros para
que sepan cuán maravilloso eres Tú?*

Señor, quiero que otros se den cuenta cuán vivo, maravilloso y personal Tú eres. Trato de explicarlo, pero a menudo el mensaje no es efectivo. ¿Cómo puedo ayudarlos a comprender? Muéstrame el camino, Señor, para lograr que esas personas lleguen a Ti.

Las simples palabras no parecen ser suficientes. ¿Cómo pueden conocerte las personas a través de mí? Ayúdame a ser un fiel reflejo de Ti. Permite que todo lo que haga y diga sea agradable a Ti. Ayúdame a descansar sin dejar de hacer lo que Tú deseas. Úngeme con Tu poderoso Espíritu Santo. Permíteme ensalzar Tu nombre y proclamar cuán grande y maravilloso eres Tú. Junto con la pequeña luz que yo puedo proyectar en las vidas de los otros, haz que Tu Santo Espíritu hable a sus corazones.

Susúrrales Tus palabras de amor.

Recuérdame que los presente en oración todos los días. Ayúdame a convencer a estas almas para que confíen en que Tú trabajas con cada uno de sus corazones. Concédeme la paciencia para confiar en Tu programa de tiempo. Tú sabes mejor que nadie cómo alcanzarlos. No permitas que nunca deje de estar sobre ellos Tu maravillosa gracia.

Gracias por revelarnos cuan glorioso y maravillosos eres Tú.

*«Pero tenemos este tesoro en vasijas de barro para que se vea
que tan sublime poder viene de Dios y no de nosotros».*
2 Corintios 4.7

24 DE SEPTIEMBRE

¿Cómo puedo servirte mejor?

A menudo me encuentro ocupada haciendo diversas tareas en las que Te sirvo, Señor. Algunas son cosas simples, como limpiar la iglesia y ayudar en las actividades de recaudación de fondos. También me gusta enseñarles a cantar a los niños del grupo de adoración. Lo que realmente me resulta más agradable es dar a los demás. Estas actividades no son pesadas, Señor, pero siento que Tú deseas más de mí. Por favor muéstrame qué es. ¿Cómo puedo servirte mejor?

Quizás es aprender a ser más atenta con los demás. El ámbito en el que con frecuencia tengo más problemas es el demostrar una actitud de desprendimiento con mis amigos y compañeros de trabajo. La mayor parte del tiempo siento que Tú me instas a que renuncie a mis necesidades y deseos para complacer a los demás. Cuando lo hago me siento bien. Sin embargo, cuando debo hacerme cargo de las dificultades que causan las malas decisiones de otros, me complico.

Muéstrame cómo amar a los otros como a mí misma. Cuando se sientan tristes por sus equivocaciones, ayúdame a estar con ellos. Déjame mostrar la paciencia y perseverancia apacible del justo cuando ayudo a estas personas que hacen las cosas sin Ti. Recuérdame que debo evitar las actitudes arrogantes.

Enséñame a servir con amor, como Tú lo haces, Señor. Enséñame a amar sin fallas.

«Ayúdense unos a otros a llevar sus cargas,
y así cumplirán la ley de Cristo».
GÁLATAS 6.2

¿Perdieron el rumbo?

Señor, tengo amigas que son Tus siervas fieles. Una disfruta de lo que está haciendo. Sin embargo, ella ve necesidades a su alrededor y se pregunta si está perdiendo su llamado.

Otra amiga mía está experimentando un cambio en Tu llamado. Esperar por lo siguiente que Tú tienes planeado le parece difícil. Al igual que muchos de nosotros, ambas se preguntan si perdieron el rumbo o si van donde realmente Tú las quieres. Por favor, ayúdalas Señor.

No sé cuál es Tu voluntad en relación a sus vidas. Pero estoy agradecida porque Tú las conoces. Sin duda, tienes un propósito para ellas y para todos los que Te buscan.

Tu Palabra dice que tenemos que ir y predicar el evangelio a cada nación. La forma en que debemos hacer esto está en Tus manos, Señor. Quizás es caminando contigo todos los días y predicando tus buenas nuevas a todo el que podamos. ¿Podría ser que el tiempo, el rango y la posición no importan tanto como tener un corazón dispuesto y obediente?

Pon a estos siervos fieles en el tiempo correcto y en el lugar adecuado para que sean lo que Tú quieres. Fortalece su confianza en Tus planes y en Tu guía. Bendícelos, Te lo ruego. Gracias por Tu propósito para sus vidas, Señor. Para Ti sea la gloria.

«Señor, hazme conocer tus caminos; muéstrame tus sendas. Encamíname en tu verdad, ¡enséñame! Tú eres mi Dios y Salvador; ¡en ti pongo mi esperanza todo el día!»
Salmo 25.4–5

26 DE SEPTIEMBRE

¿Es malo mirar hacia atrás?

Recuerdo cuando Bob me dijo que Tú lo estabas llamando al ministerio, Señor. Teníamos solo veinte años de edad y tres meses de casados. ¿Recuerdas nuestra confortable y pequeña casa de campo? Estaba situada entre los abetos, cerca del río. La única manera de llegar a ella era por medio de un puente peatonal. Podíamos sentarnos en el patio y lanzar una caña de pescar si queríamos. Nuestros padres vivían solo a unas millas de distancia, así que los veíamos a menudo.

Aunque Bob estaba ansioso por obedecer y responder al llamado, no tenía idea acerca de los cambios que enfrentaríamos. Cargamos nuestras pertenencias en la cajuela de la furgoneta de mis padres y partimos para la universidad. Nos cambiamos a un viejo apartamento de dos pisos en la poblada ciudad de Portland, Oregón. Oh, ¡cómo extrañaba esa pequeña y pacífica casa, Señor! La anhelaba.

Entonces fue cuando Te pregunté si era un error mirar hacia atrás. Tú fuiste muy claro al decirme que estaba bien tener buenos recuerdos, pero que no debo anhelar cosas del pasado. Te agradezco por las muchas veces que Tú me recuerdas que me concentre en Ti, con esperanza y optimismo, para ser dignos de Tu llamado.

«Hermanos, no pienso que yo mismo lo haya logrado ya.
Más bien, una cosa hago: olvidando lo que queda atrás
y esforzándome por alcanzar lo que está delante,
sigo avanzando hacia la meta para ganar
el premio que Dios ofrece mediante su
llamamiento celestial en Cristo Jesús».
FILIPENSES 3.13–14

¿Cómo se logra la perfecta armonía del universo?

Gracias, Señor, por la extensa y agradable caminata por la ribera del río que Bob y yo pudimos hacer ayer. Cimbreantes y multicolores, las hojas cayendo sobre el borde del río se movían perezosamente, con la brisa de principios de otoño. Ellas recogen los reflejos de los rayos del sol que brillan con luz tenue sobre el agua. Al caminar, podía sentir que mi cuerpo y mi mente se relajaban.

Por la tarde, nos sentamos en el patio con botellas de hielo para contemplar la entrada silenciosa del sol en el horizonte. Como un reloj, las estrellas salieron gradualmente y se ubicaron en sus sitios precisos. ¿Hay algún tipo de vida allá?, me pregunto.

¡Qué misterio es esta vasta creación! ¿Cómo hacer para que todo este conjunto del universo funcione tan perfectamente? Ni siquiera las tormentas, las inundaciones, y los cambios extremos de estación, alteran el equilibrio de la naturaleza que Tú mantienes.

Estoy asombrada de cómo los científicos, a través de sus descubrimientos, están reconociendo la exactitud histórica de los eventos bíblicos. Sin embargo, numerosas preguntas quedan sin respuesta.

Tu comprensión va más allá de lo que pueden abarcar nuestras mentes finitas. Nuestros planes y propósitos son a menudo oscurecidos y frustrados, pero Tus planes se mantienen firmes para siempre. Todavía más deslumbrante es la forma en que cambias nuestros corazones y nos das nueva vida en Ti.

Gracias, Señor, por el orden de Tu creación. Ayúdanos a cuidarla. Gracias por incluirme en Tu vasto plan.

«Tema toda la tierra al Señor; hónrenlo todos los pueblos del mundo; porque él habló, y todo fue creado; dio una orden, y todo quedó firme».
SALMO 33.8–9

¿Cómo puedo encontrar el gozo y la victoria verdaderos?

Señor, hay tantas cosas negativas y desalentadoras ocurriéndome a mí y a mi alrededor. Estoy cansada. Mi paciencia se agota. Estoy desalentada porque nada parece estar yendo bien. Mi agitado estilo de vida me desgasta y me cansa.

Hoy, alguien se acercó y me preguntó cómo estaba. Mi respuesta fue: «Bien, dadas las circunstancias». En ese mismo momento sentí que Tú hablabas a mi corazón. Estaba tratando de jugar un papel optimista en medio de un panorama que me causa tanto pesar. Perdóname, Señor.

¿Cómo puedo encontrar la victoria verdadera y el gozo en todas las circunstancias? Me doy cuenta que he estado concentrada en acciones equivocadas.

Tu Palabra dice que Tú deseas que nuestro pensar sea honesto, recto, puro, bueno, beneficioso y digno de elogio. Cuando soy tentada me deprimo, ayúdame a echar fuera las ideas negativas y, en vez de ello, meditar en Ti.

Gracias, Señor, por darme la victoria sobre los malos hábitos en las palabras y los hechos. Ayúdame para que no los tolere más en mi vida.

Gracias por dejarme disfrutar Tus Escrituras. Limpia mi alma y lléname de nuevo con Tu bendita presencia. Gracias por concederme la victoria y el júbilo que viene de Ti.

«Que el Dios de la esperanza los llene de toda alegría y paz a ustedes que creen en él, para que rebosen de esperanza por el poder del Espíritu Santo».
ROMANOS 15.13

¿Cómo puede existir «religión» fuera del cristianismo?

Señor Jesús, traigo a Ti en oración a una dedicada amiga cristiana. Durante años ella ha adorado en la misma iglesia y siempre ha sido una fiel colaboradora. Toda la congregación ha sido afectuosa, pero ahora algo está cambiando.

Los miembros de la iglesia están siendo chequeados. Los líderes han puesto una larga lista de normas para hacerse miembro. Una iglesia regida por leyes y políticas ha desplazado poco a poco a la llena de humildad, amor y compasión. El dinero y la posición se han vuelto extremadamente importantes. Las citas de los sermones han llegado a ser «no lo hagas» y «humíllate».

¿Qué está ocurriendo, Señor? ¿Están atrapados en superfluas reglas hechas por el hombre? Este espíritu controlador, negativo, no es Tuyo. Por favor, ayuda a esta querida congregación.

¿Cómo podemos lograr que esta «religión» hecha por el hombre quede fuera del cristianismo? Me recuerda a los fariseos y saduceos, con sus largas y piadosas oraciones, sus demostraciones públicas de caridad y sus severas e insoportables reglas.

Señor Jesús, Tú nos enseñas que el primero y más grande mandamiento es amarte con todo nuestro corazón, toda nuestra alma y toda nuestra mente, y el segundo, amar a nuestro prójimo como a nosotros mismos.

Gracias por mostrarnos que cuando Te amamos de verdad, realmente, no tenemos problemas para guardar Tus mandatos. Recuérdanos, Señor Jesús, que debemos amarnos unos a otros así como Tú nos cuidas y nos amas.

Jesús respondió [a sus acusadores]: «Ama al señor tu Dios con todo tu corazón, con todo tu ser y con toda tu mente. Este es el primero y el más importante de los mandamientos. El segundo se parece a éste: ama a tu prójimo como a ti mismo».
MATEO 22.37,39

¿Serán acreditadas en el cielo mis
buenas acciones?

Señor, justo acabo de terminar otro día completo de limpieza en la iglesia. Estoy de pie admirando cuánto mejor luce y huele. ¡Me siento tan contenta! Espero que Tú estés feliz con este trabajo que hice para Ti.

Quiero estar a Tu servicio en la forma que Tú quieras. Cada vez que Te sirvo, siento una cálida sensación de plenitud en lo más profundo de mi ser. ¿Mis buenas acciones serán reconocidas por Ti cuando llegue al cielo? Cuando era una niña pequeña, me dijeron que sería recompensada con una corona. Cada buena acción agregaría una estrella. ¿Eso es cierto, Señor? No importa, porque todavía me alegra poder servirte.

Leí que Santiago y Juan Te preguntaron si podían sentarse a Tu lado en el cielo. Ciertamente, eso no Te tomó por sorpresa como para que los otros discípulos se disgustaran con la petición, Señor. Tú les dijiste que lo importante para ellos era hacer la voluntad del Padre así como Tú la habías hecho.

Veo en Tu Palabra que recibiré una corona, ¡una corona de felicidad y gozo eterno! De pronto, mi insignificante servicio empalidece a la luz de la gracia que Tú me has dado. Gracias, Señor, por la mejor corona, Tu eterno gozo.

«Y volverán los rescatados por el Señor,
y entrarán en Sión con cantos de alegría,
coronados de una alegría eterna.
Los alcanzarán la alegría y el regocijo,
y se alejarán la tristeza y el gemido».
Isaías 35.10

Mi ejemplo

Señor Jesús, tres breves palabras que a menudo oigo que Tú me dices están repicando en mis oídos: «Confía en Mí». Es fácil decir voy a confiar en Ti. Cuando me veo enfrentada a poner en práctica mis palabras, la historia es completamente diferente. ¿Confiar? ¿Ser confiada? ¿Relajarse? ¿Esperar? Esto es difícil para mí.

Soy hiperactiva, Señor. Eso no siempre es bueno, especialmente cuando debería esperar en Ti. Yo quiero que todo sea hecho ayer, estilo microondas. Si puedo hacer las cosas instantáneamente, querría que todos lo hagan así. Relajarme en Ti no debería ser imposible. Cuando yo no confío, no estoy totalmente rendida. No puedo hacer esto por mí misma, Señor. Ayúdame, Te ruego. Enséñame cómo seguir Tus pasos.

¿Realmente, Tú querías venir a esta tierra como un niño? Es indudable que no recibiste las comodidades de un rey. ¿Qué ocurrió en tus años de crecimiento, cuando los otros no comprendían cómo Te sentías o cómo te preparabas para morir en la cruz? Tú debes haber anhelado estar con Tu Padre. Pero Él tenía un plan que cumplir en Ti y Tú confiaste en Él.

Yo sólo soy una cristiana que desea amarte y servirte. No soy fuerte por mí misma. Únicamente puedo confiar en Ti, a través de Tu ayuda y ejemplo. Por favor, muéstrame cómo hacerlo.

«Confíen en el Señor para siempre,
porque el Señor es una Roca eterna».
ISAÍAS 26.4

2 DE OCTUBRE

El mejor cinturón

Señor, hace unos años mi hijo Jonathan practicaba esgrima. Cierta vez que lo visité me hizo una demostración de sus destrezas. Tardó un buen rato en ponerse su traje especial. ¡Qué alto y apuesto se veía cuando salió pisando fuerte desde el jardín posterior y se puso frente a mí! Lentamente, realizó múltiples maniobras. Y trató de enseñarme algunas de ellas. Los movimientos eran fantásticos. Yo estaba impresionada también por su armadura. Cada objeto tenía un propósito.

Leí en la Biblia acerca de ponerse Tu armadura espiritual. Una de las piezas utilizadas muchas veces como protección durante la época bíblica era el cinturón. Se usaba ajustado y firme. Ayudaba a mantener en su lugar a otros elementos protectores del cuerpo. Quizás por ello, en la armadura de Dios es llamado el cinturón de la verdad.

Coloca Tu cinturón de verdad sobre mí, Señor. Ayúdame a reconocer lo que es verdadero. Dame el valor de ser honesta en todo lo que diga y haga. Haciéndolo, siento que mi fe en Ti crece pues me guías por el recto sendero. Puedo ver que éste es el mejor «cinturón» que alguna vez se pueda usar. Gracias por ayudarme a confiar en Ti a través de Tu cinturón de la verdad.

«Jesús se dirigió entonces a los judíos que habían creído en él y les dijo: Si se mantienen fieles a mis enseñanzas, serán realmente mis discípulos; y conocerán la verdad, y la verdad los hará libres».
JUAN 8.31–32

Sostener la verdad

Conocí a alguien que dice amarte, Señor. Tiene una personalidad magnética. Siempre que lo veo, está rodeado de un público cautivo que escucha atentamente cada una de sus palabras.

Al comienzo admiraba sus modales simpáticos y deseaba ser como él para ganar más almas para Ti. Más tarde me percaté que algunas de las cosas que decía no coincidían con lo que he leído en Tu Palabra. Era una especie de lobo vestido con piel de oveja. Cuanto más lo observé, más me di cuenta que vivía una vida incongruente entre lo que decía y lo que hacía.

La siguiente vez que fui a un estudio bíblico, recogí algunas cosas que él dijo. No pasó mucho tiempo antes de que, al leer la Biblia, el grupo descubriera que las palabras de este hombre estaban fuera de contexto. Eran rebuscadas y falsas. Gracias, Señor, por ayudarme a ser cautelosa. Aparentar ser un «super» cristiano no es la respuesta. En vez de ello, me doy cuenta que Tú deseas que viva mi vida para Ti y sostenga la verdad de Tu Palabra.

Gracias por guiarme para que le pregunte a aquellos que conocen y recurren a Tu Palabra. Te agradezco una vez más por ayudarme a reconocer la verdad.

«Así ya no seremos niños, zarandeados por las olas y llevados de aquí para allá por todo viento de enseñanza y por la astucia y los artificios de quienes emplean artimañas engañosas. Mas bien, al vivir la verdad con amor, creceremos hasta ser en todo como aquel que es la cabeza, es decir, Cristo».
EFESIOS 4.14–15

4 DE OCTUBRE

¿Qué se ha roto?

Tengo una muy buena amiga, Padre, que está rebosante de amor y compasión hacia quienes viven alrededor de ella, especialmente su familia. Ella tiene un don especial para comprender cómo se sienten los demás. Cuando alguien está herido emocionalmente se toma el tiempo para oírlo, apoyarlo y sugerirle acciones apropiadas. Su mayor fortaleza es la honestidad.

Ella «lo dice como es». Cuando los amigos o la familia están enfrentados a problemas de salud, los guía hacia médicos que pueden darles respuestas sinceras, en lugar de aproximaciones. Gracias a Ti por la persona atenta y demostrativa que ella es.

Esto me recuerda lo sucedido hace muchos años, cuando había algo emocional y espiritualmente mal en mí. Me sentía perdida, hasta que aprendí a venir Ti y a entregarte mi confianza. El primer paso en mi sanidad fue identificar las cosas defectuosas de mi vida. Tú me ayudaste a descubrir qué estaba roto en mí, para que así yo pudiera llegar a ser una sola persona contigo.

Fue doloroso para mí enfrentar estas cosas, pero estaba decidida a escuchar la verdad. Tú me la diste. Fue como pelar una cebolla, de a una capa a la vez, porque no era agradable arreglar los quiebres al interior de mi vida. Lo mejor fue creer en Ti, confiar en Tu amor porque mi vida fracturada comenzó a sanar.

«Mírame, Señor; ¡ponme a prueba!,
purifica mis entrañas y mi corazón».
Salmo 26.2

Guardián de mi corazón

Una y otra vez Te traspaso mi dolor y mis defectos. Cada vez que lo hago, Padre, Tú me das las respuestas a través de Tu Palabra de sanidad y seguridad, amor y protección. A menudo me encuentro recurriendo a Efesios, donde se habla de Tu armadura espiritual y de la manera en que puede ayudarme. Primero, leo acerca de Tu cinturón de la verdad. Luego, aprendo sobre la coraza de justicia.

Recuerdo que la coraza utilizada por los soldados en los tiempos bíblicos estaba hecha de una cubierta resistente que no permitía penetrar ni al más pequeño elemento de ataque. Protegía el corazón de los soldados. He descubierto que, del mismo modo, Tu coraza de justicia protege mi corazón de la maldad destructora. Yo sé que tengo que escuchar y seguir Tu orientación y asegurarme de que ningún descuido produzca quiebres. Para ello es esencial estar cerca Tuyo, para encarar las batallas espirituales y emocionales. Confío en que Tú lucharás contra ellos en mi lugar.

De algún modo, Tú me haces comprender poco a poco, que yo no necesito luchar contra el mal. Tú lo estás haciendo por mí. Tu Espíritu justifica, limpia y cura mis heridas y alivia mi mente. Gracias, Padre, porque Tú eres el guardián de mi corazón, porque estoy segura bajo Tu protección.

«Y la paz de Dios, que sobrepasa todo entendimiento, cuidará sus corazones y sus pensamientos en Cristo Jesús».
FILIPENSES 4.7

Tu plan

Padre, hoy las cosas parecen desestabilizadas en mi vida. No puedo precisar por qué exactamente, pero no hay armonía dentro de mí. Como tantas otras veces, tengo que evitar las distracciones innecesarias y centrarme en las cosas que necesito aprender de Ti. Enséñame cómo mi corazón puede hacer Tu voluntad.

Cuando Tú sanaste mis heridas, hace unos años, comenzó un nuevo proceso en mí. Fue como si hubieras desplegado el plan de mi vida para mostrarme lo que querías que yo hiciera, una cosa a la vez, una cosa cada día. ¡Qué experiencia tan estupenda fue admitir que Tú pasaras por cada área de mi existencia e hicieras una muy profunda reforma espiritual en mí! Cuanto más se manifestaba Tu presencia, más claro veía las cosas que querías que yo lograra.

Intuyo que eso es lo que Tú me estás diciendo que yo haga ahora. Muéstrame a través de Tu Palabra los designios que tienes para mí. Inclúyeme en Tu plan. Déjame ser el templo en el que Tú vives. Lléname con Tu paz y gozo, satisfacción y amor.

Gracias por darme un plan y guardarme en el centro del mismo contigo.

«Porque yo sé muy bien los planes que tengo para ustedes,
afirma el Señor, planes de bienestar y no de calamidad,
a fin de darles un futuro y una esperanza».
JEREMÍAS 29.11

Con paso firme y seguro

Padre, recientemente algunas personas de nuestra iglesia fuimos a comprar regalos para un amigo que está sirviendo en las fuerzas armadas de ultramar. Alguien entendido en el tema proveyó una lista de necesidades y suministros. Me dirigí a una tienda cercana. Gracias por ayudarme a encontrar algunas cosas con grandes descuentos. Lo que yo más quería comprar para él era un par de confortables medias. Cuando me canso y me duelen los pies, me duele todo. Pensé en los malestares que podría estar sufriendo. Puse una nota al interior de las medias, diciendo a nuestro amigo que yo oraba porque sus pasos fueran firmes y seguros. Lo imaginaba preparándose para su día de trabajo y poniéndose esas gruesas y cómodas medias dentro de sus botas.

En los tiempos bíblicos, los soldados protegían sus pies para las caminatas calzando los zapatos adecuados. Leí que algunos incluso usaban calzado con clavos o ganchos. Te agradezco, Señor, por prepararme para las batallas espirituales que enfrento dándome nuevos elementos para la armadura espiritual, los zapatos del Evangelio de la paz. Tu evangelio, Tus buenas nuevas de la Biblia me dan paz al corazón y a la mente. No importa qué me trae cada día, pues puedo confiar completamente en que Tú me darás un paso firme y seguro contigo.

«Manténgase firmes, ceñidos con el cinturón de la verdad, protegidos por la coraza de justicia y calzados con la disposición de proclamar el evangelio de la paz».
EFESIOS 6.14–15

8 DE OCTUBRE

El grano de arena

Gracias por enseñarme cómo seguir Tus caminos. Aprender es muy bueno, Padre. Sin embargo, mientras más tiempo camino contigo más crece mi confianza en Ti. Cuando enfrento obstáculos y dificultades, agradezco Tu presencia.

Padre, ¿recuerdas cuando, hace algunos meses, me fui al mar para trabajar en este libro? Algo desagradable estaba oprimiendo mi alma. No podía quitarme ese peso de encima. Trataba de echar el problema fuera de mí para seguir escribiendo, pero nunca desapareció.

Ese día, cuando hice una pausa para dar un paseo por la orilla del océano, pensaba que el aire fresco y salobre despejaría mi mente. Sin darme cuenta, comencé a cojear. Algo me hacía sentir molestias en el dedo del pie. Cuando me detuve y me saqué el zapato, encontré un grano de arena junto a mi dedo congestionado. El problema era insignificante, pero me causó mucho malestar. Puse mi pie en el agua salada para lavarlo, luego lo sequé con mi chaqueta y volví a ponerme la media y el zapato, con lo que pronto dejó de doler.

Con ese incidente, Tú trajiste a mi mente la idea de que en mi alma había un grano de resentimiento hacia alguien. Gracias por limpiar mi actitud obstinada, ayudándome a confiar en Ti, y hacerme sentir, otra vez, espiritualmente plena.

«¿Y quién predicará sin ser enviado? Así está escrito:
¡Qué hermoso es recibir al mensajero que trae buenas nuevas!»
ROMANOS 10.15

Ayúdame a hacer mi parte

Padre, junto con aprender a creer en Ti, buscando Tu verdad y rectitud, voy descubriendo cuál es mi próximo paso para confiar en Ti: debo trabajar contigo. Bajo el paraguas de Tu voluntad, estoy aprendiendo a hacer mi parte para que las cosas vayan mejor en mi vida. Es decir, poniendo en acción mi confianza en Ti.

Como Tú sabes, Padre, mi espalda me causa problemas de vez en cuando. El doctor y el kinesiólogo me dicen que lo mejor que puedo hacer es caminar y hacer ejercicio físico en forma permanente. Aunque el trabajo de mis músculos me cause dolor, sé que en materia de medicina, tengo que confiar en el consejo de ellos y hacer lo que dicen.

Leí en Tu Palabra que también debo ejercitarme espiritualmente, ponerme en acción y hacer lo correcto, siguiendo Tus enseñanzas. Estoy corriendo una carrera para Ti, Padre. Te doy gracias porque me refuerzas espiritual, emocional, mental y físicamente, en la medida que pasamos los días juntos.

Cuando me enfrento a las tentaciones, y los temores respecto de las cosas que hago se enredan o me pesan, acudo a Ti para que me ayudes a evitarlos. Mantendré mi vista puesta en Ti, Padre, y haré mi parte. Gracias por mostrarme cómo hacerlo.

«Por tanto, también nosotros, que estamos rodeados de una multitud tan grande de testigos, despojémonos del lastre que nos estorba, en especial del pecado que nos asedia, y corramos con perseverancia la carrera que tenemos por delante. Fijemos la mirada en Jesús, el iniciador y perfeccionador de nuestra fe, quien por el gozo que le esperaba, soportó la cruz, menospreciando la vergüenza que ella significaba, y ahora está sentado a la derecha del trono de Dios».
HEBREOS 12.1-2

10 DE OCTUBRE

Perseverar en las promesas

Gracias amado Padre por no dejarme sola. No importa dónde esté o qué circunstancias enfrento, siempre estoy segura que Tú estás conmigo, ayudándome, guiándome en cada paso del camino. Cada vez que la adversidad viene, Tú me animas para que la enfrente sin temor y en la confianza de que Tú harás las cosas.

Alrededor de mí suceden algunos hechos frustrantes. Otros ocurren en el interior de mi corazón. Si soy parte del problema, me ayudas a estar conectada a Ti y dispuesta a cambiar. En oración pido que me uses como Tú quieras, dominando mi voluntarismo y disponiéndome para lo mejor. Así aprendo a confiar en Ti.

Cuando las respuestas no llegan fácilmente y los problemas no se solucionan tan rápido como quisiera, Tu Palabra me guía y me conforta. Al leer Tus promesas, ellas parecen saltar de las páginas de la Biblia como si hubieran sido escritas especialmente para mí. Gracias por ello, Padre. Permite que el soporte de mi entendimiento sean las promesas que Tú me das. Ellas sustentan mi caminar seguro y correcto.

«Manténganse libres del amor al dinero y conténtense con lo que tienen porque Dios ha dicho: nunca te dejaré; jamás te abandonaré».
Hebreos 13.5

Más allá de mi capacidad

Por sobre todo, estoy aprendiendo a confiar en Ti, Padre. Una de las partes de la armadura espiritual acerca de las que leí es Tu coraza de la fe. Protege de todo. Es la manera de cubrirme y protegerme por completo.

Leí en la historia de la Biblia cómo algunas corazas eran hechas de madera, biseladas como una especie de palangana grande y poco profunda. Pesadas capas de latón unían sus bordes con correas de cuero. Los soldados untaban frecuentemente el cuero con aceite para mantenerlo suave y evitar que se agrietara. Además, el aceite de la coraza hacía que las flechas encendidas resbalaran sobre ella. Si un soldado se dislocaba el brazo, la correa posterior podía utilizarse para mantenerlo en su lugar. Se podía mover hacia dentro o en cualquiera dirección para proteger todas las partes de su cuerpo.

Padre, así como las flechas ardientes eran usadas en tiempos de la Biblia, yo también soy atacada por Satanás en las más diversas formas. No tengo la capacidad para luchar contra estas cosas. Te ruego que Tú vayas más allá de mis posibilidades durante estas luchas espirituales. Creo que Tú me ayudas a poner mi coraza de la fe. Gracias por apagar el mal de los dardos encendidos, protegiéndome por completo. Soy tan feliz dependiendo de Tu poder en vez del mío. Pongo toda mi confianza, toda mi fe, en Ti.

«David le contestó: Tú vienes contra mí con espada, lanza y jabalina, pero yo vengo a ti en el nombre del Señor Todopoderoso, el Dios de los ejércitos de Israel, a los que has desafiado. Hoy mismo el Señor te entregará en mis manos; y yo te mataré y te cortaré la cabeza. Hoy mismo echaré los cadáveres del ejército filisteo a las aves del cielo y a las aves del campo, y todo el mundo sabrá que hay un Dios en Israel».
1 SAMUEL 17.45–46

12 DE OCTUBRE

Expulsar las toxinas

Padre, todavía estoy disfrutando las abundantes bendiciones que me diste en el reciente retiro de mujeres. Me sentí completamente relajada apenas entré a la playa de estacionamiento del lugar utilizado como campamento. Bajé de mi automóvil. Tu presencia podía sentirse por todos lados.

Asistí a un taller dictado por mi amiga Sandy, un terapeuta masajista. Describió cómo al masajear lesiones físicas se reduce la contusión, se libra la zona de toxinas y se favorece el proceso de curación. Luego explicó cómo Dios hace lo mismo con las lesiones y toxinas de nuestras almas.

Después de hablar, Sandy invitó a que las personas presentes que sintieran pequeños dolores se acercaran a ella. Sentía molestias en una vieja lesión de mi rodilla, así es que pasé adelante. Sandy frotó un ungüento sobre sus manos y masajeó mi rodilla, trabajando en forma gradual, profunda y suavemente en los músculos afectados por el dolor. En pocos minutos, me sentía mejor. También me mostró cómo hacerlo yo misma.

Más tarde, en ese mismo día, Tú atendiste mi alma. Extendiste Tu mano dentro de mí y encontraste esas cosas desagradables que me estaban causando dolor espiritual. Tú me curaste completamente con el bálsamo de Tu Santo Espíritu. Gracias por trabajar en las heridas de mi alma. Gracias por ir más y más profundo, hasta que las toxinas de mi corazón y mi mente fueron expulsadas y en su reemplazo pusiste Tu amor limpio y sanador.

«Examíname, oh Dios, y sondea mi corazón; ponme a prueba y sondea mis pensamientos. Fíjate si voy por mal camino, y guíame por el camino eterno».
Salmo 139.23–24

Mis seres queridos

Padre, en este tiempo silencioso, traigo en oración a Ti a mis seres queridos. El recuerdo de los incontables milagros que Tú has hecho en cada persona, hace que mi fe aumente. Yo me suelo atormentar pensando en su bienestar social y espiritual y en sus necesidades. ¡Qué paciente has sido para enseñarme que Tú eres quien responde a los problemas! No tenía que preocuparme; solamente confiar.

No hace mucho tiempo, en un altar vacío de la iglesia, descubrí la manera de poner a Tu cuidado a cada uno de mis seres queridos. Aunque aquellos a quienes amo, para mí significan más que la vida misma, yo sé que debo confiar en que Tú responderás a mis oraciones cuando lo creas conveniente. Al aferrarme a ellos, y no presentarlos a Ti, estaba equivocada.

Después de contarte mis cuitas, Padre, me deslicé hasta el altar, con papel y lápiz en mano. Escribí cada uno de sus nombres en una hoja de papel y los comprometí contigo. Después de terminar Te agradecí por velar por ellos. Luego borré sus nombres del papel y rompí la hoja sobre el altar.

Aquí estoy otra vez, Padre, con papel, lápiz y un corazón lleno de fe. Estoy aquí, otra vez, poniendo bajo Tu protección a mis seres queridos.

«Porque el Señor es bueno y su gran amor es eterno;
su fidelidad permanece para siempre».
SALMO 100.5

Trabajar para siempre

Señor, siento como si tuviera que esperar por siempre para que me respondas esta oración. No comprendo por qué Te tomas tanto tiempo.

Perdóname por querer solucionar mis problemas al instante, aquí y ahora. Enséñame a que espere y sea paciente. Ayúdame a relajarme y a dejar todo en Tus manos capaces. Gracias por ayudarme a aceptar que Tú eres, lejos, el que mejor maneja mis tiempos.

Ahora puse mi fe en Ti y en la manera en que Tú estás dirigiendo las cosas. Tú, amado Señor, sabes qué es hacer lo mejor y cuándo debe ser hecho.

Tú prometes que todo ayuda para bien cuando pongo mi confianza en Ti y Tus propósitos. Vengo a Ti con fe y esperanza, creyendo. Tú, Señor amado, eres mi consuelo y mi fortaleza porque Tu amor se posa sobre mí, mi corazón se regocija, y confío totalmente en Ti.

Cuando traigo estas cosas en oración a Ti, no sé lo que va a ocurrir. Pero Tú sí. Te agradezco y oro porque Tu respuesta venga pronto. Sé que estás trabajando en esta dirección. Tú eres mi Señor, mi Dios. Todas las circunstancias, todos los plazos, los pongo en Tus manos.

Estos problemas y sufrimientos nuestros son, después de todo, tan pequeños y no durarán por mucho tiempo.

«Pues los sufrimientos ligeros y efímeros que ahora padecemos producen una gloria eterna que vale muchísimo más que todo sufrimiento».
2 Corintios 4.17

Esperanza en el futuro

¡Qué agradecida estoy por otra pieza de Tu armadura espiritual, Señor! Se trata de Tu casco de salvación. Por Tu gracia soy salvada del pecado y la desesperanza. Debido a Tu constante amor por mí, al que correspondo de igual modo, soy y siempre seré Tu niña.

Leí que en los tiempos bíblicos los soldados llevaban cascos hechos de latón o cuero grueso, para proteger sus cabezas de los mortales golpes que recibían durante la batalla. Gracias por el casco de salvación que Tú me das para proteger mis ideas y mi alma.

Gracias a Ti, Señor amado, no tengo ninguna preocupación por el futuro. Sé que Tú me cuidas como lo hacen los padres cariñosos con sus niños. Gracias a Ti tengo esperanza en el futuro sobre esta tierra y una maravillosa vida eterna me espera en el cielo contigo.

Gracias por proteger mis ideas y ayudarme a que me concentre en los asuntos que son beneficiosos y constructivos. Al realizar mis actividades de cada día, Te ruego que me des un punto de vista sano y positivo. Así reflejaré Tus caminos en mi entorno.

Gracias Señor por Tu esperanza. Gracias Te doy por el casco de salvación.

«El Señor no se deleita en los bríos del caballo,
ni se complace en la agilidad del hombre,
sino que se complace en los que le temen,
en los que confían en su gran amor».
SALMO 147.10–11

«Humillación»

Nuestro hijo me contó una historia muy divertida sobre cómo uno de nuestros nietos le dio a su hermano una gran lección respecto a no ser un sabelotodo. Las palabras que dijo en forma fuerte y clara fueron: «Tú necesitas aprender más humillación».

Al principio me reí, Padre. Sin embargo, a medida que más meditaba sobre lo que dijo, más sentido le encontraba a sus expresiones. En nuestra sociedad, muchas veces caemos en la trampa de tratar de impresionar a los demás con lo que sabemos o lo que podemos hacer. Siempre que me veo en estas actitudes arrogantes, Tú sabes cómo sacarme de esa burbuja y volverme a la realidad. Realmente sentí el golpe en casa, cuando leí en Proverbios 11.2: «Con el orgullo viene el oprobio; con la humildad, la sabiduría».

No hace mucho conocí a alguien, Padre, que me produjo una impresión muy positiva. Es muy conocido en el ámbito académico y su nombre goza de merecido prestigio. Lo que más me impresionó en él fue su humildad. Es una persona que habla poco de sus logros. En cambio, él y su esposa irradian Tu amor ayudando a niños en necesidad.

Quiero aprender tanto como sea posible, Padre pero no quiero ser sabia ante mis propios ojos. Enséñame «humillación», Te lo ruego. Ayúdame a ser una herramienta útil para Ti.

«No seas sabio en tu propia opinión; mas bien,
teme al Señor y huye del mal. Esto infundirá
salud a tu cuerpo y fortalecerá tu ser».
PROVERBIOS 3.7–8

Es Tu dinero

Padre, los últimos años han sido difíciles para toda la población mundial. Muchos han perdido sus trabajos, sus casas, y gran parte de sus ahorros acumulados para la jubilación. Otras personas han perdido la vida o la de sus seres queridos en diversas tragedias.

Tengo una amiga que sufrió una enorme merma de su sueldo. Sé que ella estaba muy preocupada acerca de cómo adaptarse en el aspecto económico, pero se mostraba muy tranquila respecto al tema. Solía decirme que a la luz de lo que otros estaban sufriendo, sus problemas eran poca cosa. Decía que Tú le recordabas dulcemente acerca de las necesidades superfluas. Tenía muchas pertenencias de las que podía prescindir. Sólo debía ejercitar la frugalidad y concentrarse en los asuntos esenciales, hasta que las cosas mejoraran.

Lo mejor de todo fue cómo Tú le ayudaste para mantener su fidelidad en el diezmo y a confiar en que Tú conocías sus necesidades. Ella sentía que el dinero Te pertenece, Padre. Aprecié mucho escucharla decir que pocos días después de hacer efectivo su diezmo, una serie inesperada de acontecimientos permitieron que ella tuviera suficientes recursos para pagar sus compromisos. Y le sobró dinero.

Gracias, Padre, por el espíritu generoso de mi amiga y por su profunda confianza en Ti. Gracias por proveer para sus necesidades. En Ti, ella es realmente afortunada.

Jesús dijo: «Den, y se les dará: se les echará en el regazo una medida llena, apretada, sacudida y desbordante. Porque con la medida que midan a otros, se les medirá a ustedes».
LUCAS 6.38

18 DE OCTUBRE

Confiar en Tu palabra

La última pieza de Tu armamento espiritual sobre las que he estado aprendiendo es la espada del espíritu, que es Tu Palabra, la Biblia. Leí que las espadas usadas por los soldados durante los tiempos bíblicos, eran unas dagas pequeñas con dos filos. Otras armas que poseían eran hachas de guerra, lanzas y arcos. La más preciada, aparentemente, era la espada.

Cuando me desempeñé, como segundo trabajo, en un restaurante de comida rápida, Tú me ayudaste con Tu poderosa Palabra, en las luchas espirituales diarias. Cuando estaba cansada y no sabía si podría trabajar otra hora, Tú traías a mi mente «el gozo del Señor es nuestra fortaleza» (Nehemías 8.10). Cuando fui tentada para que me descuidara en mis palabras o acciones, Tú me ayudaste a recordar que «Ama al señor tu Dios con todo tu corazón, con todo tu ser, con todas tus fuerzas y con toda tu mente» (Lucas 10.27). Cuando mi paciencia fue probada, recordé: «Ama a tu prójimo como a ti mismo» (Lucas 10.27). Cuando aparecieron personas peligrosas, musité: «El ángel del Señor acampa en torno a los que le temen» (Salmo 34.7). Cuando caminé a través de las oscuras horas del desaliento, Tú me recordaste que «Tu palabra es una lámpara a mis pies; es una luz en mi sendero» (Salmo 119.105).

Gracias, Padre, por Tu Palabra protectora.

«Ciertamente, la palabra de Dios es viva y poderosa, y más cortante que cualquier espada de dos filos. Penetra hasta lo más profundo del alma y del espíritu, hasta la médula de los huesos,* y juzga los pensamientos y las intenciones del corazón».
HEBREOS 4.12

La batalla es Tuya

¡Cuán agradecida estoy, Señor, porque en cualquier situación que me encuentre, Tú estás conmigo! Gracias por ir delante de mí, por estar de pie al lado y detrás de mí, y cubrirme así con Tu presencia protectora.

Cuando enfrento el peligro, Tú eres mi tutor. Cuando soy víctima de chismes y acusaciones falsas, Tú eres mi defensor. Cuando la tentación está golpeando a la puerta de mi corazón, Tú desvías sus dardos llameantes. Cuando estoy enferma, Tú luchas para que recupere la salud. Cuando mis seres queridos pasan por diversas pruebas, Tú amado Señor, los rodeas con Tu amor y protección.

Hay momentos en que me siento ansiosa y desearía tomar las cosas en mis propias manos. Impaciente, querría resolver los problemas a mi manera y de acuerdo a mis tiempos. Por favor, dame una advertencia firme para que me detenga en ese momento y confíe en Ti.

La Biblia dice que estos conflictos que enfrento no son batallas que se dan con espadas o lanzas. No son luchas a nivel humano. Son entre Tu poder y la fuerza de los espíritus del mal, los habitantes de las tinieblas. Cuando confío en Ti, mis luchas son Tuyas. No necesito combatir con ellos, ni siquiera preocuparme por ellos.

Gracias, Padre, por amarme, cuidarme y pelear mis batallas.

«Así dice el Señor: no tengan miedo ni se acobarden cuando vean ese gran ejército, porque la batalla no es de ustedes sino mía».
2 CRÓNICAS 20.15

20 DE OCTUBRE

Una luz para mi sendero

De vez en cuando, la jornada nocturna de mi trabajo era riesgosa, Padre. La información era que antes de ingresar al automóvil revisáramos cuidadosamente los asientos traseros o debajo del mismo, donde algunas personas podrían esconderse. Como trabajaba tarde por la noche, y la playa de estacionamiento no estaba bien iluminada, yo era muy cautelosa.

Para mi cumpleaños, mi amiga Wendy me regaló un paraguas que tenía incorporada una linterna a su asa. Con ella podía buscar los predadores de dos y cuatro patas. ¿Recuerdas esa noche en que un zorrillo estaba comiendo un sandwich de pollo en el lugar del conductor del automóvil? Me preguntaba si alguna vez se iría de allí para que yo pudiera regresar a casa.

Mi linterna también alumbró la oscuridad inofensiva y sacó a la luz cosas absolutamente inofensivas. Te agradezco, Padre, por este obsequio que todavía me ayuda.

Pienso en Tu Biblia, Tu Palabra. Ella ilumina mi sendero cuando me veo obligada a enfrentar la oscuridad frente a hechos inciertos. Cuando estoy asustada, Te agradezco porque puedo proyectar Tu luz sobre las cosas y verlas claramente. Entonces, mi miedo desaparece. Sé que Tú estás conmigo, guiándome a lo largo del camino. Valoro y aprecio las lecciones de Tu Palabra, porque ellas me libran de los errores y malas decisiones. Te agradezco, Padre, por la luz de Tu Palabra.

«Tu palabra es una lámpara a mis pies;
es una luz en mi sendero».
SALMO 119.105

Dependiendo de Ti

Padre, tengo una amiga a quien Te presento en oración. Ella siempre ha trabajado fuerte para lograr un buen pasar económico. Aunque no tiene muchas pertenencias materiales, se ve cómoda y feliz. Es una gran persona, Padre.

Muchas más veces de las que puedo relatar la he visto cuidar a otros. En ocasiones ella gasta su último dinero para hacerlo.

Ahora está preocupada, porque siente que es un fracaso el que a ella no le haya ido tan bien económicamente, como a aquellos del círculo que frecuenta. Lo que realmente me preocupa es la influencia de algunas de sus nuevas amistades.

Ellos la están animando a invertir todo lo que tiene en un esquema de ganancias rápidas. Estas personas son orgullosas y agresivas, Padre. Sus procedimientos no me parecen correctos. Por favor, guía a mi amiga. Ayúdala a obedecer y a depender de Ti por sobre todo lo demás. Concédele la sabiduría y el valor que necesita. Si las personas tratan de influir en ella y están haciendo lo correcto, perdóname por mi suspicacia. Si son deshonestos, ponlos al descubierto antes de que sea demasiado tarde. Yo no comprendo esta situación, pero Tú sí. Confío en que estás trabajando en esto a Tu manera, Padre. Gracias por escuchar mis oraciones por mi amiga. Gracias porque puedo confiar en Ti para lograr la mejor respuesta.

«Dichoso el que pone su confianza en el Señor y no recurre a los idólatras ni a los que adoran dioses falsos».
SALMO 40.4

22 DE OCTUBRE

La recompensa de la fe

Señor, estoy muy agradecida de Ti por la forma en que hablaste al corazón de mi amiga y le ayudaste a tomar decisiones sabias. Ella escuchó Tus orientaciones y resistió a la tentación de invertir sus recursos en un negocio de supuestas ganancias rápidas. Te alabo porque a la mañana siguiente después de haber tomado la firme decisión para rechazar la propuesta, leyó en el periódico que esas personas estaban estafando a gente inocente, despojándolos de sus medios de subsistencia.

¡Cuán bueno y bondadoso eres, amado Señor! Gracias por bendecir a mi amiga, por las muchas veces que ella demostró interés y ayudó a los demás. Gracias por recompensar a aquellos que son fieles y confían en Ti. Mi amiga no sólo se libró de un grave perjuicio, sino que recibió un aumento de sueldo de su empleador.

El fin de semana siguiente, alguien de nuestra iglesia regaló un hermoso mobiliario que hacía mucha falta. ¡Tus caminos son tan maravillosos!

Señor, ayúdanos, a mi amiga y a mí, para que aprendamos y recordemos esta experiencia. Ruego para que siempre nos enseñes a ser sencillos y humildes. Danos la fuerza para depositar nuestra confianza en Ti, antes que depender de posesiones o de personas orgullosas y deshonestas. Gracias, Señor, por darnos la riqueza material y espiritual más allá de lo que necesitamos cuando Te obedecemos y dependemos de Ti.

«Muchas son, Señor mi Dios, las maravillas que tú has hecho.
No es posible enumerar tus bondades a favor nuestro.
Si quisiera anunciarlas y proclamarlas, serían más
de lo que puedo contar».
SALMO 40.5

Bendice nuestra iglesia

Padre, nuestra iglesia está batallando. Te la traigo en oración y Te ruego que nos ayudes y dirijas. Concédenos un despertar espiritual.

Haz descansar Tu Santo Espíritu restaurador sobre nuestra congregación y sus líderes. Muéstranos más y más cómo podemos depender de Tu orientación y provisión. Ayúdanos a centrarnos en Tu maravillosa bondad, más que en el desaliento y la preocupación.

¡Hay tantas personas con dificultades en nuestra congregación!

Algunas situaciones parecen imposibles de superar. Danos la fe necesaria para compartir estas cosas contigo, Señor. Enséñanos la manera de superarlas en Tu nombre. Reviste de Tu poder, amor y sabiduría a los líderes de nuestra iglesia. Pon una antorcha en cada uno de nuestros corazones. Danos la visión acerca de lo que podemos hacer por Ti. Concédenos la fe suficiente para depender de Ti cuando realizamos esta peregrinación espiritual. Ayúdanos a alcanzar con Tu amor a aquellos que están alrededor nuestro.

Padre, pongo a los fieles de la iglesia y a sus líderes bajo Tu cuidado. Esta es Tu iglesia. Deseamos que todo lo que decimos y hacemos sea grato a Ti. Te agradezco las bendiciones y respuestas que están por venir. ¡Cuán agradecida estoy por Tu amor y preocupación! Gracias por consagrar nuestra iglesia.

«Por eso dice el Señor omnipotente:
¡Yo pongo en Sión una piedra probada!,
piedra angular y preciosa para un cimiento firme;
el que confíe no andará desorientado».
Isaías 28.16

24 DE OCTUBRE

El necesitado ayuda al necesitado

Padre, acaba de terminar un precioso servicio de adoración. En el último tiempo hemos recibido tantas bendiciones Tuyas. Es como si hubieras abierto el techo de la iglesia para derramar Tus bendiciones espirituales sobre todos nosotros. Y nuestro pastor, Padre, cuyos sermones están llenos de tanto poder. Realmente vale la pena orar por él y los dirigentes de la iglesia.

Estoy de pie y puedo ver a diferentes personas y visitas que comparten un refrigerio en la sala de reuniones. Hay esperanza en muchos rostros que no los había visto antes. Lo más asombroso es ver cómo las personas se sientan junto a otros, preocupadas de atenderlos y escucharlos.

No puedo pedir más al ver cómo Tu Espíritu Santo se mueve entre estos hermanos, usándolos para ayudarse y apoyarse mutuamente. Las personas necesitadas están ayudando a otros necesitados.

Estamos tan ocupados extendiendo la mano y expresándoles nuestro amor a los que están alrededor nuestro, que hemos olvidado las preocupaciones propias.

Gracias, Padre, por el avivamiento que ha comenzado en nuestros corazones. Gracias por darnos esperanza. Te agradezco por ayudarnos a confiar y depender de Ti para ayudarnos en nuestras necesidades. Gracias por indicarnos la forma de amar y confiar en los demás. Aprecio la manera en que Tú estás mostrando cómo la gente en dificultades puede extender la mano y ayudar a los demás.

Cuando los otros son felices, ellos también están felices.

«Alégrense con los que están alegres; lloren con los que lloran. Vivan en armonía los unos con los otros. No sean arrogantes, sino háganse solidarios con los humildes. No se crean los únicos que saben».
ROMANOS 12.15–16

Hacer de mi cucharita una pala

Padre, en mi vida he enfrentado algunos obstáculos muy grandes. A través de la fe en Ti, vencí algunos. Había uno, sin embargo, al que ninguna cantidad de fe, súplicas u oraciones que pronuncié, lo hicieron variar. Esta montaña situada frente a mí parecía reírse en mi cara.

Yo estaba asustada y confundida, Padre. Me preguntaba por qué no podía echar ese problema fuera de mi vida. Recuerdo que Te pregunté con los dientes apretados: «¿Por qué yo, Señor?» Luché, tratando de remover esa enorme montaña de dificultades con una pequeña cucharita.

Los desafíos que enfrenté ponían a prueba mi fe hasta el límite.

Finalmente, cambié mi discurso por la convicción de que «no se hiciera mi voluntad sino la Tuya, Señor». Fue cuando tomé mi pequeña cucharita para presentarla ante Ti. Tú sabías una mejor manera para que mi montaña se moviera.

Tú me enseñaste a confiar en Ti por sobre todo y a esperar en el resultado que lograrás para mí. Mi ansiedad desapareció. Mi alma se sintió en paz. Observaba en suspenso mientras Tú trabajabas. La montaña nunca se movió, Padre. Lo que desapareció fue la montaña de mi desconfianza en Tu voluntad. Gracias por cambiar mi pequeña cucharita por una gran pala. Antes de que lo supiera, Tú y yo habíamos construido un túnel completo. En este proceso, Tú me diste una sabiduría más valiosa que pepitas de oro.

«Porque ustedes tienen tan poca fe», les respondió, «Les aseguro que si tienen fe tan pequeña como un grano de mostaza, podrán decirle a esta montaña: "trasládate de aquí para allá", y se trasladará. Para ustedes, nada será imposible».
MATEO 17.20

26 DE OCTUBRE

Todo el tiempo, pase lo que pase

Padre, quiero agradecerte por la entusiasta y perseverante actitud de mi marido. Bob tiene una manera asombrosa de ver siempre la mitad llena del vaso, antes que medio vacía. Tiene grandes sueños para sus feligreses. A veces, sus ideas causan risa en los demás. Antes, yo también solía reírme un poco. Sin embargo, he aprendido a controlar mi lengua, porque muchas cosas que visualizó y por las que oró han ocurrido más o menos como él las imaginó. Gracias por su ejemplo en el sentido de confiar en Ti constantemente y en todas las circunstancias. Gracias por llenar su corazón hasta el tope con Tu Santo Espíritu y por darles entusiasmo y perseverancia, las que también son útiles a otros.

¡Cuánto Te alabo por responder a las oraciones en favor de quienes están alrededor nuestro! Nosotros no siempre tenemos las respuestas. Las pruebas y desafíos no determinan Tus planes para el futuro. Tú estás en control de ellos. Cuando traemos nuestras cargas a Ti, Padre amado, Tú nunca, nunca nos rechazas. Tú eres el camino, la verdad y la vida. Gracias por ayudarnos a confiar en Ti cuando nos conduces a través de Tus caminos. Te alabo porque estás siempre cerca nuestro, en todas las circunstancias y en cualquier lugar.

«Confía siempre en él, pueblo mío; ábrele tu corazón cuando estés ante a él. ¡Dios es nuestro refugio!»
Salmo 62.8

Por sobre todo

Gracias, Señor amado, por manejar los sentimientos heridos, los desengaños, los eventos desagradables y las tentaciones con las que debo luchar cada día de mi vida. Nada es demasiado difícil cuando lo entrego a Ti. Cuando me pregunto acerca de Tu venida para rescatarme me doy cuenta que Tú entras en acción antes de que me percate sobre lo que está sucediendo.

En estas ocasiones, una de mis tentaciones más grandes es la de arremeter contra aquellos que me tratan de mala manera, en especial cuando soy acusada de algo que no hice. La prueba es mantener la calma cuando he hecho algo con una buena intención y se me atribuyen motivaciones equivocadas. Estas cosas verdaderamente lastiman, Señor.

Siento que mi pelo se eriza en el cuello con mi actitud farisaica. Después de todo, estos errores resultan de acciones que se presumen correctas. Entonces es cuando Tú logras que yo escuche y me pueda dar cuenta de que no hago lo correcto con solo sentir que es correcto.

Gracias por recordarme que mi enojo no debe enfocarse hacia las personas que cometen errores. En lugar de eso, debo enfadarme con el pecado y toda la pena que causa. Gracias por ayudarme a poner estas cosas tras de mí y así moverme hacia delante en Tu voluntad.

«Porque nuestra lucha no es contra seres humanos, sino contra poderes, contra autoridades, contra potestades que dominan este mundo de tinieblas, contra fuerzas espirituales malignas en las regiones celestiales. Por lo tanto, pónganse toda la armadura de Dios, para que cuando llegue el día malo puedan resistir hasta el fin con firmeza».
EFESIOS 6.12–13

Limpiándose

Padre, ocasionalmente, cuando me veo obligada a reflexionar sobre las causas de los problemas de este mundo, recuerdo aquella vez en que Bob y yo decidimos poner sobre el piso de nuestra cocina una cubierta de madera, aparentemente de material laminado. Decidimos pagar a una empresa para que nos hiciera el trabajo. Entonces descubrimos que ellos no hacen los pisos. Esto nos dejó atónitos. El contratista nos explicó la forma en que se procede en estos casos. Primero, nosotros tendríamos que retirar el material en uso y lo que estaba debajo de él. De otra manera, no quedaría bien instalado.

Gracias a Ti por la colaboración de los amigos que se pasaron horas enteras ayudándonos a raspar y preparar las aproximadamente seis capas de pegamento, clavos viejos, azulejos y linóleo para las junturas abiertas. Estuvimos agradecidos porque no había madera podrida que necesitara ser reemplazada.

Luego trabajamos en los crujidos, Padre. Para ello caminaba despacio a través de las junturas. Siempre que una tabla chirriaba, Bob perforaba y ponía un tornillo. Horas más tarde habíamos finalizado, sin ningún crujido. El contratista vino e hizo su trabajo. Ahora, el piso luce muy hermoso.

Gracias por remover mis defectos para satisfacerte a Ti, Padre. Gracias por anclar mi vida a Ti y eliminar los chirridos irritantes de mi corazón.

«Tenemos como firme y segura ancla del alma una esperanza que penetra hasta detrás de la cortina del santuario».
HEBREOS 6.19

Lo positivo de la vida

Padre, quiero agradecerte por mi amiga Cathy. Es una de las personas más positivas que conozco. Ella mira todo en la vida de manera constructiva. En vez de criticar y quejarse constantemente, Cathy siempre ve el lado bueno de las cosas. Su estilo de vida fortalece las relaciones entre los que viven alrededor de ella. Reconozco que lo que ella hace produce mucho beneficio en los demás.

Como Tú sabes, Padre, la actitud de Cathy es doblemente asombrosa porque está afectada por una parálisis desde la cintura hacia abajo. Ella se niega a permanecer sin hacer nada y a lamentarse por su situación. Por el contrario, confía en que Tú la uses todo el tiempo y en todo lugar. Ella invierte su tiempo trabajando como bibliotecaria de la escuela y esposa de pastor. Su principal objetivo es hacer todo lo posible por ser una constante bendición para todos aquellos que viven en su entorno.

Padre, confío en Ti y Te entrego mi carga ahora mismo. Transforma la expresión de mi boca en una sonrisa, mi actitud negativa en frases de admiración, mi deshonor en honra, mi queja en acción de gracias. Permite que todo lo que haga esté marcado por un signo alentador. Gracias, Padre, por darme una vida positiva.

«Por último, hermanos, consideren bien todo lo verdadero, todo lo respetable, todo lo justo, todo lo puro, todo lo amable, todo lo digno de admiración, en fin, todo lo que sea excelente o merezca elogio».
FILIPENSES 4.8

30 DE OCTUBRE

En los fosos de partida

Te alabo, Padre, por la forma en que puedo confiar en Ti cuando estoy sumida en los fosos. No en los fosos de la desesperación y el desaliento, sino en los de la partida de esta carrera que estoy librando por Ti. Cada vez que tomo una curva, Te encuentro esperándome, listo para poner a punto mi vida con el fin de que sea una cristiana eficaz.

Aquí estoy otra vez, Padre, lista para que Tú examines mi corazón, mi mente, mis emociones e incluso mi resistencia física. Yo espero pacientemente que Tú obres dentro de mí, limpiando, separando y reconstruyendo las cosas que necesitan ser cambiadas. A diferencia de las competencias, he observado con mi marido y los niños, que las puestas a punto no se logran de un momento a otro, con una palmadita en la espalda y listo. No hay tiempo estimado para este trabajo. Algunas áreas de mi vida que Tú estás reconstruyendo pueden completarse rápidamente. Otras, sin embargo, toman mucho más tiempo y a veces son dolorosas.

Límpiame, Padre. Cambia y remodela las áreas destrozadas de mi vida. Reabastéceme de combustible con Tu Santo Espíritu para que corra esta carrera que has puesto delante de mí y pueda salir victoriosa en Tu nombre.

Te cedo el paso, Padre. Aquí en los fosos de largada, creo en Ti y estoy confiada en que Tu amor me pone a punto con Tu voluntad.

«Pero la gracia de nuestro Señor se derramó
sobre mí con abundancia, junto con la fe
y el amor que hay en Cristo Jesús».
1 TIMOTEO 1.14

¡De pie, victoriosamente!

¡Qué increíbles victorias logro, Padre, cuando me visto con Tu armadura! Cada vez que lo hago me pongo junto a Ti. Y cerca de ti aumenta mi confianza en Ti. Gracias por enseñarme y conducirme gradualmente por la senda de la verdad y rectitud. Te agradezco por permitirme experimentar Tu maravillosa paz. Te alabo por la seguridad de Tu gracia salvadora y la esperanza que me das para el futuro. Cuanto más camino contigo, más crece mi fe. Gracias por Tu Palabra y porque sus versículos me guían a través de cada hora del día. Ahora, ante este desafío que enfrento, dependo de Ti otra vez.

Te alabo, Señor, por la forma en que me ayudas a estar siempre de pie, completamente confiada en Ti, no importa cual sea la circunstancia. Nada es imposible cuando dependo de Ti para trabajar en las cosas cuyo tiempo y forma de hacer Tú conoces mejor que nadie. Gracias por el triunfo espiritual que me das. Ellos solo pueden venir de Ti. Cuando logre la victoria, mantenme libre del orgullo. Cuando enfrente posibles derrotas, no permitas que se oscurezca mi corazón. Contigo, amado Señor, no existe la derrota. Tú ves la totalidad del panorama. Tú eres el triunfador. Tú logras la victoria sobre todos.

«Por lo tanto, pónganse toda la armadura de Dios, para que cuando llegue el día malo puedan resistir hasta el fin con firmeza».
EFESIOS 6.13

1 DE NOVIEMBRE

El privilegio de la alabanza

¿Qué puedo darte, ¡oh, Señor! qué Tú no me hayas dado ya a mí? Me has provisto con la vida, la salvación e incontables generosas bendiciones. Lo único que puedo ofrecerte a cambio es mi alabanza. Así que heme aquí, levantando mis manos y mi corazón ante Ti en señal de adoración y acción de gracias.

Gracias, amado Señor, por concederme el privilegio de alabarte. ¡Cuán agradecida y humillada me siento por poder estar ante Tu presencia!

Gracias por darme la bienvenida como si fuera parte de Ti.

A Ti, amado Señor, traigo gloria y honor. Amo alabar Tu santo nombre. Tú eres mi Dios Supremo. Tú estás sobre todo lo que has creado. Tú eres mi verdadera existencia, la razón de mi vida. Tú haces que mi vida esté completa. Tú eres la causa de que yo tenga un principio escondido en Ti. Tú haces que mi vida no tenga final. Encuentro plenitud en Ti, vida eterna, y libertad de la garra del pecado.

¡Cuán glorioso, cuán maravilloso eres, oh Señor! Elevo mi alabanza a Ti en todo tiempo. Te reverencio con todo mi aliento. Mi alma se regocija en Ti. Con todo mi ser y todas mis fuerzas, exalto Tu santo nombre.

Alaba, alma mía, al Señor;
alabe todo mi ser su santo nombre.
Alaba, alma mía, al Señor,
y no olvides ninguno de sus beneficios.
Salmo 103.1—2

Milagros de otoño

Un modelo misterioso de clima llena el aire, Señor. En un momento el sol está brillando. A toda prisa intenta madurar los últimos cultivos. Al siguiente minuto las ráfagas de viento, alborotadoramente declaran la entrada del otoño. Siguen las lluvias, mojando la tierra en preparación para el frío del invierno.

Las aves se preparan para volar al sur. Las bandadas se reúnen sobre los cables telefónicos y en los árboles. En lo alto, en forma de V las familias cubiertas de plumas se marchan, llamándose animadamente unas a otras. Las ardillas se arrancan de aquí para allá, recogiendo nueces y bellotas de los árboles.

Los animales actúan de manera diferente. Ellos velozmente empiezan a buscar refugio. ¿Cómo saben hacer esto, Señor? Debe ser por medio del instinto que pusiste en ellos.

El hielo muerde las flores y las hojas. Casi puedo ver su savia dadora de vida, gradualmente trabajar hacia abajo, preparándose para el letargo. Ellos sucumben ante los cambios. Sus hojas adquieren deslumbrantes tonos de amarillo, naranja y marrón.

«Prepárate para el descanso del invierno» pareces estar diciéndole a la naturaleza.

Los días se acortan. Quiero salir menos fuera de casa.

En lugar de eso, quiero estar dentro de las paredes de mi confortable hogar y disfrutar de un plato de sopa caliente o un té relajante.

Miro a mi alrededor asombrada. ¿Cómo se producen todos estos extraordinarios sucesos tan perfectamente?, me pregunto. ¡Qué maravilloso misterio del otoño! Gracias, Padre. Te alabo por esto.

«No reflexionan ni dicen: Temamos al Señor, nuestro Dios, quien a su debido tiempo nos da lluvia, las lluvias de otoño y primavera, y nos asegura las semanas señaladas para la cosecha».
JEREMÍAS 5.24

3 DE NOVIEMBRE

Este día

Es muy temprano, Padre. Aunque está todavía oscuro afuera, suena mi alarma. Incluso antes de que escuche su llamado para levantarme, un himno de alabanza a Ti gira en mi mente: «¡Santo, Santo, Santo! Señor Omnipotente. Temprano en la mañana, ¡mi canto se eleva a Ti!»

Pongo la alarma para un sueñito y parpadeo para enfocar mi mirada en el reloj. Diez minutos más. Mi mente aletargada lentamente reconoce Tu cálida presencia. Te alabo por permanecer conmigo a través de la noche. Mi alarma suena otra vez. Me levanto y deslizo a la sala. Todavía escucho el melodioso coro: «¡Santo, Santo, Santo!»

Termino de prepararme para el trabajo. Entonces dedico algunos preciosos minutos contigo en mi sillón reclinable de la sala de estar. ¡Oh Señor!, gracias por ser mi Dios. Amo buscarte temprano en la mañana. Por favor, dirígeme. Ayúdame. Bendíceme a través de este día.

Mientras manejo al trabajo, organizo algunos de los eventos del día.

Anda delante de mí, Padre. Concédeme sabiduría y rápido pensamiento.

Guarda a mi lengua de decir las cosas equivocadas. Nivela mi actitud con Tu voluntad.

Mi jornada laboral ha terminado, Padre, y estoy conduciendo a casa.

Gracias por ayudarme. Te alabo por cómo este día Te ha pertenecido.

«Por la mañana, Señor, escuchas mi clamor; por la mañana te presento mis ruegos, y quedo a la espera de tu respuesta».
Salmo 5.3

La obra maestra de la tarde

Es tarde ya, Padre. He terminado de cumplir con algunos encargos mandados y estoy llegando a nuestra casa. Salgo de mi automóvil. Me doy cuenta de que los árboles en nuestra yarda están rojo brillante por la reflexión del sol poniente. Miro hacia el horizonte en el occidente y quedo sin aliento.

Apenas puedo recibir la belleza.

Capas en colores azul, rosa, coral, verde, gris y plateado están llenando el cielo. Abro la puerta, entro y me siento junto a la ventana. Estoy llena de asombro ante esta obra maestra, Tú estas creando ante mis ojos flotadores que cruzan los cielos como inmensas olas.

¿Cómo algo puede ser tan enorme y hermoso, Padre? Es como si Tú estuvieras moviendo tus poderosas manos de oeste a este, y que todo el cielo lo siguiera haciendo. Casi pudo oírte decir: «Mira, hija mía, esta obra maestra móvil es especialmente para ti».

El sol se hunde detrás de las colinas occidentales. Todo se vuelve oscuro, menos los faroles. Me reclino en mi silla. Elevo mi corazón en gloria y honor a Ti, Oh Padre Dios. Permite que mi alabanza se eleve a Ti como un suave incienso.

Gracias por estar conmigo hoy. Gracias por estos pocos momentos de quietud que puedo compartir contigo. Te alabo por Tu gloriosa e impresionante obra maestra de esta tarde.

«Tuyo es el día, tuya también la noche;
tú estableciste la luna y el sol;
trazaste los límites de la tierra,
y creaste el verano y el invierno».
SALMO 74.16–17

5 DE NOVIEMBRE

Canta alabanzas

Heme aquí, Señor, a Tus pies, elevando mi corazón en canción de alabanza y acción de gracias. Día tras día, sin importar qué hora es o dónde estoy, canto a Ti mi lisonja.

¡Cuán bueno es glorificar Tu santo nombre! ¡Cuán delicioso es reconocer Tu sagrada presencia! Yo canto mi agradecimiento a Ti, Señor Dios. Aquí me entrego entero.

¡Cuán maravilloso Tú eres! Cuando pienso en las maravillas que me has mostrado, no puedo contarlas todas. A causa de Ti, mi alma está llena de alegría. Canto alabanzas a Ti, el Supremo Dios.

Aunque estoy sola en este momento y mi voz apenas si tiene talento, quiero que mis alabanzas suenen como un coro imponente, con arpas y violines, tambores y címbalos. ¿Ves mi corazón, mi amor por Ti, Oh Señor? Deléitate, Te ruego, en mi sacrificio de alabanza.

Rindo tributo a Ti. Desde que me levanto por la mañana, durante mi trabajo a través del día, hasta mi descanso por la noche, yo canto alabanzas. Algunas canciones puedo cantarlas a voz en cuello. Otras, tarareadas permanentemente en mi corazón y en mi mente. A Ti, señor Dios, canto alabanzas.

«Canten al Señor un cántico nuevo;
canten al Señor, habitantes de toda la tierra.
Canten al Señor, alaben su nombre;
anuncien día tras día su victoria».
SALMO 96.1–2

Tu iglesia

Este es el día de la adoración, Padre. Miro a mi alrededor y Te alabo por Tu próspera iglesia, el cuerpo de los creyentes. Me anonada considerar la forma en que Tu iglesia va más allá de estas paredes, de las fronteras de esta ciudad e incluso del país. Te alabo por los creyentes que son parte de Tu iglesia alrededor del mundo.

Veo que la cultura, el color, ser hombre o mujer, el dinero o el estatus no significan nada para Ti. Ni doctrinas ni credos. Todos somos tus hijos cuando confiamos y Te obedecemos.

Gracias por hacernos partes diferentes del cuerpo de Tu iglesia. Cada uno de nosotros tenemos nuestras propias habilidades y personalidades, nuestras propias fuerzas y debilidades. A pesar de eso Tú nos amas, y somos importantes para Ti. Te alabo padre, por construir Tu iglesia sobre una sólida base, Tu Hijo Jesucristo. Enfrentamos tiempos de conflictos, pero estamos creciendo constantemente. Cada día un nuevo bebé cristiano nace en Tu familia. Muchos de aquellos que Te aman están emocionados por lo que estás haciendo en sus vidas.

Tu Espíritu se mueve entre nosotros y experimentamos Tu poder limpiador. El viejo egoísmo y el odio quedan atrás y son reemplazados por la armonía y el amor por Ti y los demás.

¡Cuán agradecida estoy por ser parte de Tu familia, Tu iglesia!

> *«En él todo el edificio, bien armado, se va levantando para llegar a ser un templo santo en el Señor».*
> EFESIOS 2.21

7 DE NOVIEMBRE

Tu Palabra

Gracias, Padre Dios, por Tu Palabra segura y verdadera, La Biblia. Cuando leo Tus palabras y las aplico a mi corazón y mente, dejando en evidencia las auténticas verdades, verdades sobre Tu amor y fidelidad.

Es en Ti en quien creo y confío. Eres Tú quien me guarda sin peligro. Todo lo que tengo, todas mis metas y sueños, los entrego a Ti. Mi pasado, mi presente y mi futuro están en tus manos. Te alabo porque de acuerdo con la promesa de Tu palabra, nada me puede separar de Tu amor. Durante los tiempos buenos y los malos, esté en casa o lejos más allá del mar, Tú estás conmigo a cada minuto.

Gracias por guiarme cada día por medio de Tu Palabra. Gracias porque puedo archivar Tus lecciones en mi mente. Cuando soy confrontado con las tentaciones y las pruebas, todo lo que necesito es recordar una de Tus promesas, y el demonio huye. Tus decretos son mi arma más grande en contra del error. Ellos son más afilados que espada de dos filos.

¡Cómo te alabo, Padre Dios, por usar Tu Palabra para enseñarme! Gracias por ungir Tu Palabra con Tu Espíritu para consolarme y animarme cuando camino contigo.

«La palabra del Señor es justa;
fieles son todas sus obras».
Salmo 33.4

Para transportarme

Cuando las cosas de este mundo me aplastaron y me hicieron pedazos, Tú me transportaste, Padre. Cuando participé de mis problemas a otros y no pude encontrar a nadie que realmente me entendiera, Tú me sostuviste. Cuando me tambaleé y perdí mi camino y luchaba por poner un pie delante del otro, Tú fuiste el único que me sostuvo.

Ahora sé que no puedo apoyarme en mis propias habilidades. Aunque mis amigos y seres queridos me aman, Tú eres el único de quien puedo depender completamente. No trataré más de ser fuerte, porque mi fuerza está puesta en Ti. Gracias, amado Señor, por inclinarte, levantarme en Tus amantes brazos y llevarme.

Gracias por ayudarme para que nunca me rinda. Sin importar las circunstancias. Te alabo porque estás conmigo y me muestras el camino. Cuando soy incapaz de ver alrededor de la próxima curva y me pregunto si hay luz realmente al final del túnel, Tu luz guía mis pasos. Te alabo, Padre, porque todavía te importo.

Algún día estos problemas y pruebas habrán terminado. Miro hacia adelante al día cuando me lleves para estar contigo en el cielo. Mientras tanto, Padre, seguiré confiando, sirviéndote y apoyándome en Ti.

«Pero él me dijo: "Te basta con mi gracia, pues mi poder se perfecciona en la debilidad." Por lo tanto, gustosamente haré más bien alarde de mis debilidades, para que permanezca sobre mí el poder de Cristo».
2 Corintios 12.9

9 DE NOVIEMBRE

Te alabo por la esperanza

Te alabo, ¡Oh Señor! Por darme esperanza. Cuando estaba perdida y no tenía ninguna manera de volver, Tú me salvaste. Tú cambiaste toda mi vida y me diste una positiva anticipación del futuro.

Tú me diste esperanza no solo para el futuro aquí en la tierra, sino para el futuro en la eternidad.

Busco Tu sabia dirección, Señor. Deja que mis labios Te alaben. Déjame honrarte con todo lo que soy. Por medio de Ti, experimento una vida espiritualmente abundante, llena de entusiasmo y de júbilo. Cuando sincronizo mi andar con Tus pasos, sé que no puedo perderme. Tú, amado Señor, eres mi anhelo, mi existencia y mi ser entero.

Algunos dicen que Tú no te preocupas de Tus hijos. Pero sé que eso no es verdad. Tú haces que Tu favor y tu amor brillen sobre mí, no solo sobre mí, sino sobre todos los que Te aman y te sirven.

Te alabo porque eres mi torre de refugio, mi lugar de seguridad cuando las cosas van mal. ¡Cuán agradecida estoy por la forma en que me llevas a través de incontables desafíos y me bendices más allá de toda medida! Tú tienes una manera de tejer Tus bendiciones de plácida seguridad dentro y fuera de todo en mi vida.

La esperanza en Ti comprobó la verdad ayer. La esperanza en Ti todavía permanece hoy. Y Tu esperanza cierta permanecerá mañana.

Gracias, Señor. ¡Cómo alabo Tu nombre!

«Que tu gran amor, Señor, nos acompañe,
tal como lo esperamos de ti».
SALMO 33.22

Tus caminos sagrados

Santos son Tus caminos, Señor Jesús. ¡Puro y sin mancha eres Tú! Nada en el cielo ni en la tierra puede compararse contigo. Nadie puede tener la medida de Tu pureza. El sol, la luna y las estrellas, son solo inanimados objetos y una parte de Tu creación.

Ellos no pueden compararse contigo. ¿Y qué de la humanidad con sus faltas y debilidades? De ninguna manera estamos a la altura de Tu rectitud sagrada.

Tú dejaste un ejemplo perfecto cuando viviste aquí en la tierra.

Fuiste tentado. Incomprendido y maltratado. Enfrentaste la más grande tensión que puedo imaginar. Fuiste lastimado y afligido. En medio de todo esto, Jesús, nunca vacilaste en Tu pureza y obediencia a Tu Padre. Tú fuiste confiable y fiel, aún durante Tus últimos momentos en la cruz.

¿Cómo puedo ser santo, Señor? Mi corazón anhela ser como Tú.

Te ruego que me guíes por el camino correcto. Comparte Tu santidad conmigo. Lléname y rodéame con Tu dulce presencia.

Enséñame a caminar en las pisadas de Tu rectitud, amado Señor. Permite que mi corazón esté unido con el Tuyo. Concédeme el poder de vencer el mal con el bien y reflejar Tus santos caminos.

«Instrúyeme, Señor, en tu camino para
conducirme con fidelidad. Dame integridad
de corazón para temer tu nombre.
Señor mi Dios, con todo el corazón te alabaré,
y por siempre glorificaré tu nombre».
SALMO 86.11-12

11 DE NOVIEMBRE

Tu fidelidad

Las palabras resuenan a través de la historia, hablando de los veteranos que fielmente pelearon por la libertad. Junto con aquellos en las fuerzas armadas, encontramos oficiales de policía, bomberos e incluso voluntarios ayudando a hacer de nuestro país y del mundo un mejor lugar donde vivir. Muchos han muerto sirviendo. Algunos llevan cicatrices, tanto internas como externas, a causa de los conflictos en que han participado. Gracias, Padre, por aquellos que se sacrificaron a sí mismos para que nosotros pudiésemos ser libres.

Cuando escuchamos malas noticias acerca de la guerra, nosotros nos encogemos y esperamos, orando por aquellos que sabemos que están en la línea de batalla. Padre, ayúdanos a cambiar corazones y a construir la paz. Gracias por nuestros líderes. Que sus corazones sean sensibles a Tu voluntad y sus decisiones, sabias.

Hay otro tipo de soldados por los cuales yo oro a Ti, Padre. Son los soldados veteranos cristianos que diariamente se ponen Tu armadura y se esfuerzan con tenacidad en ganar almas para Ti. Pocos son famosos. Sin embargo muchos de estos hombres y mujeres, niños y niñas, llevan Tu estandarte alto, llevando esperanza y libertad a los corazones de quienes todavía no Te conocen.

Gloria ti, Padre, por amar tan categóricamente a cada uno de nosotros, sin importar quienes somos, dónde vivimos en el mundo o qué hemos hecho. Gracias por estar llamando continuamente a cada alma perdida.

«*¿Quién como tú, Señor, Dios Todopoderoso,*
rodeado de poder y de fidelidad?»
Salmo 89.8

Una dulce fragancia

Señor Dios, vengo a Ti con mi corazón y manos levantadas en alabanza a Tu santo nombre. Óyeme cuando Te llamo.

Guarda mi mente, mis intenciones y mi boca cuando vengo a Ti en oración. Que las palabras de mi boca y todo lo que hay en lo profundo de mi corazón eleven a Ti alabanzas puras y fragantes, Oh Dios.

Quiero glorificar Tu nombre a lo largo de mi día, desde que el sol se levanta en la mañana hasta el ocaso. Cuando despierto, Tú oyes mis alabanzas. Siento Tu gloriosa presencia. Te pido que cada palabra que yo pronuncie sea puesta ante Ti. ¡Oh, Te alabo con todo mi ser! Tú alimentas y satisfaces mi alma durante todo el día.

Cuando pongo mi cabeza en la almohada en la noche, pienso en Ti. Levanto suave fragancia de alabanza y agradecimiento a Ti otra vez por Tu maravillosa ayuda y guía. Edificantes cánticos de adoración atraviesan mi mente. Anido a la sombra de Tus alas. Mi alma se adhiere a Ti mientras me sostienes con Tu mano derecha. Me duermo sintiendo Tu tibio bienestar y protección. ¡Cuán amado, cuán dulce eres Tu, mi Dios!

«Por la mañana, Señor, escuchas mi clamor;
por la mañana te presento mis ruegos,
y quedo a la espera de tu respuesta».
«Que suba a tu presencia mi plegaria
como una ofrenda de incienso;
que hacia ti se eleven mis manos
como un sacrificio vespertino».
SALMOS 5.3; 141.2

13 DE NOVIEMBRE

Tu generosidad

¡Cómo Te alabo, amado Señor, por amarme y constantemente ser tan bondadoso! Gracias por llamarme por mi nombre. Gracias por hacer que Te pertenezca. Junto con darme Tu amor, Tú me aseguras en la Biblia que soy preciosa a Tu vista.

Gracias por ser paciente conmigo y por darme la posibilidad de volver a empezar una y otra vez. Nunca dejo de estar sorprendida por la manera como Tu compasivo corazón sale al encuentro de mis necesidades. Tu amor, querido Señor, es tan fiel. Cuando me equivoco, Tú incluso me urges a tratar de nuevo, y me aseguras Tu ayuda y estímulo. Gracias por ser lo suficientemente bondadoso para ver lo mejor en mí.

No hay nadie tan totalmente comprensivo y amable como Tú. Te alabo porque siempre me escuchas, esté feliz o triste. Gracias por regocijarte conmigo por las buenas cosas de mi vida. ¡Cuán agradecida estoy por Tu consuelo y fuerza durante los tiempos de adversidad y desánimo!, por ayudarme cuando enfrentaba tentaciones.

Gloria a Ti, Señor. Tu amor y Tu bondad están conmigo por siempre. Tu compasión continúa todos los días de mi vida en la eternidad.

«Den gracias al Señor, porque él es bueno;
su gran amor perdura para siempre».
SALMO 136.1

Mi defensor

Frescos recuerdos vienen a mí de la época cuando mis hijos pasaban rozando el umbral que hay entre la vida y la muerte, Señor Jesús. A veces despertaba de un reparador sueño y sentía Tu advertencia de que algo podía suceder y Tu seguridad de que estarías con nosotros. A menudo cuando oraba, me sentía como si hiciera rechinar las puertas de cielo, suplicando en su favor.

Estoy sorprendida que sabía que algunas cosas sucederían. ¿Era porque amo y me identifico demasiado con mis hijos? ¿O fue porque estoy cerca de Ti? Solo sé que Te alabo por permitirme ser su abogado. Cuando yo estuve tan temerosa que me quedé sin palabras para orar, Tú, Señor Jesús, fuiste mi Defensor y llevaste mis urgentes plegarias al Padre Celestial.

Loor a Ti, Señor, por morir por mis pecados y ser mi defensor ante nuestro Padre en los cielos. Porque Tú me amas, puedo ir directamente a Tu trono de gracia y pedir por Tu ayuda. Entonces en concordancia con lo que Tú percibes como lo mejor, Tú traes mis necesidades al Padre. Gracias además por hablar al corazón de otros en mi beneficio. Como confío en estar cerca de Ti, mi gozo es completo. Gloria a Ti por ser mi Abogado.

«Así mismo, en nuestra debilidad el Espíritu acude a ayudarnos. No sabemos qué pedir, pero el Espíritu mismo intercede por nosotros con gemidos que no pueden expresarse con palabras».
ROMANOS 8.26

15 DE NOVIEMBRE

Mi herencia

¿Cómo puedo comprender que me adoptaras como Tu hija, Padre? No hay manera. Sin embargo, yo puedo confiar completamente en Ti y en las promesas de la Biblia. Gracias por darme Tu maravillosa herencia, un corazón lleno de paz, profundo gozo interior y una firme esperanza para el futuro que Tú has planeado para mí.

Gloria a Ti por ser mi amado Padre y darme a Tu Hijo, Jesús. Tú eres Mi todo en todo. Eres la fuerza de mi corazón. En Ti tengo una vida abundante aquí en la tierra y una vida eterna aguardándome contigo en el cielo.

Gracias por proteger del peligro todo que Te doy hasta el día de Tu regreso. Tú me amas y me cuidas como un padre devoto. No importa dónde esté, estoy agradecida porque sólo estás a una oración de distancia. Gracias por estar muy cerca. Gracias por vivir dentro de mi corazón.

Estoy agradecida de que puedo poner mi identidad en Ti. He tomado el nombre de Tu Hijo, Jesucristo. Soy seguidora de Cristo. Sí, Padre, gracias a Ti, soy una cristiana.

Yo cuento el privilegio de ser Tu hija, ¡una hija del Rey de reyes! Gracias por darme la herencia más grande que nunca haya existido, una herencia en Ti.

«Mas a cuantos lo recibieron, a los que creen en su nombre, les dio el derecho de ser hijos de Dios. Éstos no nacen de la sangre, ni por deseos naturales, ni por voluntad humana, sino que nacen de Dios».
JUAN 1.12–13

Mi Protector

Escucho sobre muchos héroes que han sido heridos o muertos mientras salvaban a niños o adultos en peligro. Algunos héroes llevan cicatrices de sus actos de coraje por el resto de sus vidas. A menudo los salvadores son miembros de la familia.

Sin embargo, otros se entregaron por desconocidos totales.

¿Esa fue la manera en que Tú moriste para salvarme? ¿Esa es la forma actual en que eres mi permanente defensor contra los peligros que enfrento cada día? Gracias por ser mi salvaguardia y defensa, por amortiguar los golpes de la vida que aparecen en mi camino.

Cuando esté en necesidad, no me preocuparé, porque Tú estás mirando después de mí. Cuando estoy abrumada y desesperada, Tú absorbes los impactos y me ayudas a encontrar paz y descanso ¡Cómo te alabo por ser mi protector, mi centinela y mi árbitro!

Tú eres mi refugio, la firme Roca a la que puedo aferrarme en las tormentas de la vida. Tú eres una sombra en los sofocantes desiertos de mi vida.

Sin importar lo que se presente en mi camino, Te alabaré por fielmente ir delante de mí, ayudándome a superar los obstáculos del camino. No importa qué suceda, sé que Tú estás a cargo. Gracias por ser mi protector. Te alabo, oh Dios, con todo mi corazón.

> *«¿Quién es Dios, si no el Señor?*
> *¿Quién es la roca, si no nuestro Dios?*
> *Es él quien me arma de valor*
> *y endereza mi camino».*
> Salmo 18.31-32

17 DE NOVIEMBRE

Peldaños de valor

Cuando leí en el libro de Génesis sobre la forma en que los hermanos de José lo arrojaron dentro de un pozo de muerte, pensé cuán asustado debe haber estado él. Estoy agradecida porque Tú lo ayudaste y le diste valor. Aunque José fue sacado del pozo, esto no solucionó sus problemas. Tú lo ayudaste y lo guiaste durante los siguientes años difíciles. Gracias por estar con él y por su fidelidad a Ti. Nadie tuvo el poder de quebrar a José. Durante sus años de esclavitud, Tú le diste incontables bendiciones. Cuando fue falsamente acusado, lo honraste. Lo ayudaste a caminar sobre piedras de crueldad y permanecer firme sobre una base de compasión y amor.

Cuando yo estaba en el hoyo de la desesperación, Señor, me sentía como si hubiera sido enterrada bajo juicio. Como enormes rocas, mis problemas se amontonaban alrededor mío. Heridas y desesperanza estaban rompiendo mi corazón. El único camino que podía ver estaba arriba. Cuando levantaba mi vista, Tú estabas allí.

Te alabo por mostrarme cómo tomar aquellas terribles peñas y transformarlas en peldaños hacia la victoria.

Cada vez que di un paso, podía sentirte sujetando mi mano, afirmándome y dándome el valor.

¡Gracias, Señor, por proporcionarme peldaños de valor para que yo pueda experimentar numerosas victorias en Ti!

«El Señor afirma los pasos del hombre
cuando le agrada su modo de vivir;
podrá tropezar, pero no caerá,
porque el Señor lo sostiene de la mano».
SALMO 37.23–24

Tu garantía

Cuando Te di mi corazón, Señor, Tú estableciste un pacto perpetuo conmigo. Prometiste estar conmigo todos los días de mi vida y en la eternidad. Ese paso de fe que tomé, escoger la vida contigo en lugar de la muerte espiritual y la destrucción, liberó Tu poder de hacerme pura a los ojos de Dios, mi Padre. Te alabo, oh Señor por la certidumbre de que Tú eres mi Señor y mi Salvador. Debido a Tu amorosa seguridad, sé en quién yo creo. Estoy convencida, sin una duda, que Tú eres plenamente capaz de guardar todo lo que Te confío. Todo lo que pongo en Tus manos es guardado con seguridad y protegido por Tu infalible amor.

Gracias por Tu constante presencia día y noche. Te alabo por Tu promesa que nunca me dejarías ni me abandonarías. Nadie ni nada puede quitarme Tu amor. Absolutamente nadie tiene suficiente poder para separarme de Tu amor. Ni la privación o la hambruna; ni la enfermedad o el peligro. Ni la vida ni la muerte. El mal no puede. Ciertamente los ángeles tampoco. Ni el pasado, ni el presente o el futuro.

Gracias, mi Señor, por Tu constante certeza y perdurable amor. Gracias por estar conmigo todos los días de mi vida.

«Por ese motivo padezco estos sufrimientos.
Pero no me avergüenzo, porque sé en quién he creído,
y estoy seguro de que tiene poder para guardar hasta
aquel día lo que he dejado a su cuidado».
2 Timoteo 1.12

19 DE NOVIEMBRE

La cinta rodante

Buenos días, Señor. Son las seis en punto y es el tiempo de subirse a la cinta rodante, no en la que camino en nuestro garaje, sino en la cinta rodante de la vida. Gracias por esto y por lo bien que hace caminar sobre ella cada día.

Te alabo por darme la salud y la habilidad para levantarme cada mañana, tener algún tiempo tranquila contigo, luego de pasar corriendo por unos pocos deberes de dueña de casa. Gracias por darme la oportunidad de hacer llamadas telefónicas o escribir cartas a aquellos por los que me preocupo. Te alabo por el auto que Tú me proporcionaste para que pudiera ir al trabajo.

Entro a la playa de estacionamiento y camino hacia mi trabajo.

¡Cuán agradecida estoy de trabajar aquí! Me niego a pensar que estoy volviendo a lo que alguna gente llama «la vieja molienda», sino que espero con ansias trabajar con mi jefe y mis compañeros.

Gracias por la manera en que me instas a poner orgullo en mi trabajo y hacerlo tan incondicionalmente. Cuando lo hago, también Te estoy sirviendo a Ti. Gracias por mostrarme algunos frutos de mi labor y bendecirme con el sentimiento de una tarea bien hecha,

Estoy agradecida por esta cinta corredora de la vida, Señor. Gloria a Ti por guiar mis pasos y ayudarme a ir por el camino en que Tú me guías.

«Que el favor del Señor nuestro Dios
esté sobre nosotros.
Confirma en nosotros la obra de nuestras manos;
sí, confirma la obra de nuestras manos».
SALMO 90.17

Descanso

Mi día de trabajo ha terminado, Señor. Mi cuerpo y mi mente están cansados. Después de la cena, mi marido y yo compartimos los buenos y malos sucesos del día. Oramos juntos por las situaciones y por las personas. Luego dejamos resueltamente nuestras preocupaciones en Tus manos y nos relajamos.

Nos instalamos en nuestros sillones con buenos libros.

De vez en cuando mi amado se estira y sostiene mi mano. Gracias por mi marido. Gracias por el descanso.

Cuando es tiempo de dormir, oramos otra vez, pidiéndole a Dios que bendiga a nuestros seres queridos, que controle nuestros pensamientos y que nos dé una buena noche de descanso. Aunque afuera el cielo se sostiene como un manto de ébano, sentimos Tu presencia protectora.

Tú nos recoges como una gallina reúne a sus polluelos bajo sus alas. No hay temor de la noche, porque Tú siempre estás cerca.

Mi cabeza se hunde en mi suave almohada. Siento la silenciosa respiración de mi amado al lado mío. La ventana está abierta en una hendidura. Oigo caer la refrescante lluvia. El aire huele claro y limpio. El árbol próximo a nuestra casa mueve perezosamente sus ramas en una rítmica canción. Un gorjeo suave anormal viene de las aves de invierno en las ramas del árbol.

Éste es el día que el Señor ha hecho, repito mentalmente. «Me regocijaré y estaré contenta en él». Gracias, Señor, por el descanso.

«En paz me acuesto y me duermo,
porque sólo tú, Señor, me haces vivir confiado».
SALMO 4.8

21 DE NOVIEMBRE

La manera en que me oyes

Heme aquí, Señor, tomando este atajo de tiempo justo para hablar contigo. Hay tanto que quiero compartir. Me doy cuenta de que Tú lo sabes todo, pero esto significa mucho para mí que quiero derramar mi corazón sobre Ti. Quiero decirte acerca de lo bueno, lo malo y aún las cosas divertidas que ocurren en mi vida.

Aprecio la manera en que Tú oyes mis oraciones. Estoy agradecida cuando llegan las respuestas. Quiero conversar contigo sobre lo íntimo y sobre lo externo. Te alabo por cómo Tú te inclinas y pones atención.

No importa cómo me siento o qué está ocurriendo en mi vida, Tú oyes. No importa cuáles sean las circunstancias, yo todavía doy mi alabanza a Ti. Tú no te burlas de mí. Por el contrario, comprendes exactamente cómo me siento.

Te alabo, Oh Dios, por estar aquí conmigo. Alabo Tu santo nombre por preocuparte de todo en mi vida, sin importar si es algo grande o algo pequeño. Cuando oro, Tú me animas y me das la vitalidad que necesito. Te alabo por ser mi más querido Amigo.

Cuando se me terminan las palabras, todavía siento Tu presencia.

Gracias, Señor, por escucharme. Ahora es tiempo de que yo pare de hablar y Te oiga.

«Yo amo al Señor
porque él escucha mi voz suplicante.
Por cuanto él inclina a mí su oído,
lo invocaré toda mi vida».
SALMO 116.1–2

Tu amistad

¡Cuán bendecida soy, Señor Jesús, por tener buenos amigos! Ellos entibian mi corazón con una llamada telefónica o una carta. Te agradezco su estímulo. Te agradezco que yo pueda ser una buena amiga para ellos.

Aunque son valorados, Señor, Tú eres el más querido de todos los amigos. Gracias porque siempre estás conmigo.

A diferencia de los tiempos del Antiguo Testamento cuando a la gente común no se le permitía entrar en el Lugar Santísimo, yo puedo ahora caminar y conversar contigo a cualquier hora y en cualquier lugar.

Gracias por amarme, Señor. Cada vez que oro, siento Tu cálida presencia rodeándome. Te alabo por la forma que Tu Espíritu Santo llena mi corazón y restaura mi alma.

Porque Tú me llamas amiga, Te doy mi amistad a cambio.

Te doy mi ser entero, confiando totalmente en Tu amor. Mi cuerpo se ha convertido en el hogar de Tu Espíritu Santo.

A través de esto, estoy unida a Ti y somos uno.

Del mismo modo en que me conoces tan bien quiero conocerte a Ti. Quiero reconocer lo que Te agrada en todo lo que pienso, hago y digo. Quiero alabarte por ser la clase de amigo que otorga Tu alegría. Gracias, Señor, por Tu amistad.

«Tenía ella una hermana llamada María que, sentada a los pies del Señor, escuchaba lo que él decía. Jesús dijo: Pero sólo una es necesaria. María ha escogido la mejor, y nadie se la quitará».
LUCAS 10.39, 42

23 DE NOVIEMBRE

Vida abundante

Porque Tú eres mi Señor, mi vida está llena de gozo y realización.

¡Cuán bendecida soy por poner mi confianza en Ti! Para Ti, oh Señor, levanto mi alabanza con todo mi corazón. En todos mis caminos, quiero bendecir Tu santo nombre.

Gracias por escogerme para llegar a ser Tu hija. Te alabo por buscar lo mejor en mí, por darme ciertos talentos. Te doy gracias por seleccionar cuidadosamente lo que Tú deseas para mí y por ayudarme a darme cuenta de la manera en que puedo servirte. Te alabo, Señor, por llenar mi vida con un propósito. A causa de Tu amor por mí, tengo una razón para estar aquí, una razón para amarte y servirte con todas mis fuerzas y poder.

No quiero derrochar mi vida haciendo de las cosas materiales mi primer amor. En lugar de eso, quiero ocupar mi vida amándote y confiando en Ti. Mi motivación para vivir, crecer y prosperar está en Ti. Esta es una vida emocionante que está dirigida por Tu divina voluntad, es una vida de júbilo, eterna y libre de pecado.

Te alabo Señor por los gloriosos planes que tienes para mí.

Tus planes me llenan de expectación y esperanza. Gracias por ponerme aquí para servirte, ahora y para siempre. Te alabo, Señor, por venir a esta tierra y darme vida abundante.

Jesús dijo: «El ladrón no viene más que a robar,
matar y destruir; yo he venido para que tengan vida,
y la tengan en abundancia».
JUAN 10.10

Restauración

Mi alma eleva alabanzas a Ti ¡Oh Dios!, por las muchas veces que Tú me has rodeado con Tus brazos de sanidad y me has devuelto la salud. No puedo contar los días de mis enfermedades, desengaño y desesperación mental y emocional que he experimentado. Algunas veces me preguntaba si había alguna manera de recuperarme. Algunas dolencias fueron tan abrumadoras que no podía ver la luz al final del túnel, solo veía imposibles.

Sin embargo en lo profundo de mi corazón, sabía que todo era posible si ponía mis necesidades de restauración en Ti para que trabajaras a Tu propio modo.

Algunas batallas con las enfermedades fueron tan severas que no podía recuperarme. Cada vez que pasaba esto, Tú me ayudaste a darme cuenta que estaba sosteniendo a la enfermedad como una parte de mí.

Poco a poco, me enseñaste cómo dejarlas ir y renunciar a curar mi ser herido. Cuando aprendí a permitirte que fueras mi Gran Médico, que sacaras estas cosas y me renovaras, estaba en camino a ser sanada.

Gracias por confortarme. Por amor, Tú vendaste mis heridas y me diste la fuerza para sobreponerme a todo lo vivido. Te alabo por la forma cómo tomaste mi cuerpo, mente y espíritu dañado, y me restauraste a una integridad en Ti.

«Restaura a los abatidos
y cubre con vendas sus heridas».
Salmo 147.3

25 DE NOVIEMBRE

Mi familia

Padre, vengo a Ti en acción de gracias y alabanza esta mañana por la maravillosa familia que Tú me has dado. Tentadores aromas a pasteles que puse en el horno llenan nuestra casa.

Recién terminé de preparar la ensalada de fruta. (La receta me la dio mi suegra.) Como es habitual, la disfrutaremos toda la familia. Cuando empacaba todo para el viaje, mi corazón se alegraba por el amor que compartimos unos y otros.

Este año, recogeremos a mi papá y viajaremos a través de las montañas hacia el hogar de nuestro hijo y nuestra nuera, donde nos aguardan nuestros nietos llenos de vida. He estado contando los días, Padre. Gracias por hacer posible este viaje. Nos sentaremos alrededor de la mesa, disfrutaremos de conversaciones llenas de amor y observaremos a los hijos que parecen árboles espigados y en pleno desarrollo.

Gracias por las líneas telefónicas zumbando con las llamadas entre quienes no podemos estar juntos debido a la distancia.

Te alabo por Tu misericordia, que se traspasa de una generación a otra, por cada miembro de la familia que Te ama. Grande es Tu bondad para con los que amo. ¡Cuán agradecida estoy por guardar Tus vastas bendiciones para ellos! Te agradezco, Padre, por rodear a mis seres queridos con la protección de Tu presencia y mantenerlos a salvo en el hueco de Tu poderosa mano.

«De generación en generación se extiende su misericordia a los que le temen».
Lucas 1.50

Tus provisiones

¡Qué noche más agradable disfrutamos ayer, Padre! Teníamos amigos para la cena. Puse una hermosa mesa con una vela en el centro. La comida fue sencilla, pero todos la disfrutamos. Te doy gracias por Tu provisión.

Cuando nos instalamos en la sala con una taza de té después de la cena, nuestros amigos dijeron algo que nunca olvidaré.

Mencionaron cuán bien se sentían en nuestro hogar porque irradiaba Tu amor. No puedo imaginarme algo que me importe más que eso.

Todos se han ido. Mi esposo y yo nos relajamos en nuestros sillones reclinables, uno al lado del otro. Doy un vistazo alrededor de nuestros muebles y pertenencias. La mayoría son simples. Recibimos algunos como regalos. Nuestros hijos hicieron algunos tesoros de valor incalculable. Otros han ido pasando a través de las generaciones.

Todos cuentan la historia de Tu generosidad y cuidado.

Te agradezco, Padre, por mantenernos abrigados, secos y seguros.

Te agradezco por la comodidad de mi sencillo sillón reclinable. Por mis pantuflas acogedoras, que me regaló una amiga. Gracias por mi manta blanda y tibia, obsequio de uno de nuestros hijos. Cada vez que uso estos sencillos objetos, pienso en mis amigos y mis seres queridos. Te alabo por Tu cálido amor que nos envuelve y por los bienes con que provees a nuestro hogar.

> *«Confía en el Señor y haz el bien;*
> *establécete en la tierra y mantente fiel».*
> Salmo 37.3

Fe infantil

Gracias por los niños, mis nietos, los muchachos a quienes enseño en la iglesia, y mis alumnos en la escuela. Me encanta su franqueza. Disfruto su habilidad sin trabas para mostrar amor. Te alabo por darme la sabiduría y la fuerza para enseñarles. La mayor lección que estos niños dejan en mi corazón es la manera cómo confían en mí completamente. La confianza que muestran sus ojos y sus abrazos afectuosos me lo recuerdan constantemente.

Gracias por mostrarte repetidamente a Ti mismo fiel conmigo, por fortalecer mi confianza en Tu amor y en Tus cuidados. Sé que siempre estás aquí conmigo, Padre. Confío que nunca me abandonarás ni me defraudarás. Tú eres mi Padre Celestial. Tú eres en quién yo puedo confiar totalmente.

Te alabo por mi fe infantil en Ti. No es una fe por la que tenga que levantar algunos conjuros. Por el contrario, es algo que Tú me has dado. Cuanto más estás en mi vida, Padre, más crece mi amor y mi fe en Ti.

Cuando estamos más cerca, mi fe infantil florece de gozo y confianza. Cuando las cosas están difíciles y no entiendo por qué ocurren, puedo tomar esta fe que Tú me das y confiar en Ti. Te doy gracias, Padre, por esta fidelidad, un regalo de fe, llena de Tu amor y cuidados interminables.

Jesús dijo: «Por tanto, el que se humilla como este niño será el más grande en el reino de los cielos».
MATEO 18.4

Haciendo que la vida cuente

Te alabo, Señor, por mostrarme que no estoy aquí por casualidad.

Estoy aquí porque Tú lo quieres, y porque realmente Te importo.

Gracias por hacer que mi vida tenga significado. Tú me das dirección y propósito. Tú me ayudas a visualizar las razones por las que me pusiste aquí. Tú me proporcionas sueños para mi futuro, un futuro en el cual Tu voluntad y la mía se entretejen cuidadosamente como una sola. No importa si tengo ocho, dieciocho u ochenta años. A través de las etapas de mi vida, Tú me llamas a hacer cosas especiales para Ti. ¡Qué aventura es ésta, todos los días juntos!

Las cosas que Tú logras van lejos, más allá de mi imaginación.

A través de Tu poder dador de vida trabajando dentro de mí, las pequeñas cosas que hago afectarán a otros y seguirán por generaciones. Lo que Tú llevas a cabo a través de mí afecta vidas por la eternidad.

Algún día cuando la edad me haga caminar lento, oro para que Tú me ayudes a ver más allá de la amargura y las desilusiones y pensar en cómo Tú has hecho que mi vida cuente. Permíteme ver siempre el gran paisaje de Tu propósito y saborear los recuerdos de los seres queridos traídos a Tu familia. Mantiene mi mente y mi corazón firmemente fijos en Ti, Señor. Gracias por darme una vida que realmente cuenta.

> *«El Señor cumplirá en mí su propósito.*
> *Tu gran amor, Señor, perdura para siempre;*
> *¡no abandones la obra de tus manos!»*
> SALMO 138.8

29 DE NOVIEMBRE

Victoria en Ti

Gracias por la esperanza y la confianza que pones dentro de mí, Señor. Gracias por ayudarme a dejar de ver la vida como si fuera una víctima. Tú eres quien me hace una vencedora. Porque confío en Ti, adquiero Tu sabiduría para tomar decisiones correctas que están dentro de Tu voluntad y son lo mejor para mí.

Te alabo porque no necesito estar preocupada.

Por el contrario, oro acerca de lo que trae el camino y busco Tu dirección.

Confío que Tú, Señor, haces las cosas para mejor.

Te alabo por ayudarme con mis decisiones diarias. Cuándo estoy confusa y no sé cómo orar, Tú estás cerca, implorando al Padre por mí. ¡Oh, Tú me comprendes tan bien!

A medida que busco Tu voluntad y ando en Tus caminos, estoy agradecida que Tú vayas conmigo y me des el triunfo. Gracias por ayudarme a ser decidida y valerosa en tiempos de dificultad. Contigo a mi lado, yo puedo superar el temor, confiando que Tú lo desterrarás. Si retornara, estoy segura que lo removerás otra vez.

Esta vida vencedora no proviene de los débiles esfuerzos de mi parte. En su lugar, Te alabo por ser el vencedor del mal y por darme la victoria.

Jesús dijo: «Yo les he dicho estas cosas para que en mí hallen paz. En este mundo afrontarán aflicciones, pero ¡anímense! Yo he vencido al mundo».
Juan 16.33

Una pequeña muestra de cielo

Fue un tiempo sin ninguna distracción, ningún mal sentimiento con nadie, ninguna mala actitud. Fue un tiempo cuando un grupo de personas nos unimos en ferviente oración. Nos sentíamos más fuertes que el cordón de tres hebras del Eclesiastés. Éramos un cuerpo unido en alabanza, oración, experimentando Tu respetable presencia en nuestro medio. Fue más que un tiempo regular de oración, amado Señor. Fue un tiempo cuando ni una onza de pecado podía entrar. Fue una pequeña muestra del cielo.

Levantamos nuestros corazones a Ti en alabanza y petición, no por nuestras necesidades, sino por la salvación y las necesidades de aquellos que amamos. Alguien podría haber dejado caer una moneda y podía haberse oído. Oraron diferentes personas. Uno a uno, primero los nombres solo eran expresados alrededor de la sala y llevados a Tu trono celestial.

El aire estaba tan cargado con Tu santa presencia, que sentía que podía alcanzarlo y sujetarlo con mis manos. Sin embargo, estaba demasiado impresionada para moverme.

Tú estabas allí en nuestro grupo de oración, ¡Oh Señor! Tuvimos comunión contigo, nuestro Dios todopoderoso, nuestro Salvador, nuestro Santo espíritu, Rey de reyes, Señor de señores. Te alabo por Tu pequeña muestra del cielo.

> *«¡Alaba, alma mía, al Señor!*
> *Señor mi Dios, tú eres grandioso;*
> *te has revestido de gloria y majestad».*
> SALMO 104.1

1 DE DICIEMBRE

El principio y el final

Si Tú fueras a lanzar el pergamino del tiempo delante de mí, el pasado, el presente, el futuro y la eternidad, yo no sería capaz de tomarlo. Si Tú me mostraras los secretos que revelaste a Juan acerca del cielo y de los tiempos del fin, yo todavía no podría comprenderlos.

¡Cuán inconmensurables, cuán eterno Tú eres, Oh Señor!

Me inclino y Te adoro, el Alfa y la Omega, el Principio y el Fin. Tú fuiste antes que todo lo demás comenzara. Estabas en el principio. Estás conmigo ahora y serás por siempre. Tú, ¡Oh Dios!, eres la causa primera de todo. Tú estás sobre todo, y en todo.

Tú pusiste los cielos y diseñaste los ríos y las profundidades de los mares. Tú estableciste los confines de las aguas y las instruiste para que permanezcan dentro de sus márgenes.

Te alabo, Señor, ¡Oh Dios! ¡Oh Trinidad! Tú estabas aquí como mi Padre, planificando. Nacido como un bebé, Tú te sacrificaste a Ti mismo por mis pecados. Llegaste a ser mi salvador y mi Rey. Estás aquí como mi Consolador, siempre conmigo. ¡Oh Dios, Alfa y Omega, el Principio y el Fin, cómo te adoro!

«Yo soy el Alfa y la Omega, dice el Señor Dios,
el que es y que era y que ha de venir, el Todopoderoso».
Apocalipsis 1.8

La palabra

Te doy honor a Ti, mi Dios. Tú eres el Logos, la palabra. Tú eres la sabiduría misma y el poder. A través de la palabra, estoy aprendiendo a entender cuán admirable y maravilloso Tú eres. A través de la poderosa palabra, Tú vienes a mi vida y me transformas.

Aún antes que el mundo fuese, el Verbo estaba con Dios.

Tú, el Verbo, eres Dios. A través de Ti, se dio la vida. Tú eres la luz de la vida que alumbra brillantemente en los más oscuros rincones.

En Tu admirable sabiduría y poder Te embarcaste en un rumbo con propósito, a lo largo de las edades, al venir a la tierra.

¡Cuán agradecida estoy por la forma que Te humillaste a Ti mismo y te convertirse en un bebé humano, nacido de una virgen, acunado en un estable lleno de paja! Es por medio de esto que la humanidad es capaz de ver Tu gloria. Tú eres el majestuoso y único Dios, que vino del Padre, lleno de verdad y de gracia.

¿Cómo pudo ser posible tal cosa? Solo sé que es verdad, porque la Biblia lo dice así y Tú vives dentro de mi corazón. Gracias por proveerme con una nueva vida en Ti. Gloria sea a Ti, Señor, el Verbo que habita en medio nuestro.

> *«En el principio ya existía el Verbo,*
> *y el Verbo estaba con Dios, y el Verbo era Dios.*
> *Él estaba con Dios en el principio».*
> JUAN 1.1–2

3 DE DICIEMBRE

Fuerte Creador

Gloria, alabanza, y honor traigo a Ti, mi fuerte Creador, porque Tú hiciste los cielos, la tierra, los océanos y todo lo que está en ellos. Tan maravillosa es Tu artesanía, que la creación misma canta a Tu magnificencia. Tú diste un mandato justo y el espacio exterior fue modelado. Incontables estrellas se esparcieron a Tu orden. Tú hiciste las aguas y las derramaste sobre inmensos ríos y lagos. Hablaste otra vez y pusiste el mundo en movimiento.

Miro a esta vasta creación y cuán gloriosa es. No es nada comparada contigo, el Señor de toda la creación. ¿Qué es la humanidad? Somos solo una mota de polvo.

Tú tomas una isla desierta como una pluma y la cambias de un lugar a otro. Tú contienes los océanos con Tus manos capaces. Tú mides el universo. Tú pesas las montañas.

Cada vez que investigo el cielo oscurecido y veo la obra de Tus dedos, me lleno de asombro. Estoy maravillada de cómo hiciste la luna y las incontables estrellas. Estoy muda de asombro por Tu amor y cuidado por una simple persona como yo.

Te alabo y Te honro, Dios, porque creaste todo esto y por crearme a mí.

«Cuando contemplo tus cielos, obra de tus dedos,
la luna y las estrellas que allí fijaste, me pregunto:
¿Qué es el hombre, para que en él pienses?
¿Qué es el ser humano, para que lo tomes en cuenta?»
Salmo 8.3–4

Dios Justo

Aquí, vengo delante de Ti sobre mis rodillas, ¡oh Dios Justo! Santo, Santo, Santo eres Tú, Dios Omnipotente. ¡Cuán puro y venerable Tú eres! Tú presencia me rodea al punto de sentir que estoy en suelo santo y que debería quitarme el calzado. Cada día veo Tus justos tratos cuando me ayudas a tomar las decisiones correctas. Llenas mi corazón con seguridad y amor porque puedo depender completamente de Tu santidad. Aun ni los cielos se pueden comparar a Tus maneras piadosas. No hay nadie como Tú, Dios de toda Santidad.

¿A quién más tengo en el cielo sino a Ti? Nadie más me importa. Tú eres la certeza en quien puedo fijar mi vista, oh Dios.

Cuando enfrento la tentación, Tú provees el poder que necesito para vivir victoriosamente. Cuando me paro delante de Ti, los actos que considero rectos son solo como trapos sucios, porque no soy justo ni bueno por mí misma. Tú lavaste todo en mi vida y me hiciste limpia. A causa de Tu amor por mí, Tú has olvidado mis pecados y me vestiste con el atavío de Tu salvación. Me has puesto Tu manto de rectitud sobre mis hombros.

> *«Declaren y presenten sus pruebas, deliberen juntos.*
> *¿Quién predijo esto hace tiempo?,*
> *¿quién lo declaró desde tiempos antiguos?*
> *¿Acaso no lo hice yo, el Señor?*
> *Fuera de mí no hay otro Dios; Dios justo y Salvador,*
> *no hay ningún otro fuera de mí.*
> ISAÍAS 45.21

Papito

Finalmente ha llegado la hora en que tengo la posibilidad de conversar contigo, Mi Señor. Me escabullo a mi sitio silencioso para adorarte con todo mi amor y alabanza. Tu tierna presencia me rodea como una tibia y reconfortante manta. No estás lejos sobre algún pedestal. Estás aquí conmigo, ahora. Te adoro, Mi Abba Padre. Abba significa «papito».

¡Cuán cierto es esto! Tú eres mi Padre Celestial. Eres como un padre compasivo. Puedo conversar contigo durante horas, y Tú nunca te cansas de escucharme. Eres tierno y comprensivo cada vez que vengo a Ti en oración.

Tu tierno cuidado por mí no tiene fin. Tu vigilia comienza de nuevo cada día. Nunca olvidaré la misericordia y la gracia que Tú me impartes sobre mí. Me alimentas. Mantienes Tus promesas. Cuando empiezo a vacilar, Tú permaneces cerca y me guardas de tropezar. Tú vigilas toda la noche mientras duermo. Extiendes Tus alas sobre mí como un águila hace con sus polluelos. Tú me conoces tan bien, por dentro y por fuera. Conoces mis fortalezas y debilidades, mis inquietudes, deseos y sueños.

Alzo mis manos en alabanza y rindo tributo a Ti, mi querido Papito Dios. Gracias por amarme y cuidar de mí.

«Y ustedes no recibieron un espíritu que de nuevo
los esclavice al miedo, sino el Espíritu que los adopta
como hijos y les permite clamar: "¡Abba! ¡Padre!"»
ROMANOS 8.15

Dios Misericordioso y Gentil

Vengo antes de que Tú seas lleno de adoración, Jehová Elohim, mi Dios misericordioso. Solo puedo empezar a agradecerte por Tu bondad y misericordia. Eres gentil, paciente y lento para la ira. El amor que demuestras a cada persona dura más allá de la medida del tiempo. Sorprendentemente, no importa si lo merecemos o no, Tú nos sigues amando y desesperadamente quieres que todos nosotros Te conozcamos como Salvador y Señor.

Gracias por perdonar mis pecados y demostrar Tu inalterable amor. Debido a Tu compasión bondadosa, estoy agradecida de Ti y Te honraré en cada área de mi vida.

Ofrezco mis agradecimientos a Ti, mi Dios, por Tu bondad, por Tu misericordia y gentileza que quedarán conmigo por siempre. Te doy mi voluntad, porque Tú me has dado una nueva vida, y Tu misericordia y gentileza quedan conmigo para siempre.

Te seguiré todos los días de mi vida por el poderoso milagro que Tú me muestras. En todas las cosas, confiaré en Ti y no temeré, porque Tú me guardas y me proteges con Tus brazos extendidos.

¡Cómo Te adoro, mi Jehová Elohim, mi misericordioso, amable Dios!

«(Se oirá de nuevo) el grito de gozo y alegría, el canto del novio y de la novia, y la voz de los que traen a la casa del Señor ofrendas de acción de gracias y cantan: "Den gracias al Señor Todopoderoso, porque el Señor es bueno, porque su amor es eterno". Yo cambiaré la suerte de este país afirma el Señor, y volverá a ser como al principio».
JEREMÍAS 33.11

7 DE DICIEMBRE

Proveedor

Mi Dios, mi proveedor, Te pongo en la consideración más alta por todo lo que haces para cuidar de mí. Te traigo mis necesidades y Te las confío. No importa lo que enfrente, nunca es demasiado difícil para Tu manejo.

Estoy tan contenta de ser Tu hija. Tú provees todo para mí. ¡Tienes una asombrosa manera de saber lo que requiero aun antes que yo! En Ti, Jehová Jireh, tengo provecho en todo. A la luz de los milagros que he experimentado durante mi andar contigo, levanto mi corazón en adoración. Mi verdadera ayuda viene de Ti. Tú estás constantemente cuidando de mí. En tiempos de hambre, Tú me alimentas. En la enfermedad, restauras mis fuerzas. De algún modo Tú suples mis necesidades. Tus bendiciones vienen directamente de Tus riquezas en el cielo para mí, Tu hija. Gracias por Tu promesa de que nunca me dejarás ni me abandonarás. Cuando considero la forma como eres la fuerza de mi vida y cómo me proteges del peligro, estoy llena de gratitud. Confío en Ti y Tú me ayudas. Como un resultado de Tu amor, un nuevo júbilo bulle dentro de mi alma.

Gracias por ser Jehová Jireh, mi proveedor.

«Dichoso aquel cuya ayuda es el Dios de Jacob,
cuya esperanza está en el Señor su Dios».
Salmo 146.5

Maravilloso

¿Cómo puedo agradecerte lo suficiente por ser mi maravilloso Señor?

Me lleno de profunda gratitud cuando pienso en cómo Tú pusiste el plan de salvación en movimiento antes del comienzo de los tiempos. Sabías que caeríamos en la desesperanza y en un estilo de vida lleno de pecado. Tristeza, autodestrucción y desesperación resultarían de la asechanza del mal. No obstante, Tú aún nos amabas y seguiste adelante con Tu plan. Profetas, reyes y grandes líderes fueron y vinieron a través de las edades. Entonces Tú viniste a la tierra y habitaste en medio de nosotros.

¡Qué maravilloso camino anduviste desde la eternidad hasta entrar en el tiempo! Naciste de una virgen, asumiste la humildad y la negación de Ti mismo y Te convertirse en uno de nosotros. Solo entonces podíamos comprender y seguir Tu ejemplo. Llegaste a ser nuestro Maestro y Salvador. Conquistaste el mal con Tu muerte, levantándote de la tumba y ascendiendo a los cielos. ¡Qué maravilloso amor mostrarse al sacrificarte a Ti mismo por este mundo!

Tus santos y rectos caminos hicieron que Te levantaras solo, que hicieras pedazo las ataduras del pecado y liberaras a la humanidad de la desesperación.

Tú, amado Dios, eres de otra categoría, eminente por sobre todo lo demás. Eres exaltado sobre la creación. ¡Eres majestuoso!

Tu gloria va más allá de toda comparación. No puedo ni siquiera imaginar Tu poder infinito.

Te venero. Te amo y Te adoro, mi maravilloso Señor.

«Porque nos ha nacido un niño, se nos ha concedido un hijo; la soberanía reposará sobre sus hombros, y se le darán estos nombres: Consejero admirable, Dios fuerte, Padre eterno, Príncipe de paz».
ISAÍAS 9.6

9 DE DICIEMBRE

Consejero

Otra vez vengo a Ti para que trabajemos juntos en unos problemas agobiantes. Aquí a Tus pies busco Tu dirección y encuentro sabias respuestas. Gracias por ser mi Consejero, mi Guía. Tus palabras están llenas de sabiduría. Tú me das buenos consejos y sentido común. Tus luces de enseñanzas van delante de mí. A medida que yo presto atención a Tus instrucciones y obedezco, me guardas de tropezar.

¡Cuán sabio y omnisciente eres, mi Dios! Sin Tu ayuda, no podría hacer elecciones correctas. Tú percibes las cosas más allá de mis habilidades y yo confío en que Tú me guías en todo lo que digo y hago. Ha llegado a ser fácil dejarte ir a Ti primero. Experimento paz y gozo. Cada vez que escucho y obedezco, creo que estás coronando mis esfuerzos con éxito.

No tengo la perspicacia para planear qué curso de la vida debería tomar. Cuando me pongo ansioso y voy delante de Ti, Te alabo porque me susurras: «Sigue este camino. Sigue por donde te guío».

Te adoro, mi Dios, mi Consejero. Comprometo mis esfuerzos a Ti. Te honro y confío en Ti, aun cuando no comprenda porqué las cosas suceden de ese modo.

Gracias por guiarme a través de toda mi vida.

Gracias por ser mi Consejero.

Jesús dijo: «Y yo le pediré al Padre, y él les dará otro Consolador para que los acompañe siempre: el Espíritu de verdad, a quien el mundo no puede aceptar porque no lo ve ni lo conoce. Pero ustedes sí lo conocen, porque vive con ustedes y estará en ustedes».
Juan 14.16–17

Poderoso Dios

Alabanza y honor son a Ti, Oh Poderoso Dios muy fuerte, por hacer grandes y maravillosas cosas para mí. Nadie es tan fuerte y tan poderoso como Tú. Tú eres asombroso, lleno de esplendor y asombro. Tus milagros no tienen límites. Tus habilidades son ilimitadas. Permite a todos los que vienen ante Tu presencia que conozcan Tu grandeza. Tu magnitud va más allá de toda medida. Tú solamente eres santo. A Ti yo traigo la gloria, el honor y la alabanza.

Te alabo a Ti, Oh Poderoso Dios y Escudo Fuerte, por darme nuevas victorias cada día. Gracias por Tus poderosos brazos que extiendes para protegerme. Tú estás en todo y sobre todo. Cuando marchas delante de mí en Tu grandeza y fuerza, no temeré. Cada día pongo mi confianza en Ti mientras Tú me mantienes a salvo a Tu cuidado.

Gloria sea a Ti, Oh Dios, por cómo Tu omnipotente poder trabaja en alguien como yo. ¡Cuán agradecida estoy por las cosas que haces en mi vida y que jamás ni siquiera pude imaginar!

Tu amor y Tu socorro van delante de mis oraciones, de mis necesidades, de mis pensamientos, y mis expectativas. A Ti sea la gloria por siempre.

Pruebas y angustias se suceden. El mal parece prevalecer. Sin embargo a través de todo lo que Te conozco, mi Dios Todopoderoso, estás en control. ¡Gloria a Ti! Tú eres el vencedor ahora y por toda la eternidad.

«Excelso es nuestro Señor, y grande su poder;
su entendimiento es infinito».
SALMO 147.5

11 DE DICIEMBRE

Padre Eterno

Oye mis palabras de adoración, oh Dios, mi Eterno Padre.

Tú y Tú solo eres mi Padre Dios. No hay otro delante de Ti. Tú eres todo para mí. Que todo lo que yo diga, piense y haga, Te glorifique. Déjame unirme a Tus caminos, para que seamos uno.

Tú lo abarcas todo. Has estado siempre aquí y siempre lo estarás. Te alabo por ser mi Padre ahora y mi Padre para todos los tiempos. Tus años nunca cesarán.

Gracias porque nunca cambias. Las circunstancias y la gente cambian, pero Tú permaneces inmutable y seguro. Te alabo, Eterno Padre, por ser el mismo ayer, hoy y por siempre. Puedo depender de Ti y de Tus promesas. La Biblia dice que nunca echas pie atrás en Tu palabra. Eres digno de confianza. Tú eres la verdad. Tu amor y compasión nunca terminan.

Gloria a Ti, Padre, por Tu infalible amor y bondad.

Tú me ocultas en Tu presencia y me acurrucas debajo de Tus fuertes manos, protegida de los caminos de pecado. Estoy agradecida por la forma que Tú conservas bendiciones para mí. Gracias por guiarme al futuro. Tu misericordia pasa de una generación a la otra, en aquellos que confían en Ti y Te obedecen.

«Pero el amor del Señor es eterno
y siempre está con los que le temen;
su justicia está con los hijos de sus hijos,
con los que cumplen su pacto
y se acuerdan de sus preceptos
para ponerlos por obra».
Salmo 103.17–18

Príncipe de paz

Levanto mi adoración a Ti, Oh Príncipe de Paz. Te alabo por la forma como Tú tomaste mi vida de confusión y antagonismos y la diste vuelta. Me llamaste por mi nombre, y yo Te seguí, a cambio de las egoístas e inciertas cosas de este mundo. Gracias por limpiar mi corazón de las malas acciones y volver a llenarlo con paz ilimitada y satisfacción. Nunca mi vida había estado tan plena o más feliz. Tú, amado Señor, me diste una calma interna que permanece conmigo cada día.

Te alabo por Tu trato justo, por proteger a aquellos que confían en Ti contra los opresores sin corazón. ¡Cuán misericordiosas y tiernas son Tus maneras! Son como el amanecer del cielo que lucha en tinieblas. Tú ofreces paz a cada alma. Es la paz que solo viene a través tuyo, el Mesías, el Señor de la vida. No es la frágil paz que muchos buscan en el mundo, sino una tranquilidad de espíritu y sentido común que viene solo de Ti.

Gracias por una sólida y permanente paz. No está vinculada a las circunstancias, sino que depende completamente de Tus permanentes cuidados. Gracias por dar una armonía interior mucho más maravillosa que lo que ningún ser humano puede comprender, una que guarda mis pensamientos y confiado corazón, y descansa.

Puedas Tú, ¡Oh Príncipe de Paz!, reinar por siempre. ¡Gloria sea a Tu nombre!

Jesús dijo: «La paz les dejo; mi paz les doy. Yo no se la doy a ustedes como la da el mundo. No se angustien ni se acobarden».
JUAN 14.27

13 DE DICIEMBRE

Dios con nosotros

Emmanuel. Querido Emmanuel, ¡Cuánto Te alabo por estar conmigo cada sencillo día! Tú eres tan grande. Aún los cielos no Te pueden contener. ¿Hay una manera de medir Tu amor por la humanidad cuando dejaste Tu trono y viniste a morar entre nosotros?

Gracias por Tu tierno perdón y verdad, por convertirte en mi Salvador y Señor. Gracias por Tu promesa que nunca me abandonarás ni desheredarás. Tú eres mi Ayudador. No tendré miedo, porque sé que Tú estás protegiéndome dondequiera que vaya. Te alabo por Tu fuerza y Tu determinación. No importa qué trae mi camino, sé que estarás denodadamente a mi lado, ayudándome y guiándome.

Cuando todo parece contra mí, Tú estás aquí.

Si otros me abandonan, Tú me acoges y me confortas como a Ti mismo. Sé que permanecerás siempre junto a mí durante las tormentas de la vida. Estuviste aquí por mí en el pasado, estás aquí por mí ahora, y estarás aquí por mí más allá del fin de los tiempos. Tú eres el primero y el último. Tú eres el Único que murió y el Único que vive, ahora y por siempre jamás. Te adoro, Emmanuel.

Te alabo por estar cerca y permanecer en mi corazón.

«El Señor Todopoderoso está con nosotros;
nuestro refugio es el Dios de Jacob».
Salmo 46.7

Libertador

Te exalto, Señor Dios, porque Tú eres mi Libertador. Tú me encontraste agotándome en un camino con una sola vía hacia la completa desesperación.

Cuando Tú me llamaste, grité para que me rescataras. No podía ver ninguna salida. Pero Tú lo hiciste. Rompiste mis cadenas causadas por el pecado, y me libraste de una existencia triste y sin sentido.

Gracias por rescatarme, amado Señor. Gracias por rebajarte a Ti mismo y verdaderamente morir como un criminal sobre una cruel cruz. Aunque Tú eres Dios, Tú no exigiste Tus derechos como Dios. Te diste a Ti mismo en rescate, y fui libre.

¡Cuán victoriosa es la manera en que Tu fuiste elevado a lo excelso del cielo y luego enviado para ser mi Salvador! ¡Cuán maravillosa es la manera en que Tú todavía muestras Tu gran amor y traes buenas nuevas a los angustiados y afligidos! ¡Cuán excelente es la manera en que Tú consuelas al desesperado, libras a los rehenes del pecado y abres los ojos espirituales de aquellos que Te buscan! ¡Cuán consoladora es la manera en que Tú alcanzas a aquellos que lloran, los envuelves en Tus amantes brazos y les garantizas Tu permanente amor!

Ante la simple mención de Tu nombre, me inclino, proclamando que Tú eres mi Libertador.

«¡Ofrece a Dios tu gratitud,
cumple tus promesas al Altísimo!
Invócame en el día de la angustia;
yo te libraré y tú me honrarás».
Salmo 50.14–15

15 DE DICIEMBRE

Brillante Estrella de la Mañana

Ya estamos en la mitad de diciembre, Señor. Cada año trato de prepararme por adelantado, pero ya estoy atrapada en los ajetreos navideños. Este año no es la excepción. Estoy en pie desde temprano, escribiendo tarjetas de Navidad a los amigos y seres queridos.

Todavía está oscuro afuera. Disfruto sentándome junto a la ventana en la sala de estar, esperando que el sol se levante mientras trabajo.

Levanto las cortinas con el fin de captar el primer destello del sol. Titilantes estrellas cuelgan como diminutas linternas en la limpia, vasta oscuridad. Ellas hacen guiños de adiós y se ocultan de la vista en un cielo que lentamente cambia del ébano al gris pizarra. Una estrella permanece. Es más brillante que todas las demás. ¿Podría ser el lucero del alba, Señor?

Cuando lo veo, pienso en Ti, la Brillante Estrella de la Mañana. Precede al sol naciente, dando la bienvenida a un nuevo día. Cada vez que yo veo esta estrella, llevo mis pensamientos a Ti cuando preparas mi corazón para un nuevo día.

Te adoro, ¡Oh Brillante Estrella de la Mañana! Permite que Te honre este día con mis actitudes y esfuerzos.

Gracias por recordarme a quién conmemoran estas tarjetas cristianas. Es a Ti, mi Salvador y Señor, mi Brillante Estrella de la mañana, Tú eres quien prepara el camino para otra celebración por Tu nacimiento.

Jesús dijo: «Yo, Jesús, he enviado a mi ángel para darles a ustedes testimonio de estas cosas que conciernen a las iglesias. Yo soy la raíz y la descendencia de David, la brillante estrella de la mañana».
APOCALIPSIS 22.16

Roca sólida

Te agradezco, Señor Dios, por establecer mis pies sobre Tu sólida y firme senda en lugar de permitir que yo tropiece sin rumbo fijo sobre cimientos de cambiante arena. Tú eres mi Señor, mi Roca fuerte, la base para una inquebrantable vida en Ti. Tú eres el Mesías, el Hijo del Dios viviente. Mi vida entera está firmemente construida en Ti, mi Roca. Los poderes del infierno no pueden prevalecer contra Ti.

Tú, la Roca Fuerte, eres la fuente de mi salvación. No hay otro quien pueda salvarme del pecado y del error. No digo nadie sino Tú, el hijo del Dios viviente.

Estoy agradecida de que pueda confiar plenamente en Ti, Oh Señor.

A causa de Tu fiel amor, no dejaré espacio en mi vida para la duda. Una mente poco convencida de Tu fidelidad está tan intranquila como desechos en el océano llevados de un lado a otro por el tiempo borrascoso.

Te adoro, al Único que me ama en todo tiempo.

Cuando la ansiedad o la tensión me asaltan, cuando ataca la escasez de recursos, cuando el peligro conmociona, yo continuaré confiando en Ti

Cuando suceden estas cosas, todavía encuentro seguridad y victoria en

Ti. ¡Sobre Ti, mi Roca sólida, estaré de pie siempre!

> *«¡El Señor vive! ¡Alabada sea mi roca!*
> *¡Exaltado sea Dios mi Salvador!»*
> SALMO 18.46

Maestro y Profesor

Me encanta sentarme a Tus pies, Señor, constantemente aprendiendo nuevas lecciones en mi Biblia acerca de Ti y de Tus maravillosos métodos.

Cuando más estudio acerca de Ti, más quiero aprender. Es como dar golpecitos en una fuente de vida, un río espiritual de delicias sin fin.

Cuanto más bebo, más quiero bucear y sumergirme en Tus sabios y seguros recursos para mi vida.

Tú, mi Maestro y Profesor, eres la certera verdad que me guía a hacer elecciones correctas. ¡Qué grandiosas y maravillosas lecciones me traes de Tu Padre en los cielos!

Cuando los falsos líderes intentan influenciarme hacia modos imprudentes, mido lo que dicen con Tu segura, verdadera Palabra. Si ellos no aprueban el test, doy vuelta la espalda de tales erradas enseñanzas. Tu Palabra es dada por la inspiración de Tu Padre. Gracias, Señor, por cómo me corriges y me ayudas a seguir lo que es correcto. Gracias por prepararme para cualquiera que venga a mi camino. Tus positivas enseñanzas traen la luz del sol a mi alma.

Eres tan sorprendente, mi Maestro y Profesor. Estoy agradecida por Tu clarividente sabiduría. Enséñame por siempre Tus santos caminos para que yo pueda caminar en Tu verdad.

Jesús dijo: «Ustedes me llaman Maestro y Señor,
y dicen bien, porque lo soy. Les he puesto el ejemplo,
para que hagan lo mismo que yo he hecho con ustedes».
Juan 13.13, 15

El Buen Pastor

Vengo delante de Ti en reverencia y halago, mi Dios. Te amo tanto por ser mi Buen Pastor. Amo la manera cómo me mantienes cerca, conduciéndome a lo largo de cada día. Amo la manera en que me susurras sabias palabras a mi corazón y me das amor y estímulo. Porque Te conozco tan bien, reconozco Tu voz cuando hablas a mi corazón.

Una vez estabas parado ante la puerta de mi corazón y constantemente llamabas, diciendo mi nombre. Estoy contenta de haber abierto finalmente la puerta e invitarte a entrar en mi vida. Tú, Oh Señor, eres mi Buen Pastor. Gracias por dar descanso y fortalecimiento a mi alma. Te alabo por guiarme a lo largo del camino recto, como el pastor guía a sus ovejas. Usas Tu cañado para guiarme lejos del error, por causa de Tu nombre. Tu vara me protege del mal y del daño. Gracias por llenar mi copa espiritual hasta los bordes con Tu óleo limpiador y sanador.

Cuando enfrente mis días finales de esta vida terrenal, sé que aún Tú estarás conmigo, y no temeré. Confiaré que Tú, mi Buen Pastor, caminarás conmigo cada paso del camino a través del valle que lleva de la muerte a la vida eterna. Miro hacia el futuro, mi Buen Pastor, para habitar en el cielo contigo para siempre.

Jesús dijo: «Yo soy el buen pastor; conozco a mis ovejas, y ellas me conocen a mí, así como el Padre me conoce a mí y yo lo conozco a él, y doy mi vida por las ovejas».
JUAN 10.14–15

19 DE DICIEMBRE

Luz del mundo

¡Oh Señor!, mi Luz en este mundo oscuro, ¡cómo te adoro! Eres la Luz de mi salvación, iluminando mi camino y dirigiéndome a una vida de paz, esperanza y gozo. No tengo más temor a la oscuridad que me rodea. Confío en Ti y me concentro en Tu presencia. Tú guardas mi corazón y mente en perfecta paz.

Cuando permanezco en Tus iluminados caminos, Tú haces mi pie seguro en las curvas traicioneras. Gracias por nivelar los caminos en subida por los que estoy obligado a viajar, por constantemente pulir las salientes y los baches.

Cuando llegan las malas noticias, no necesito sentir miedo por lo que yace más adelante. Al revés, estoy completamente confiada que Tú, mi amado Señor, estás cuidando de mis asuntos cada día. Tú eres la sagrada Luz que brilla en mi mundo. Eres mi refugio.

No hay ningún manto de oscuridad que pueda esconder Tu gloriosa luz.

Te alabo por recogerme cuando tropiezo y caigo.

Gracias por observarme continuamente y cuidar de mí, por ser mi defensor. Gracias por protegerme día y noche. Gracias por preservar mi vida y mantenerme en el camino correcto.

Oh, ¡cómo Te adoro y te alabo! Tú eres la maravillosa Luz del Mundo, la Luz de mi vida.

«Una vez más Jesús se dirigió a la gente, y les dijo: Yo soy la luz del mundo. El que me sigue no andará en tinieblas, sino que tendrá la luz de la vida».
JUAN 8.12

Amigo

Tú eres lo más amado para mí, Señor, que las simples palabras no pueden describir. Te alabo y Te adoro por ser mi Amigo. Estoy agradecida por la manera en que me amas todo el tiempo. ¡Qué consuelo saber que estás siempre conmigo y que nunca me abandonarás! Gracias por amarme y cuidar de lo mejor para mí. Gracias por estimularme cuando caminamos juntos a través de cada día.

Gracias por escucharme y ayudarme en mis decisiones diarias.

No puedo imaginarme yendo por la vida sin Ti como mi Amigo. Deseo para otros en este mundo la experiencia de la maravillosa amistad que Tú das. Esta amistad no está limitada solo a mí, sino que se extiende a quienes voluntariamente vienen a Ti.

Señor, ¡es tan bueno conocer Tu cercanía y Tu amor!

En todo lugar, todo el tiempo, siento Tu presencia tibia rodeándome. Cuanto más nos comunicamos de Amigo a amigo, más llenas mis pensamientos y mi corazón con Tu amor. Cuanto más rindo mi voluntad a Ti, mi vida se une más a Ti. En todos mis caminos, permite que Te honre y Te glorifique. Permite que mis acciones e incluso mis pensamientos Te den alegría. Quiero que mi corazón sea Tu hogar.

¡Cómo Te amo, Señor, mi más apreciado Amigo!

> *«Por eso, de la manera que recibieron a Cristo Jesús*
> *como Señor, vivan ahora en él».*
> COLOSENSES 2.6

21 DE DICIEMBRE

Siervo

El día de hoy está designado para hacer una buena limpieza en nuestra iglesia, Señor. Hay muchas cosas que necesito preparar para nuestra celebración de la familia cristiana en casa, pero quedan en espera. Ahora es el momento de lograr que Tu casa, la iglesia, esté lista para rendirte adoración.

Tú sabes que somos una pequeña congregación. No tenemos empleados pagados, pero todos ayudamos para que las cosas se hagan.

Cuando lo hacemos, siento una tibieza en mi corazón al servirte.

Heme aquí, Señor, fregando los lavabos del baño y los servicios higiénicos, aseando la cocina de la iglesia y trapeando los pisos. Puedo escuchar a mi marido pasar la aspiradora por el sagrario y cantar alabanzas a Ti a todo pulmón.

La puerta de atrás se abre de improviso. Es Sherry, Señor. Ella está equipada con los artículos de limpieza, lista para dar una mano. Apenas unos días atrás, ella y su familia ayudaron a instalar los adornos de Navidad. ¡Qué bendición! Gracias por ellos.

Mientras trabajo, considero cuánto tiempo Tú has sido mi Siervo. Me provees alimento y abrigo. Restauras mi salud cuando estoy enferma. Me consuelas cuando estoy triste. Me das fuerza para cada día. ¡Cuán indigna me siento, beneficiándome con Tus cuidados!

Con el cepillo de fregar en la mano y las rodillas dobladas, Te adoro, ¡Oh santo, amante Siervo!

«Encomienda al Señor tus afanes, y él te sostendrá;
no permitirá que el justo caiga y quede abatido para siempre».
SALMO 55.22

Intercesor

Quedan solo algunos días antes de Navidad, Señor.

Las canciones navideñas suenan por todos lados. Los niños practican villancicos sobre Tu nacimiento para cantarlos en la escuela y en la iglesia. Suenan las campanas en los campanarios; los portales y las tiendas nos recuerdan de Tu amor por ayudar a los necesitados.

Aunque este es un tiempo especial, me doy cuenta de que muchos están enfrentando situaciones críticas, depresión y ansiedad. A veces yo no sé cómo orar por ellos, Señor, pero Tú lo sabes. Te agradezco por interceder ante mi Padre celestial a favor de cada uno. Te ruego que los bendigas. Ayúdalos en sus necesidades y confórtalos.

Mi corazón se llena de gratitud cuando me inclino ante Ti, mi Intercesor. Cuando soy incapaz de saber cómo orar, Tú llevas mi petición al Padre y hablas a Él palabras que no pueden ser proferidas por nadie más. Lamentablemente, no puedo conocer todas sus necesidades. Aquí es cuando yo confío en el ilimitado poder de la oración en Tu nombre. Gracias por cuidar de cada persona, por ir donde yo no puedo llegar y por cumplir aquello que está en Tu voluntad y que yo soy incapaz de hacer. Simplemente, oro; entonces confío que Tú harás las cosas a Tu manera.

Durante este tiempo sagrado del año, Te rindo culto por ser un amoroso y Todopoderoso Intercesor de mis oraciones.

«Así mismo, en nuestra debilidad el Espíritu acude a ayudarnos. No sabemos qué pedir, pero el Espíritu mismo intercede por nosotros con gemidos que no pueden expresarse con palabras. Y Dios, que examina los corazones, sabe cuál es la intención del Espíritu, porque el Espíritu intercede por los creyentes conforme a la voluntad de Dios».
ROMANOS 8.26–27

Defensor

Heme aquí, Señor, conduciendo a casa después de un ajetreado día de trabajo.

El tráfico es denso, y estoy esperando por incontables semáforos en rojo, a veces hasta dos turnos de cambios. Lo impresionante en todo esto es cómo Tú haces que me relaje y piense en Tus maravillosos caminos.

Esta se supone que es una época del año cuando la paz y la buena voluntad se expresa a todos. Pero hoy yo fui evaluada. Fui forzada a enfrentar la presión sin importar cual camino tomé. Tuve que tratar con malentendidos, sentimientos heridos y algunas acusaciones falsas, Señor. Gracias por darme conciencia de Ti y ayudarme a permanecer en calma. Estoy asombrada de cómo no tuve ni siquiera que defenderme a mí misma. Tú lo hiciste de tal manera que aún estoy anonadada.

Aquí en un embotellamiento de tráfico, levanto mi corazón a Ti en adoración, mi Señor, mi Salvador, mi Defensor. Te alabo por estar conmigo constantemente. Cuando el tentador pone problemas en mi camino y trata de hacerme tropezar, Tú me ayudas a adoptar decisiones cuerdas y me muestras cómo superar los problemas con bondad, entendimiento y gentileza. Gracias por estar con otros que están estresados y ayudarlos a poner las cosas en el orden correcto.

Te venero, mi Dios amoroso y compasivo, mi Defensor.

«Él es mi Dios amoroso, mi amparo, mi más alto escondite,
mi libertador, mi escudo, en quien me refugio.
Él es quien pone los pueblos a mis pies».
SALMO 144.2

Alfarero

Nuestra clase en la escuela de la iglesia fue como una seda hoy, Señor. Mis alumnos escucharon las instrucciones, se concentraron en la tarea e hicieron un maravilloso trabajo de memorización bíblica. Nos divertimos mucho en el proceso y terminamos antes de tiempo. Como algo extra, saque un poco de arcilla. En los siguientes minutos, los estudiantes moldearon con ahínco cualquier figura que quisieran hacer.

Al principio la arcilla estaba fría y sus dedos tenían problemas para conseguir que cediera. Los animé a que siguieran trabajando la greda para calentarla. Al poco rato, los niños presionaban con éxito sus esculturas en la forma deseada.

Ahora, al final del día, reflexiono en Ti, mi Alfarero. Algunas veces cuando trabajas conmigo, mi actitud es fría, dura e indomable. Sin embargo Tú nunca Te das por vencido conmigo. Tú gentilmente mantienes tibio mi corazón hasta que yo me rinda a Tu toque de amor.

Hubo épocas en que pensaba que yo estaba a cargo hasta que Tú diste vuelta mi vida al revés y al derecho, y me mostrarte que Tú eras el Alfarero. Doy honor y gloria a Ti, Señor, porque soy la arcilla. Tú tienes un plan para mí. Aunque a menudo me siento molida y quebrada por las desilusiones y tristezas, Tú me reconstruyes en una nueva y hermosa vasija a Tu vista.

Te adoro y me rindo a Ti, mi Alfarero, cuando me moldeas a Tu voluntad.

«Pueblo de Israel, ¿acaso no puedo hacer con ustedes lo mismo que hace este alfarero con el barro? afirma el Señor. Ustedes, pueblo de Israel, son en mis manos como el barro en las manos del alfarero».
JEREMÍAS 18.6

Redentor

Todos en la familia están alborozados cuando nos reunimos alrededor del árbol de Navidad. Un silencio cae sobre bisabuelos, abuelos, niños mayores y nietos cuando mi esposo abre la Biblia silenciosamente. Lee la historia de Tu nacimiento, querido Señor. Cantamos villancicos en honor de Tu nombre, nuestro Salvador y Redentor. Yo medito sobre las pequeñas bendiciones que nuestra familia disfruta compartiendo con los necesitados, como si lo hiciéramos para Ti. Finalmente, niños y adultos nos unimos en el bien amado «Feliz Cumpleaños, querido Jesús». Entregamos los regalos. Se escapan chillidos de agrado por los tesoros recién adquiridos. Siguen los abrazos y las gracias.

¡Te adoro, mi Redentor! Te agradezco por venir a esta tierra como un bebé para que pudieras redimirnos de nuestros pecados y darnos vida eterna. Por medio de este acto, veo cuán real es el amor, más que regalos tangibles. Proviene de Tu maravilloso regalo de perdón. Gracias, Señor. Es demasiado excelente para que las palabras siquiera lo puedan describir. Esto es así porque Tú eres mi Señor. Te alabo por perdonar mi pasado, concediéndome una familia cariñosa y asegurándome fieles cuidados para siempre.

Quiero presentarme ante Ti con un obsequio, mi Redentor. Es la ofrenda sin inhibiciones de mi adoración y amor por Ti.

«Te llenarás con caravanas de camellos,
con dromedarios de Madián y de Efa.
Vendrán todos los de Sabá,
cargando oro e incienso
y proclamando las alabanzas del Señor».
Isaías 60.16

Mesías

Vengo delante de Ti, mi Mesías, con un corazón reverente. En humildad Te doy mi alabanza. Tú eres el Ungido, el que nos libra de nuestro pecado. Te alabo, Profeta, Sacerdote y Rey. Tú no eres un profeta terrenal, ni un sacerdote o pastor de una iglesia, ni un rey político o el presidente de una nación, sino el verdadero Mesías, el Hijo del Dios viviente.

Tú cumpliste las profecías que fueron dichas antes de que vinieras.

Tú naciste Mesías, Jesucristo el Salvador. Creciste en sabiduría y estatura de bebé, a niño, al hijo del Hombre. Fuiste bautizado y tentado. Venciste la tentación. Te hiciste siervo, lleno de humildad y compasión. Cuando sufriste y moriste en la cruz, eras el verdadero poder y sabiduría de Dios. Mi alma se inunda de gratitud por cómo Tú, además, llegaste a ser mi Salvador.

Tú, nombrado rey por voluntad divina, traes el plan de salvación de Dios a todos quienes Te reciben voluntariamente. Tus seguidores son conocidos como cristianos, aquellos que pertenecen a Cristo ahora y siempre. Traes la victoria sobre el pecado. No la trajiste a través de la fuerza física o la violencia, sino por medio de Tu amor, humildad y bondad. Verdaderamente el Padre Te ungió con el óleo del gozo y la felicidad.

¡Doy honor y gloria a Ti, mi Mesías, mi Señor!

«Sé que viene el Mesías, al que llaman el Cristo, respondió la mujer. Cuando él venga nos explicará todas las cosas. Ése soy yo, el que habla contigo, le dijo Jesús».
Juan 4.25–26

27 DE DICIEMBRE

Cordero de Dios

Señor, ¿recuerdas el pequeño nacimiento de cartón que Bob y yo compramos cuando estábamos recién casados? Tenía un pesebre y un Niño Jesús de cerámica adentro; María y José que rondaban cerca y un corderito de terracota. Puse solo al cordero fuera del establo.

Los años pasaron, Señor. Nuestros hijos crecieron. La escena del nacimiento se desgastó, excepto el cordero. Nuestros amigos hicieron una hermosa escena de la natividad en cerámica para nosotros. Puse el cordero afuera del establo. ¿Recuerdas cuando nuestro nieto Ian fue lo bastante grande para mirar dentro, Señor? Él movió el cordero hacia el interior del establo. Ha hecho eso desde entonces.

Tú viniste aquí como un bebé en un establo. Cuando creciste, Tu primo Juan Te reconoció como el Cordero de Dios, que quitaría los pecados del mundo.

Yo Te adoro, ¡Oh Cordero de Dios! Fuiste intimidado y ridiculizado. Nunca Te quejaste. Fuiste como un cordero al sacrificio. Permaneciste de pie en silencio delante de los que Te condenaban. Cumpliste la voluntad de Tu Padre y entregaste Tu vida por la humanidad.

Te adoro por pagar mi rescate, no con dinero, sino con la sangre de Tu vida preciosa y pura. Ahora puedo confiar totalmente en Tu gracia salvadora.

¡Digno eres Tú, oh Cordero, que fuiste aniquilado! ¡Cuán digno eres de recibir el poder, la riqueza, la sabiduría, la reverencia, la majestad, y las eternas bendiciones!

«Y oí a cuanta criatura hay en el cielo, y en la tierra, y debajo de la tierra y en el mar, a todos en la creación, que cantaban: "¡Al que está sentado en el trono y al Cordero, sean la alabanza y la honra, la gloria y el poder, por los siglos de los siglos!"»
APOCALIPSIS 5.13

Señor de señores

Gloria sea a Ti, oh Dios, mi Señor de señores. Tú eres el Creador y Soberano de todo: los cielos, la tierra y todo cuanto existe en el tiempo y en el espacio. Tú creaste todo y eres el Soberano sobre todo. Las estrellas, la luna y las galaxias fueron creadas por Ti. Aunque estas cosas son hermosas, no fueron hechas para ser adoradas. Solo Tú eres mi Señor Dios. Aunque los ángeles y las huestes celestiales reflejen Tus milagros y la obra de Tus manos, no los creaste para que nosotros oremos a ellos o los consideremos divinos. Tú igual reinas sobre los ángeles.

Cuando hay luchas espirituales o físicas, Tú eres el Poderoso Dios de los guerreros. Cuando se obtienen victorias, Tú te haces cargo. Eres fuerte y poderoso en la batalla. Eres el Señor de señores, el Rey de Gloria. En medio de la agitación, la incertidumbre y la desesperación, Tú eres mi refugio y mi fuerza. ¡Cuán bendecida soy, confiando y obedeciéndote! Tú eres el Dios Supremo.

En mi quieto lugar, Te adoro. En Tu santuario de la iglesia, amo inclinarme reverente delante de Ti. Te adoro, mi Señor Dios.

Sean a Ti mis alabanzas. ¡Reverencia y honor alzo ante Ti! Miro al futuro con anhelo de adorarte, Señor de señores, cuando un día me encuentre contigo en el cielo.

> *«Y se decían el uno al otro:*
> *"Santo, santo, santo es el Señor Todopoderoso;*
> *toda la tierra está llena de su gloria"».*
> Isaías 6.3

29 DE DICIEMBRE

Consolador, Ayudador

Vengo a Tu presencia, mi Consolador y Ayudador, para adorarte y alabarte. Gracias por estar conmigo todo el tiempo. Amo la manera como Tú hablas a lo profundo de mi corazón y me dices que realmente Te pertenezco. Gracias por la confianza que me entregas. No necesito acobardarme o tener temor de los problemas que me rodean, porque Tú estás siempre conmigo.

Verdaderamente Tú eres mi sustentador. El que me guarda cuando estoy atribulado. Cuando las batallas espirituales arrecian, Tú me rescatas. Cuando enfrento los problemas diarios, Tú me ayudas. Gracias por enseñarme cómo orar cuando no puedo expresar cómo me siento. Gracias por darme esperanza, alegría y Tu poder.

Debido a Tu presencia constante, puedo mantener mi cabeza en alto con seguridad y confianza. No importa lo que suceda, confío en Ti. Todo está bien, porque estoy a Tu cuidado.

Eres tan querido para mí, mi Confortador. Disfruto Tu amistad todo el tiempo. Encuentro placer en compartir las buenas circunstancias contigo. Agradezco Tu amor reconfortante y Tu ayuda cuando enfrento problemas. Cuando me siento sola, Tú eres mi Abogado. Gracias por animarme y estimularme.

Te adoro, mi Confortador, mi Ayudador. Mis palabras de alabanza no alcanzan a describir Tu amorosa bondad.

Jesús dijo: «Y yo le pediré al Padre, y él les dará otro Consolador para que los acompañe siempre».
JUAN 14.16

Jehová

Me arrodillo delante de Ti en el santuario del altar de la iglesia, Señor Dios.

Nadie más está aquí. Solamente el silbido del aire tibio de la calefacción rompe el silencio. Un rayo de sol brilla tenuemente a través de la ventana, lanzando sus rayos al otro lado del altar. Parece una bendición dorada, viniéndome directamente del cielo.

Te adoro, Jehová. ¡Cuán agradecida estoy que Tú seas mi Dios! Tu santa presencia me rodea. Me llenas con la certeza de Tu perdurable amor y cuidado. Tú estabas en el principio, Tú estás ahora y Tú estarás por siempre.

Tú eres mi Jehová, mi Jahvé. Muchas veces me has susurrado Tus consoladoras palabras «Yo Soy el que Soy. Yo Seré el que Seré». Cada vez que lo haces, disfruto Tu fiel y tierno amor.

Tú estas por sobre todo cuanto existe en el cielo y tierra. Yo no amo a otro más que a Ti, mi Dios. Cuando mi salud falla y mi espíritu naufraga, Tú aún permaneces. Cuando llego a estar desalentada, Tú me animas y me recuerdas que Tú no cesas de ser el gran Yo Soy. Tú eres la fuerza de mi corazón. Tú eres mi Dios. Porque Tú me reclamaste como Tuya, conozco mi herencia contigo por siempre en mi galardón celestial.

Te venero y Te adoro, mi Jehová, mi Yahvé, mi Dios eterno.

> «¡Dios es mi salvación! Confiaré en él y no temeré.
> El Señor es mi fuerza, el Señor es mi canción;
> ¡él es mi salvación!»
> ISAÍAS 12.2

31 DE DICIEMBRE

Rey de reyes

Exaltado eres Tú, ¡oh Rey de todos los reyes! Me arrodillo con temor reverencial ante Tu santo nombre. Cuando considero Tu gloria, tiemblo en Tu presencia. Tú solo eres eterno, rodeado de una pura y dulce luz. No hay otro tan magnífico como Tú. Tú eres Soberano y Creador de todo cuanto existe. Tú pones los límites a los bordes de los océanos. Tú afirmas el ritmo de su continuo ir y venir. Cuantas veces ellos se inclinen y bramen, Tú todavía estás en control. Santo, Santo, Santo eres Tú, oh Rey de reyes, Señor de señores.

Tú eres mi Dios, a quien adoro y reverencio. Yo Te agradezco mi señor porque Tu amor permanece para siempre. Tú eres el único que comprendes todas las cosas y haces grandes maravillas. Tú eres el único que reconoce las oraciones de aquellos que Te aman y obedecen.

Tú, mi Rey de reyes, puede poner a personas en eminencia y darles autoridad de acuerdo a Tu voluntad. Tú cuidas de los sucesos mundiales, y ellos están en Tus manos diestras. Tú tienes poder para designar reyes o presidentes. Poder para removerlos y poner a otros en su lugar cuando clamamos a Ti por ayuda. Tú das sabiduría a aquellos que Te buscan y revelas verdad a los que estudian Tu Palabra.

¡Cuán bendito eres Tú, mi Redentor, Rey de reyes y Señor de señores!

«Le harán la guerra al Cordero, pero el Cordero los vencerá, porque es Señor de señores y Rey de reyes, y los que están con él son sus llamados, sus escogidos, y sus fieles».
APOCALIPSIS 17.14

Que el Señor la bendiga

«¡El Señor te bendiga y te guarde;
el Señor te mire con agrado y te extienda su amor;
el Señor te muestre su favor y te conceda la paz».
NÚMEROS 6.24–26

Índice de las Escrituras